관찰자 심리학

양자 역학과 파동적 자아

관찰자 심리학

초판 1쇄 인쇄	2025년 04월 21일
초판 1쇄 발행	2025년 05월 09일
신고번호	제313-2010-376호
등록번호	105-91-58839
지은이	김홍곤
발행처	보민출판사
발행인	김국환
기획	김선희
편집	조예슬
디자인	김민정
ISBN	979-11-6957-327-6 03120
주소	경기도 파주시 해올로 11, 우미린더퍼스트@ 상가 2동 109호
전화	070-8615-7449
사이트	www.bominbook.com

• 가격은 뒤표지에 있으며, 파본은 구입하신 서점에서 교환해드립니다.
• 이 책은 저작권법에 의하여 보호를 받는 저작물이므로 무단 전재와 복사를 금합니다.

양자 역학과 파동적 자아

관찰자 심리학

김흥곤 지음

서문

    필자가 실용적인 지식에 함몰되어 살다가 새삼스럽게 독서의 즐거움에 빠져든 계기는 2004년도 중앙공무원 교육원 입교에서 비롯되었다. 1년의 교육 기간 동안 마치 오랫동안 목말랐던 것처럼 닥치는 대로 인문학 중심의 책 150여 권을 읽었던 것 같다. 직장에 복귀한 후에도 독서는 계속되었고 불현듯 '세상은 어떻게 시작되었고 우리는 이 모든 것들을 어떻게 알 수 있을까?'라는 질문이 생겼다. 이 모호하고 강렬한 호기심은 20여 년 동안 나의 삶과 독서의 방향성을 결정하였고 이 책의 출간으로까지 이어졌다.

    필자는 창세기 첫 구절[1]의 막연한 느낌에 이끌려 신학대학원에 입학하기로 결심하였고 2011년 말경 명예퇴직을 신청하였다. 이후 석박사 과정 6년 동안 독서는 자연스럽게 종교-철학-물리학-생물학-인지 과학-뇌 과학으로 이어졌다. 체계적인 독서를 통해 미시적인 양자의 세계와 거시적인 우주, 그리고 인간의 사고 방식 사이에 존재하는 상동성(相同性)에 관심을 갖게 되었는데 그것이 바

---

[1] "한처음에 하느님께서 하늘과 땅을 창조하셨다. 땅은 아직 꼴을 갖추지 못하고 비어 있는데 어둠이 심연을 덮고 하느님의 영이 그 물 위를 감돌았다. 하느님께서 '빛이 생겨라.' 하시자 빛이 생겼다." (창세기 제1장 1-3절, 한국천주교중앙협의회 발간, 2011년)

로 이 책의 주제가 되었다.

현대 과학은 상상을 초월하는 초고온 초고압의 에너지가 순간적으로 팽창함으로써 우주가 시작되었다고 말한다. 빅뱅의 순간은 미시적인 양자의 세계와 거시적인 우주의 구분이 없었고 열적인 에너지가 유일한 존재자였으며 엔트로피, 곧 자연의 무질서도는 0이었다.[2] 인간의 우주는 빅뱅 후 38만 년이 지나 원자의 출현으로 생겨났고 빛, 입자, 파동, 중력, 전자기력에 의해 작동되고 있다.

오늘날 우주는 양자 역학과 상대성 원리에 의해 기술되고 있다. 특히 양자 역학은 인류 지성사의 최종 병기라고 말해질 만큼 물질 현상의 모든 것을 설명해 내고 있다.[3] 입자 물리학의 거장 리처드 파인만(1918-1988)[4]에 따르면 양자 역학의 이론과 실험의 차이는 10억 : 1이 채 되지 않는다고 한다.

현대 물리학에 의해 기술되는 우주는 관찰자 의존적이고 상대적이다. 양자의 세계는 슈뢰딩거의 파동 함수, 하이젠베르그의 입자 함수, 파인만의 경로적분 함수로 표현되고 있는데 블랙홀 연구

---

2   열역학에서는 엔트로피를 열÷온도로 정의하고 있다.
3   레너드 서스컨드 · 아트 프리드먼, 이종필 역 『물리의 정석』(서울: 사이언스북, 2018). 434쪽.
4   미국의 이론 물리학자. 양자 전기역학의 발전에 기여한 공로를 인정받아 1965년에 노벨 물리학상을 수상.

로 노벨 물리학상을 수상한 펜로즈는 그것들이 마치 불가사의한 삼각형처럼 얽혀 있다고 말하였다. 사람들은 이를 '펜로즈의 삼각형'이라고 부른다. 삼각형을 잇는 공통 선분은 양자 에너지이다.

인류는 오랫동안 물질계, 생명계, 정신계를 구분해오면서 직관적으로 이들이 서로 알 수 없는 방식으로 얽혀 있다고 생각해왔다. 오늘날 양자 역학, 인지 과학, 뇌 과학은 물질, 생명, 정신의 삼각형을 잇는 공통 선분이 정보라고 말하기 시작하고 있다.

정보 현상의 주체는 우주의 시공간과 원자의 존재 방식에 동참하고 있는 파동적 자아이다. 이 때문에 생물학적인 인간은 우주를 구성하고 있는 미미한 존재에 불과하지만 관찰자로서의 인간은 우주와 대등한 지위를 갖게 되었다고 말할 수 있다.[5] 오늘날 양자 역학과 뇌 과학은 물질, 생명, 의식 현상을 통합적으로 이해할 수 있는 새로운 직관의 원천이 되고 있다.[6]

필자가 강조하는 것은 원자가 우주 만물을 구성하고 통합하는 근본 단위라는 새삼스러운 사실이다. 현대 과학은 우주와 인간이 원자의 존재 방식을 통해 정보의 형식으로 서로 긴밀하게 소통하고 있음을 강하게 시사하고 있다.

이 책은 먼저 뇌 신경망과 파동적 자아의 출현 배경인 물질, 생

---

[5] 퍼시 윌리엄스 브리지먼, 정병훈 역 『현대 물리학의 논리』(경기도: 아카넷, 2022). 11-13쪽.
[6] 장회익 『양자 역학을 어떻게 이해할까?』(경기도: 한울엠플러스, 2022). 5-6쪽.

명체, 인간이 어떻게 생겨났으며 이들의 배후에 있는 에너지와 정보 현상의 본질이 무엇인지에 대해 살펴보았다.

이어서 정보 현상의 주체인 관찰자가 무엇이고 어떤 방식으로 세상을 해석하고 있는지에 관하여 설명한다. 마지막으로 세상과 인간을 양자 역학적으로 이해한 지성이 삶의 의미와 행복을 어떻게 재해석하고 있는지 소개하는 것으로 마무리된다.

이 책은 인공지능(AI) 시대를 앞두고 인류 지성사를 되돌아본다는 동기적 의미를 담고 있다. 인류는 과거 500만 년의 장구한 세월 동안 입자적인 중력의 세상에 길들여져 오다가 20세기의 출발점인 1900년도를 전후하여 전자가 만드는 완전히 다른 세상을 만나게 되었다.

1940년대에 최초의 컴퓨터인 에니악(ENIAC)이 등장하였고, 70년대에 개인용 컴퓨터(PC)와 휴대폰이 보급되기 시작한 후 정보 기술은 인간의 삶을 완전히 바꾸어 놓았다. 우리는 관찰자인 인간을 제대로 이해하지 못한 상태에서 이미 양자 역학이 지배하는 정보 사회에 깊숙이 들어와 있다.

이제 인류는 인공지능(AI)의 시대가 본격적으로 열리는 문턱에 서 있다고 볼 수 있다. AI는 양자 역학과 함께 탄생하여 전자기학과 정보기술을 토대로 눈에 띄지 않게 성장하다가 때가 되자 마침내 존재감을 드러내기 시작하고 있다. 그러나 우리는 앞으로 AI의 시대가 어떻게 전개될지 정확하게 예측하지 못하고 있다. AI는 뇌 신경망과 자아를 모방하고 있지만 인간은 아직도 자아가 무엇인지 모르고 있기 때문이다.

자아와 AI의 관계를 이해하는 일은 여러 분야의 융합적인 지식을 필요로 한다. 사람들은 대체로 과학은 자연 현상을 탐구하는 학문이고 인문학은 삶의 의미를 다룬다고 생각하는 경향이 있다. 그러나 과학은 인간이 전혀 관심을 갖지 않는 것을 탐구 대상으로 삼을 수 없고, 인문학은 과학이 밝혀낸 객관적인 진리를 멀리할 수 없다는 점에서 본질적으로 상보적이다. 이를 애써 외면하거나 과학과 인문학의 갈등이 지속되는 한 인간은 근원적인 것으로부터 끊임없이 소외될 수밖에 없을 것이다.

특히 과거에는 상상도 할 수 없었던 새로운 정보의 시대를 맞아 과학과 인문학의 융합이 어느 때보다 절실해졌다. 이제 AI를 정보의 문제가 아닌 삶의 느낌으로 바라보아야 할 시점이 도래한 것이다.

이 책은 한 권으로 압축된 장편 소설(Big History)과 같고 책의 전개 방식은 지식 융합적이고 포괄적이다. 이 때문에 분야별 전공자의 눈에는 책의 내용이 다소 유치해 보일 수 있겠지만 삶에 쫓겨 독서의 여력이 없는 사람들에게는 새로운 지식을 소개받는 교양서가 될 수 있을 것이다.

필자는 공직 생활을 그만두면서 기회가 주어진다면 청소년들에게 도움이 될 만한 책을 딱 한 권 쓰고 싶다고 막연하게 생각한 적이 있었다. 청소년들은 앞으로 AI가 제공하는 지식에 의존하며 살아갈 수밖에 없을 것이다. 지식과 정보의 홍수 속에서 방황하게 될 청소년들에게 이 책이 지성의 밑거름이 되었으면 하는 바램이 있다.

2025년 3월
까치마을에서 **김홍곤**

서문   4

제1편   실재하는 세상

제1부. 개요

제1장. 관점의 변화   19

제2장. 진리란 무엇인가?   23
제1절. 존재하는 것과 보이는 것   23
제2절. 진리와 질서   26
제3절. 현상과 진리   31

제3장. 심리학이 걸어온 길   35
제1절. 소피스트와 소크라테스   36
제2절. 데모크리토스의 원자 가설   41
제3절. 플라톤과 데카르트의 관념론   44
제4절. 20세기의 과학 심리학   49
제5절. 21세기의 인지 심리학   53

제2부. 우주와 생명체

제1장. 우주의 시작과 형성   60
제1절. 우주의 시작   61
제2절. 열에너지와 결합 에너지   65

제2장. 생명체의 출현   71
제1절. 생명체의 탄생   72
제2절. 생명체의 자기 복제 현상   77
제3절. 대사 작용과 생명 에너지   82

제3장. 인류의 등장   87

제4장. 그리스도교와 불교의 창조관   91
제1절. 그리스도교의 창조론   93
제2절. 불교의 연기론   97

제5장. 우주의 3가지 근원 현상   101
제1절. 소립자의 편재   101
제2절. 파동의 바다   104
제3절. 확률적인 입자   108

제6장. 우주의 3가지 근원 주체   111
제1절. 빛   112
제2절. 원자   115
제3절. 세포   119

제2편　관찰자

제1부. 정보로 파악되는 우주

제1장. 이항성(二項性)의 원리　131

제2장. 양자 역학적인 우주　134
제1절. 대칭성과 차이　135
제2절. 응답하는 우주　139

제3장. 우주와 관찰자　142
제1절. 고대 자연 철학의 관찰자　143
제2절. 근대 물리학의 관찰자　145
제3절. 현대 과학의 관찰자　149

제4장. 정보의 개념　153
제1절. 정보란 무엇인가?　154
제2절. 정보의 형식　157
제3절. 정보의 의미와 확률　159
제4절. 정보와 질서　164

제2부. 인간의 뇌

제1장. 뇌의 구조와 기능　172
제1절. 뇌의 출현　173
제2절. 뇌의 구조와 기능　177

제2장. 뇌 신경망   **181**
제1절. 뇌세포와 시냅스   181
제2절. 뇌파   186

제3부. 파동적 자아

제1장. 자아란 무엇인가?   **191**

제2장. 새롭게 구성되는 자아   **195**
제1절. 신체와 정신   195
제2절. 언어학의 기호적 자아   199
제3절. 인지 심리학의 정보적 자아   202
제4절. 뇌 과학의 파동적 자아   204

제3장. 양자 역학과 파동적 자아   **208**
제1절. 소우주인 인간   208
제2절. 양자 역학적인 정신 현상   211
제3절. 큐비트와 비트   216

제4장. 파동적 자아의 구성   **221**
제1절. 물질적인 정보 신호   222
제2절. 생물학적인 정보 신호   224
제3절. 기호 논리적인 정보 신호   228

제5장. 파동적 자아의 존재 방식   **235**
제1절. 펜로즈의 삼각형   235
제2절. 게슈탈트 심리학의 전경과 배경   238
제3절. 칼 융의 의식과 무의식   242

제6장. 파동적 자아의 활동성　　　　　　　　　**245**

제1절. 이항적인 논리　　　　　　　　　245
제2절. 인지 활동과 꿈　　　　　　　　　248
제3절. 생각과 감정　　　　　　　　　252
제4절. 언어의 생성　　　　　　　　　255
제5절. 수학과의 관계　　　　　　　　　260
제6절. 인공지능(AI)과의 관계　　　　　　　　　263

제3편　　　　　관찰자 심리학

제1부. 관찰자의 의식 현상

제1장. 내인적 의식과 외인적 의식　　　　　　　　　**271**

제2장. 인간의 의식과 전자기장　　　　　　　　　**274**

제2부. 관찰자의 심리

제1장. 심리적 원형　　　　　　　　　**279**

제1절. 심리적 원형론　　　　　　　　　279
제2절. 고독과 불안　　　　　　　　　283
제3절. 집착과 탐욕　　　　　　　　　286
제4절. 망상과 허영　　　　　　　　　289
제5절. 끝없는 지향성　　　　　　　　　292

제2장. 심리적 태도   296
제1절. 외향적 vs 내향적 태도   298
제2절. 보수적 vs 진보적 태도   301
제3절. 남성적 vs 여성적 태도   304
제4절. 선과 악의 문제   307

제3장. 어떻게 살 것인가?   311
제1절. 행복의 양면성   312
제2절. 참 행복과 자아실현   316
제3절. 자유와 신비 체험   321
제4절. 생물학적 인간의 삶   327
제5절. 관찰자적인 인간의 삶   332
제6절. 아우구스티누스의 통합적인 삶   337

저자후기   351
참고문헌   356

인류는 아주 오래전부터 이 세상이 어떻게 생겨났고 어떻게 작동하는지에 대해 관심을 가졌다. 고대 자연 철학 이전에는 대체로 신화를 통해 호기심을 해결하였지만 BC 6세기경 등장한 자연 철학자들은 관찰을 토대로 눈앞에 실재하는 것들이 어떠하다고 말하기 시작하였다.

자연 철학자들의 관심은 곧이어 인간이 그것들을 어떻게 알 수 있는지에 관한 질문으로 바뀌었다. 이후 인간의 호기심은 실재론과 관념론의 대립과 타협을 반복하면서 물리학, 심리학, 뇌 과학 등의 발전으로 이어졌다. 그리고 마침내 20세기 이르러 현대 과학은 실재하는 세상의 본질이 양자화된 에너지라고 말하고 있다.

제1편

실재하는 세상

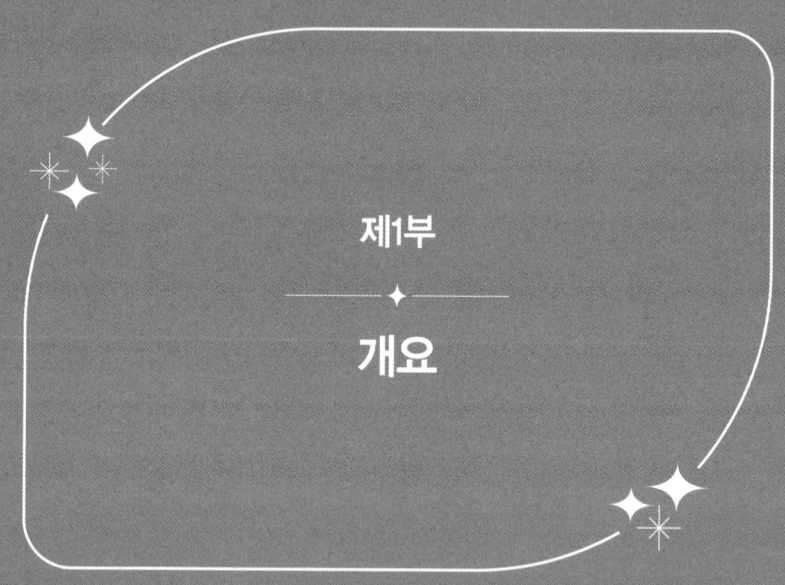

제1부

개요

• 제1장 •

관점의 변화

세계관과 인간관은 세상과 자신을 이해하는 기본 틀이고 사회와 문화를 형성해온 역동적인 힘이다. 사람들은 어떤 형태로든 세상과 인간을 바라보는 각자의 주관적인 관점을 가지고 있다. 인류의 지성사는 주관성을 넘어 다양한 현상들을 일관성 있게 설명할 수 있는 보편적인 관점을 추구해온 역사라고 말할 수 있다.

현대인은 17세기 뉴턴의 세계관과 20세기에 등장한 과학적 심리학의 영향을 크게 받았다. 뉴턴의 세계관은 인간이 배제된 상태에서 자연 현상을 인과율, 결정론, 환원주의적으로 바라보았고, 과학적 심리학은 실험과 관찰을 중요시하였지만 궁극적으로 나의 심리가 타자의 관찰에 의해 설명된다는 문제점을 안고 있었다. 오늘날 상대성 원리와 양자 역학을 양대 축으로 삼고 있는 현대 과학은 이러한 근대주의적인 세계관과 인간관을 뿌리채 뒤흔들고 있다. 21세기의 과학은 완전히 새로운 관점으로 자연과 인간의 상호 관계에 관심을 가졌고, 자연과 인간이 어떻게 상호 작용하는지에 관하여 보편적인 메시지를 전달하기 시작하였다.[7]

사람들은 양자 역학이란 미시적인 세계를 다루는 것이므로 일상적인 삶과 무관하다고 생각하는 경향이 있다. 그러나 21세기 정보 사회는 양자 역학에 의해 탄생하였고 양자 역학을 토대로 발전하고 있기 때문에 양자 역학에 관한 기본 상식조차 갖추지 못한다면 자칫 새로운 문맹자가 되기 쉽다.

병원의 MRI, CT, X-선 촬영과 방사능 치료는 양자 기술을 활용한 것이고 유전 공학의 확률 예측은 양자 역학의 방정식을 응용하고 있다. 컴퓨터, 반도체는 물론 초전도 현상, 레이저 기술은 양자적인 상식이 없으면 이해하기 어렵다.

예를 들면 형광등은 전자파인데 양자 역학의 원리로 파동의 결맞춤이 이루어지면 레이저가 되어 우주를 관통할 수 있다. 오늘날 레이저는 금속 절단, 정밀한 수술, 거리 또는 속도 측정에서 보듯이 일상 생활에서 다양하게 응용되고 있다. 멀지 않은 미래에 양자 컴퓨터의 상용화까지 현실화될 경우 세상은 다시 한번 정보 혁명의 소용돌이에 빠지게 될 것이다.

---

[7] 일리야 프리고진 · 이사벨 스텐저스, 신국조 역 『혼돈으로부터의 질서』(경기도: 자유아카데미, 2011). 36-43쪽.

현대인의 문맹은 스위치에 의존하여 제품 사용법만 익히고 살아가는 것만을 의미하지 않는다. 과거의 문명이 양자 역학과 정보 이론에 의해 재해석됨으로써 새로운 인문학이 열리고 있음에도 이를 알아차리지 못하는 것과도 관련된다.

현대 과학이 전하는 메시지의 핵심은 우주와 인간이 정보 현상을 통해 서로 소통하고 있으며 그 배후에 우주 만물의 근본 단위인 원자의 존재 방식이 있다는 것이다.

이것은 우주가 인간에게 에너지로 존재하는 동시에 정보의 대상으로 주어졌음을 의미한다. 이러한 우주의 두 얼굴은 필연적으로 오랫동안 에너지가 지배하는 우주를 염두에 두어왔던 세계관과 인간관의 변화를 예고하고 있다.

그동안 주관성과 결합되어 있다는 이유로 과학은 정신과 정보 현상을 탐구의 대상으로 삼는 것에 주저하는 경향이 있었다. 그러나 20세기 이후 우리는 양자 역학, 인지 과학, 뇌 과학의 도움으로 정신이 어떻게 생겨났고 세상을 어떻게 바라보는지에 대해 좀 더 과학적으로 추론할 수 있게 되었다.

이 책에서 다루게 될 '양자 역학적인 파동적 자아'는 원자의 입자성과 파동성에 의해 출현하는 물리적인 실체이다. 이것은 뇌세포와 뇌 신경망의 특화된 구조가 원자의 입자성과 파동성을 잘 표현할 수 있도록 설계되어 있음을 전제한다.

인간의 정신 현상은 외부 관찰과 몸의 상태에서 오는 수많은 전기 신호로부터 시작된다. 뇌 신경망 안에서 파동적인 전기 신호는 생물학적 반응에 의해 정보 신호로 전환되고, 파동의 속성인 중첩과 간섭에 의해 통합과 저장을 반복하면서 파동적인 자아를 구성한다.

파동적 자아는 과거와 현재의 정보 신호를 비교하면서 기호 논리적으로 생각, 감정, 언어를 만들어내고 있다. 파동적 자아는 새로운 자극을 통해 언제나 자신을 새롭게 규정하고 있다는 점에서 '과정 속의 실체'라고 말할 수 있을 것이다.

이 책은 관찰의 대상인 우주와 관찰의 주체인 인간이 어떻게 출현하여 어떻게 소통하고 있는지를 중심축으로 삼고 있지만 궁극적인 지향점은 '파동적 자아'의 인문학적 의미를 살펴보는 데 있다.

과정적 실체인 파동적 자아는 존재적으로 고독하고 불안하다. 생물학적인 영향 속에서 집착과 탐욕에 빠지기 쉽고, 정보를 기호 논리적으로 처리하는 과정에서 망상과 허영의 경향성을 보이기도 한다. 그럼에도 파동적 자아는 우주를 마주하는 존재자로서 우주와 소통하면서 자아 초월의 삶을 누릴 수 있는 무한한 가능성 속에 있다. 우주와의 합일은 삶의 지향점인 동시에 자아실현과 참행복의 길이다. 종교는 이를 '영적인 여정'이라고 부른다.

• 제2장 •

진리란 무엇인가?

제1절. 존재하는 것과 보이는 것

우주와 세상은 서로 구분되는 개념이다. 우주는 물질적인 것들의 총합을 말하고, 세상은 인간에게 주어지는 사건들의 총체를 의미한다. 우주는 참과 거짓이라는 진리의 문제와 무관하지만 세상은 언제나 참과 거짓에 관한 판단과 해석이 따른다.[8]

현대 물리학을 대표하는 아인슈타인과 인도의 시인이자 명상가인 타고르는 1930년의 대화에서 우주와 세상의 관계를 다음과 같이 간명하게 요약하고 있다.

8　마르쿠스 가브리엘, 김희상 역 『왜 세계는 존재하지 않는가?』(경기도: 열린책들, 2017). 57-65쪽.

아인슈타인 : 우주의 본성에 관해서는 두 가지 서로 다른 개념이 존재합니다. 하나는 세상을 인간과 독립적인 것으로 보는 개념이고, 다른 하나는 세상을 인간에 의존하는 것으로 보는 개념이죠.

타고르 : 우주가 인간과 조화를 이룰 때 우리는 그것을 진리로 알고 아름다움을 느낍니다.[9]

사람들은 일찍이 우주를 완전하고 이상적인 것으로 생각하는 경향이 있었다. 고대 그리스인들은 우주가 완전한 원의 궤도를 따라 등속도로 움직이는 것으로 보았고 이러한 우주를 전제로 기하학이 탄생할 수 있었다.

이오니아 출신의 피타고라스(BC 570-BC 500)는 완전한 모습으로 창조된 우주의 구조와 질서를 파악하려면 수학이 필수적이라고 믿었고, 2004년 노벨 물리학상을 수상한 프랭크 윌첵(1951-)[10]은 세계가 어떻게 작동되는지 연구하는 일은 신이 어떻게 활동하는지를 탐구하는 것과 같다고 말하였다.[11]

한편 '세상'은 인간에 의해 해석된 우주를 의미한다. 18세기 의

---

[9]   1930년 7월 타고르가 베를린의 아인슈타인을 방문하였다. 타고르, 유영 역 『인간의 종교』(서울: 삼성출판사, 1981). 162-165쪽.
[10] 미국의 이론 물리학자. 양자적인 원자의 존재 방식(색 역학의 점근적 자유성)에 관한 연구로 2004년 노벨 물리학상을 수상.
[11] 프랭크 윌첵, 김희봉 역 『이토록 풍부하고 단순한 세계』(경기도: 김영사, 2022). 11쪽.

잠바티스타 비코(1668-1744)[12]는『새로운 과학의 원리』에서 인간의 정신에 의해 구성되는 세상을 다음과 같이 표현하였다.

인간의 정신이 물질 세계에 형태를 부여하고, 이렇게 부여된 형태의 일관성 덕분에 세상을 이해할 수 있게 되었다. 사람들은 세상을 자연 발생적인 것 혹은 주어진 것으로 보지만 인간의 정신에 의해 세상의 형태가 만들어진다. 미지의 세상에 형태를 부여하는 일을 수행하는 과정은 곧 인류가 스스로를 창조해내는 과정이다. 그렇기 때문에 반드시 모든 공동체에 공통적으로 존재하는 보편적인 '정신의 언어'가 있을 것이다.[13]

인지 생물학자인 움베르또 마뚜라나(1928-2021)[14]는 외부 실재와 구분되는 또 다른 세계가 인간의 경험에 의해 끊임없이 산출되는 과정을 인지 활동으로 보았다.[15] 동일한 맥락에서 신경 과학의 권위자인 미겔 니코렐리스(1961-)[16]는 뇌의 본질에 대해 이렇

---

12 이탈리아의 역사 철학자. 당시 데카르트의 자연관에 반대하고 인간이 만들어 나가는 역사적인 세계관을 강조하였다.
13 미겔 니코렐리스, 김성훈 역『뇌와 세계』(경기도: 김영사, 2021). 303-304쪽.
14 칠레의 인지 생물학자이자 철학자. 인식론적인 실재주의와 관념주의를 배척하고 관찰자적 개념을 주장함으로써 구성주의 인식론의 선구자로 평가받고 있다.
15 움베르또 마뚜라나 · 프란치스코 바렐라, 최호영 역『앎의 나무』(서울: 갈무리, 2007). 21-38쪽.
16 브라질 출신의 과학자이자 의사. 듀크대 신경 과학 교수이며 뇌-컴퓨터 인터페이스 기술의 선구자로 알려져 있다.

게 말한다.

인간이 실재를 있는 그대로 경험한다고 해서 적합성이 보장되는 것은 절대 아니다. 오히려 그것이 불리하게 작용할 수도 있다. 따라서 우리 뇌는 세상을 설명할 때 '실재적'이어야 할 이유가 없다. 대신 뇌가 해야 할 기능은 우리가 이 세상에 몸 담고 있는 동안 일어날 수 있는 잠재적 위험을 예상하고 완화하는 것이다.[17]

제2절. 진리와 질서

존재하는 우주와 인간에 의해 해석된 세상의 구분은 필연적으로 '무엇이 진리인가?'라는 질문을 제기하게 만든다. 그러나 오늘날 사람들은 진리가 무엇인지 묻지 않는다. 진리에 무관심해서가 아니라 마치 물과 물고기의 관계처럼 이미 진리의 바다에 잠겨 살아가고 있기 때문이다.

과거의 사람들은 관념적으로 진리를 '현상계를 이끌어가는 보편적인 원리'라고 생각해왔지만 현대인에게 진리는 좀 더 구체적으로 '인간의 삶과 밀접하게 관계 맺고 있는 자연의 질서'를 의미

---

17 미겔 니코렐리스, 김성훈 역 『뇌와 세계』(경기도: 김영사, 2021). 404쪽.

한다.

　이러한 진리의 개념 속에는 자연, 인간, 질서가 모두 포함되어 있기 때문에 굳이 인문학적인 진리와 자연 과학적인 진리를 따로 구분할 필요가 없게 만든다.

　진리인 질서에는 우주의 객관성과 인간의 주관성이 결합되어 있다. 객관성과 주관성은 완전하게 일치할 수 없기 때문에 진리는 언제나 인간에게 확률적으로 드러난다.

　진리인 질서는 본질적으로 관계적이고 추상적이다. 질서는 이것과 저것의 관계를 전제 삼고 있다. 질서는 자연과 인간의 일치와 차이를 표현하고 있고, 세상은 궁극적으로 기존의 질서와 새로운 질서 사이의 갈등과 타협에 의해 작동되고 있다. 인간은 이러한 추상적인 질서를 탐구할 수 있는 내적 탁월성으로 인해 다른 동물과 구분되는 만물의 영장이 되었다고 볼 수 있다.

　자연의 근원 질서는 고대 자연 철학자들의 주요 관심사였다. BC 7-8세기경 고대 그리이스의 호메로스[18]와 헤시오도스[19]는 자연 현상을 신화적으로 설명하였지만 BC 6세기경 출현한 자연 철학자들은 신들을 언급하지 않고 자연의 실체와 변화에 대해 말하기 시작하였다. 사변적으로 전개된 다양한 주장들 가운데 특히 관

18　BC 8세기경 활동한 고대 그리이스의 시인. 가장 오래된 서사시인 〈일리아스〉와 〈오디세이아〉의 저자이다.

19　BC 7세기경 활동한 〈신통기〉의 저자.

심을 끄는 것은 파르메니데스와 헤라클레이토스의 실재론 논쟁이다.

먼저 파르메니데스(BC 510-BC 450)는 자연의 근원 질서를 존재와 비존재로 보았다. 그는 철학적인 탐구에 두 가지 길이 있다고 주장하였는데 하나는 '있다'라는 길이고 다른 하나는 '있지 않다'라는 길이다. 사람들이 존재한다고 생각하는 모든 것은 '있다'의 길에 있고, 그렇지 않은 것은 '있지 않다'의 길에 있다. 모든 것은 '존재'와 '비존재'로 구분되는데 존재 자체는 분할할 수 없는 단일한 질서이다. 예를 들면 끓는 물은 물의 소멸과 수증기의 생성이 아니라 물의 영역에서 일어나는 하나의 사건일 뿐이다.

세상에는 어떤 진정한 변화라는 것이 있을 수 없다. 존재는 영원히 하나로 지속되기 때문에 과거, 현재, 미래는 모두 하나이다. 그는 한마디로 우주는 연속적이고 변화하지 않으며 분할할 수 없는 동질의 것이라고 말하였다.[20]

한편 헤라클레이토스(BC 535-BC 475)는 자연의 실재를 변화로 보았다. 헤라클레이토스에 의하면 우주는 정지해 있는 것이 아니라 강물처럼 쉬지 않고 새로운 질서를 만들면서 흘러간다. 우주 만물은 끊임없이 다른 것으로 변화하는 창조의 과정 속에 있고 이

---

20 앤서니 케니, 김성호 역 『고대 철학』(경기도: 서광사, 2008). 53-57쪽.

때 변화는 오로지 신적인 로고스, 곧 근원적인 질서를 따른다.

그의 로고스 개념은 훗날 우주의 원리 또는 인간의 추론 능력을 의미하는 '이성' 개념으로 발전하게 된다. 헤라클레이토스에 따르면 로고스를 깨달은 사람은 우주의 진리를 접할 수 있지만 그렇지 못한 사람들은 몽상의 세계에서 웅크린 채 잠자는 수준에 머무르게 된다.[21]

현대 과학에 의하면 우주의 질서는 에너지와 힘의 작용으로 설명된다. 정적인 에너지와 동적인 힘은 동전의 양면과 같다.[22]

에너지와 힘에 의해 만들어지는 우주의 질서는 무한하지만 인간이 파악할 수 있는 질서는 유한하다. 우주에 존재하는 질서의 양과 실제로 인간과 관계 맺고 있는 질서의 양은 얼마나 될까?

현대 과학자들은 우주에 가능성으로 존재하는 질서와 인간과의 관계를 함수로 표현하였다. 이와 관련하여 뒤에서 볼츠만의 '엔트로피 공식'과 섀넌의 '잡음에 관한 관계식'이 언급될 것이다.

인간은 에너지와 힘이 지배하는 우주의 실재 모습을 있는 그대로 인식할 수 없으며, 신체 기관의 감각에 의해 포착된 후 두뇌의 직관과 추론을 통해 우주를 해석하고 있다. 이것은 우주가 인간에게 확률적인 믿음의 문제로 주어진다는 것을 의미한다.

---

21 앤서니 케니, 김성호 역 『고대 철학』(경기도: 서광사, 2008). 46-52쪽.
22 에너지는 양적인 스칼라로 표현되고 힘은 위치와 방향을 갖는 벡터로 표기된다.

『통섭』의 저자인 에드워드 윌슨(1929-2021)[23]은 인류의 지성과 사회 발전이 질서와 무질서 사이의 긴장에 의해 이루어져 왔다고 주장하였다. 그는 질서와 무질서가 서로 치열하게 경쟁할 때 승자는 늘 질서의 편에 서 있었는데 그것은 질서가 실재하는 세계의 작동 방식이기 때문이라고 말하였다.[24]

양자 역학의 권위자인 에르빈 슈뢰딩거(1887-1961)[25]에 의하면 생각의 본질은 질서이기 때문에 질서 있는 감각이나 경험만이 생각의 대상이 될 수 있다고 주장하였다. 그는 자연과 인간의 상호 작용이란 동일한 물리적 질서 안에서 이루어지기 때문에 객관과 주관의 구분이 무의미하다면서 다음과 같이 말한다.[26]

나의 정신과 세계를 이루고 있는 요소들은 동일하다… 세계는 내게 단 한 번 존재한다. 존재하는 세계가 주어지고 또 지각되는 세계가 주어지는 것이 아니다. 주관과 객관은 단지 하나이다. 물리학이 이룩한 최근의 성과로 주관과 객관 사이의 장벽이 무너졌다는 것은 옳지 않다. 애초부터 그 장벽은 존재하지 않았다.[27]

---

[23] 미국의 사회 생물학자. 주로 동물의 사회성을 탐구하였으며 널리 알려진 저서로 『사회 생물학』, 『인간의 본성에 관하여』, 『통섭』 등이 있다.
[24] 에드워드 윌슨, 최재천·장대익 역 『통섭』(서울: 사이언스북스, 2005). 96쪽.
[25] 오스트리아의 이론 물리학자. 양자 역학의 주요 개념들을 정립하였고 슈뢰딩거의 파동 함수가 공식화됨으로써 1933년 노벨 물리학상 수상.
[26] 에르빈 슈뢰딩거, 전대호 역 『생명이란 무엇인가』(서울: 궁리출판, 2007). 26-27쪽.
[27] 에르빈 슈뢰딩거, 전대호 역 『생명이란 무엇인가』(서울: 궁리출판, 2007). 208쪽.

제3절. 현상과 진리

철학에서 현상이란 한마디로 보여지는 것을 의미한다. 좀 더 구체적으로 말하면 현상이란 인간의 감각에 의해 질서 있는 형태로 지각되는 것을 말한다. 현상 개념은 지각 능력의 한계를 강조하는 동시에 지각의 배후에 본질적인 것이 은폐되어 있음을 전제하고 있다.

현상 개념은 현상계와 이데아계를 구분한 플라톤 철학에서 유래하는데 현상적인 질서가 이데아계의 질서와 일치할 때 비로소 그것을 진리 또는 지식이라고 말할 수 있을 것이다.

현상 질서와 이데아계 질서의 일치, 곧 진리는 어떻게 알려질까? 20세기 현상주의 철학은 '인간의 정신은 경험 너머에 있는 실재적인 것을 어떻게 알 수 있는가?'를 물었고 '의식 안에서 실재가 스스로 드러난다'고 답하였다.

현상학의 창시자인 에드문트 후설(1859-1938)[28]은 실재를 추구하는 의식의 지향성에 초점을 맞추었는데 그는 의식의 기능을 두 가지로 구분하였다. 하나는 눈앞에 있는 것을 드러내는 측면이고(노에마), 다른 하나는 드러난 것과 관계 맺고 있는 배후의 또 다른 실재를 지향하는 측면이다(노에시스).

---

28 독일의 철학자. 20세기 과학의 실증주의를 비판. 대상과 의식은 언제나 관계적인 양상 속에 있다고 주장함으로써 후대의 실존 철학에 큰 영향을 주었다.

후설은 노에마 상태로 지각된 사물에 대해 그것의 본성이 어떠하다고 선언할 수 없다고 말한다.[29] 지각된 사물은 그것이 지향하는 것과의 상관 관계만을 드러낼 뿐이기 때문이다. 참된 실재란 지속적인 지향성 속에서 드러내지기를 기다리고 있다. 그는 인간 안에 경험과 구분되는 직관적인 능력이 있고, 직관적인 능력 안에 지향성의 뿌리가 있다고 주장하였다.

우주의 가장 근원적인 질서는 에너지의 흐름이다. 자연은 에너지의 표현이고 우주 만물은 에너지의 양으로 환산될 수 있다. 열역학 제1법칙인 에너지 보존의 법칙은 우주에 총량적으로 존재하는 에너지가 더 이상 조성되거나 소멸되지 않고 형태만 변한다는 것을 의미한다.

이러한 우주의 에너지는 인간에게 일정한 방향성을 갖는 것으로 주어지는데 그렇게 주어진 에너지가 결합 에너지이다. 결합 에너지는 에너지 총량 가운데 질서를 만들 수 있는 에너지를 말한다. 결합 에너지는 지속적으로 감소하는 방향으로 흘러가는데 이를 열역학 제2법칙, 곧 자연의 무질서도(엔트로피) 증가의 법칙이라고 부른다.[30]

우주는 열역학 제1법칙에서 오는 유사성과 제2법칙에서 오는

---

[29] 후설은 공간과 시간 속에 있는 사물의 실존 판단을 유보할 필요가 있다면서 이러한 태도를 '판단중지(epoche)'라고 불렀다.
[30] 열역학적인 무질서도, 곧 엔트로피는 열÷온도라는 간단한 공식으로 계산된다.

차이에 의해 작동된다. 결합 에너지는 보존 에너지의 특별한 형태이기 때문에 자연의 에너지 흐름은 '프랙탈 현상'이라는 기하학적인 자기 유사성으로 나타난다.[31] 하천의 흐름, 번개 치는 모습, 나뭇가지, 혈관의 모습에서 보듯이 에너지 흐름에 의해 자연의 전체적인 패턴은 그것을 구성하는 요소들의 작은 패턴과 유사성을 공유하고 있다.

인류의 지성사는 현상의 질서를 관찰함으로써 추상적인 자연의 근본 질서를 밝혀내는 과정과 관련된다. 예를 들면 고대인들은 행성을 관찰하여 천체의 모형 → 행성의 운동 이론으로 발전시켜 나갔고 마침내 뉴턴과 아인슈타인에 의해 중력장과 같은 지극히 추상적인 원리로 완성시켜 나갔다.

현대 과학이 밝혀낸 추상적인 질서의 정점에는 양자화된 에너지에 의해 만들어지는 양자장(quantum field)이 있다. 양자화된 에너지는 모든 질서의 근원점이자 출발점이다. 인류는 에너지가 양자화됨으로써 비로소 질서의 본질에 대해 말할 수 있게 되었고, 추상적인 질서를 매개 삼아 물질, 생명, 정신을 정보 현상이라는 새로운 방식으로 이해할 수 있게 되었다.

양자장 이론에 의하면 양자 에너지는 입자와 파동의 형태로 존재하고, 자연이 어떻게 작동하는지 알려면 양자화된 에너지의 궤

---

31 폴란드 태생의 수학자인 베노이트 만델브로트(1924-)는 프랙탈 기하학 연구의 선구자로서 자기 유사성을 통해 전체를 바라보는 새로운 철학을 제시한 인물로 알려져 있다.

적을 추적하면 된다. 양자장은 양자 역학에 특수 상대성 이론을 결합한 것으로서 현대 과학이 밝혀낸 가장 추상적인 개념이라고 말할 수 있다.[32]

사람들은 흔히 상대성 원리와 양자 역학이 난해하다고 말하지만 실험과 관찰의 설계, 수학적인 이론화 작업이 어려울 뿐 결론적인 메시지는 모호하게나마 고대로부터 근대를 거쳐 오늘에 이르기까지 다양하게 표현되어 왔다. 현대 과학의 위대한 업적은 그것을 경험적으로 검증해냄으로써 세상을 조작할 수 있는 도구로 만들었다는 점에 있다.

현대 지성이 해결해야 할 마지막 과제는 신비의 영역인 정신 현상의 규명이라고 말할 수 있다. 그러나 인간의 두뇌에 대한 실험과 관찰은 언제나 제한적일 수밖에 없기 때문에 먼저 인접 학문의 도움 속에서 연역적인 이론화 작업이 선행적으로 이루어져야 할 것이다.

---

32   한스 크리스천 폰 베이어, 전대호 역 『과학의 새로운 언어 정보』(서울: 승산, 2009). 66-67쪽.

• 제3장 •

심리학이 걸어온 길

인류는 일찍이 신체와 정신을 구분하였고 정신의 중심에 불멸적인 영혼이 있다고 생각하였다. 수학자인 피타고라스는 영혼 불멸설과 윤회설을 주장한 인물로 유명하다.

고대 심리철학은 영혼을 중심으로 전개되었다. 엠페도클레스(BC 493-BC 430)는 최초로 영혼에 의해 어떻게 지각이 생기는지에 관하여 설명하였다. 그는 영혼을 흙, 공기, 불, 물의 복합체로 보았다. 엠페도클레스의 소박한 유물론적 영혼론은 이후 추상적인 정신의 지각 현상으로 발전하였고 아리스토텔레스의 심리 철학으로 집대성되었다. 고대 철학에서 현대 뇌 과학에 이르기까지 인간의 인식 활동에 관한 논의 과정을 간략하게 살펴보면 다음과 같다.

제1절. 소피스트와 소크라테스

서양 철학의 전통은 BC 6세기경 밀레토스[33]라는 작은 항구 도시에서 시작되었다. 당시 종교, 철학, 과학은 하나의 문화적인 현상으로 함께 발효되고 있었다.[34]

고대 자연 철학자들은 신화적인 사유 방식에서 벗어나 관찰을 통해 얻은 지식을 토대로 자연의 궁극적인 질서가 무엇인지 언급하기 시작하였다. 그러나 자연 철학자들의 중구 난방식이고 사변적인 논쟁은 오히려 진리를 발견할 수 있다는 믿음에 회의를 갖게 만들었고 이에 따라 곧이어 등장한 소피스트들은 진리가 아닌 인간의 사유 방식에 관심을 가졌다.

대략 기원전 5세기경 아테네에 출현했던 소피스트들은 여러 국가를 돌아다니며 다양한 문화와 관습을 관찰함으로써 백과사전식 지식을 갖출 수 있었다.

처음에 소피스트들은 매우 실용적인 지식을 바탕으로 자신의 생각을 분명하고 설득력 있게 표현할 수 있는 변론술을 가르침으로써 우호적인 평판을 받았다. 그러나 그들은 점차 어떻게 하면 악한 것을 선하게, 정의롭지 못한 것을 정의롭게 보일 수 있게 하

---

[33] 아테네에서 에게해 건너에 있는 소아시아 서쪽 해변도시. 당시 해상 교역의 중심 도시로서 부와 다양한 이념들이 교차하는 장소였다.
[34] 앤서니 케니, 김성호 역 『고대 철학』(경기도: 서광사, 2008). 31-32쪽.

는지에 관한 기술을 가르침으로써 극단적인 회의주의와 상대주의의 길을 걷게 되었다.

그들은 자신들이 관찰한 것을 토대로 인간 사회에서는 어떠한 절대 진리도 불가능하다고 생각하였다. 예를 들면 프로타고라스 (BC 490-BC 420)는 '인간은 만물의 척도이다'라고 주장하였는데 이것은 모든 지식이 인간의 생각에 의존함을 의미하였다. 바람은 동일하게 불어오지만 사람에 따라 차갑게 또는 뜨겁게 느껴지므로 인간이 사물의 참된 본성을 발견하는 것은 불가능하다는 것이다. BC 5세기 후반에 활동한 또 다른 소피스트 고르기아스는 3단 논법을 통해 확실한 진리가 존재하지 않다는 것을 다음과 같이 표현하였다. '아무것도 존재하지 않는다, 그것이 존재한다 해도 파악할 수 없다, 그것을 파악한다 해도 전달할 수 없다'.

소피스트들은 회의주의와 상대주의를 지나치게 강조한 나머지 인간 내면의 정신적인 구조와 자연의 질서에는 대체로 무관심한 편이었다. 동시대 인물인 소크라테스는 소피스트들의 모순점을 간파하고 진리의 개념을 새로운 방식으로 재정립하려고 시도하였다.

소크라테스는 BC 469년 도시 국가 아테네에서 태어나 아테네가 페리클레스의 통치 아래 민주주의를 꽃피우던 시기에 성장하였다. 생애 후반기에는 패권을 다투던 스파르타와의 전쟁(BC 431-BC 404)에 자신도 보병으로 참여하여 세 차례 중요한 전투를 경험하였고 전쟁 말기인 BC 406년경 아테네 민회의 공직을 맡았다.

전쟁에서 승리한 스파르타는 아테네 정치체제를 잔혹한 과두 공포 정치로 바꾸었다. 소크라테스는 불법적인 명령에는 거부하였지만 그렇다고 과두 정치를 폐지하고 민주 정치를 회복하려는 일부 세력의 혁명 운동과는 거리를 두었다. 소크라테스의 태도는 점차 민주주의자와 귀족주의자 모두의 불만을 초래하였고 결국 민주주의자들에게 고발당하여 사형을 요구받게 되었다. 고발의 이유는 국가가 인정하는 신들을 부정하고 새로운 주장으로 젊은 이들을 타락시켰다는 것이었다.

소크라테스는 변론을 통해 시민 배심원들의 마음을 돌리려고 노력하였지만 실패하였다. 그는 주변의 도움으로 죽음을 회피할 수 있었음에도 이를 거절하고 BC 399년 봄 사형 집행인이 건네준 독즙을 마시고 세상을 떠났다. [35]

소크라테스(BC 470-BC 399)는 자신에 관하여 어떤 기록도 남기지 않았지만 철학사에서 가장 독보적인 인물로 평가받고 있다.[36] 그는 당시 소피스트들과 달리 편견 없는 탐구로 얻어지는 진리를 추구하였고 인간의 행위를 구성하는 보편적이고 도덕적인

---

35 엔서니 케니, 김성호 역 『고대 철학』(경기도: 서광사, 2013). 78-80쪽.
36 새뮤얼 이녹 스텀프 · 제임스 피저, 이광래 역 『소크라테스에서 포스트모더니즘까지』(경기도: 열린책들, 2012). 66-82쪽.

요소가 무엇인지에 관심을 가졌다.

훗날 아리스토텔레스는 인간의 사고가 영원한 진리의 주변을 맴돌고 있음을 최초로 자각한 인물로 소크라테스를 꼽았다.[37]

영국의 철학자인 앤서니 케니(1931-)는 소크라테스에 대해 이렇게 말한다.

철학사에서 소크라테스는 다른 누구와도 비교될 수 없는 독보적인 위치를 차지한다. 그는 최초로 위대한 철학의 시대, 어떤 의미에서는 철학 자체의 막을 연 인물로 존경받는다. 철학 교과서는 그보다 앞서 등장한 모든 철학자들을 한데 묶어 '소크라테스 이전 철학자'들로 분류하고 있다. 이는 마치 소크라테스 이전은 철학의 선사 시대에 속한다는 듯한 인상을 준다.[38]

소크라테스는 사고를 구성하는 요소들이 서로 관계적으로 연결되어 전체를 이루고 있기 때문에 어떤 시점의 생각은 전체적인 체계의 한 부분이라고 믿었다.

그는 인간의 내면에서 지식의 토대를 찾았고, 내면의 인식 능력을 '영혼(psyche)'으로 표현한 최초의 인물이다. 소크라테스의 영혼이 무엇을 의미하는지 정확히 알려지지 않았지만 그가 확신한

---

[37] 소피아 로비기, 이재룡 역 『인식론의 역사』(서울: 카톨릭대학교출판부, 2004). 24쪽.
[38] 앤서니 케니, 김성호 역 『고대 철학』(경기도: 서광사, 2008). 78쪽.

것은 영혼을 통해 진리를 인식할 수 있다는 것이었다. 인간의 삶은 비물질인 영혼의 영향 속에 있고 영혼을 통해 지혜와 선악을 판단할 수 있다고 믿었다.[39]

소크라테스는 모든 사람들의 사고에 논리적인 구조가 존재하기 때문에 스스로 사고함으로써 진리를 깨달을 수 있다고 생각하였다. 그는 이를 대화법인 변론술로 발전시켰는데 플라톤의 『국가론』에 등장하는 소크라테스 대화법의 한 사례를 소개하면 다음과 같다.

소크라테스 : 자네는 정의가 무엇이라고 생각하는가?
트라시마코스 : 강자의 이익이 정의입니다.
소크라테스 : 강자도 사람이겠지?
트라시마코스 : 네, 그렇지요.
소크라테스 : 그럼 강자도 실수를 하겠군.
트라시마코스 : 네.
소크라테스 : 그럼 강자의 실수도 정의로운 건가?

당시 아테네 신전 입구에 새겨져 있었던 "너 자신을 알라"[40]라

---

[39] 새뮤얼 아녹 스텀프ㆍ제임스 피저, 이광래 역 『소크라테스에서 포스트모더니즘까지』(경기도: 열린책들, 2012). 59-71쪽.
[40] 아테네 델포이의 신전 입구에 새겨져 있었지만 소크라테스가 중요하게 여겼기 때문에 그의 철

는 문구는 소크라테스에 의해 사람들에게 가장 많이 회자되어 온 경구 중의 하나가 되었다.

그러나 철학자들은 그동안 '인간이란 무엇인가?'에 대한 답을 구하기 위해 끊임없이 숙고해왔지만 아직까지 속 시원한 답을 찾지 못하고 있다. 현대 철학자 에른스트 카시러(1874-1945)는 이러한 상황에 대해 다음과 같이 말한다.

예전의 그 어느 시대도 인간에 관한 지식이 오늘날처럼 풍부하지 못했다. 심리학, 민속학, 인류학, 역사학은 놀랄 만큼 발전하였고 새로운 사실들이 밝혀지고 있다. 관찰과 실험 장비는 과거에 비해 크게 개량되었고 분석 방식은 더욱 발전하였다. 그럼에도 불구하고 우리는 이러한 자료들을 어떻게 사용해야 하는지 방법을 모르는 것 같다.[41]

제2절. 데모크리토스의 원자 가설

고대 자연 철학자들 가운데 현대 물리학의 원자론을 예견한 인물은 밀레토스 출신의 레우키포스(BC 500-BC 440)와 그의 제자

학을 이해할 수 있는 키워드가 되었다.
41 에른스트 캇시러, 최명관 역 『인간이란 무엇인가』(서울: 도서출판 창, 2014). 51-52쪽.

인 데모크리토스(BC 460-BC 440)였다.

데모크리토스의 기본 입장은 물체를 무한하게 쪼갤 수 없다는 것이다. 그는 모든 현상이 단순한 무언가에서 비롯된다는 확신을 가지고 있었는데 그것을 원자(atom)라고 불렀다.

여기서 원자는 현대적인 원소 개념이 아니라 단지 '쪼갤 수 없는 근본 단위'라는 추상적인 의미를 갖고 있다. 그는 우주라고 불리는 공간 안에서 원자라고 불리는 것이 돌아다니며 모든 것을 구성해낸다고 상상하였다.

데모크리토스는 세상에 실재하는 것은 오직 원자와 빈 공간뿐이라고 믿었다. 데모크리토스에 따르면 원자들은 너무 작아서 감각을 통해 인식되지 않지만 세상은 원자들의 운동과 조합에 의해 무작위로 만들어진 부산물이다.

마치 알파벳 글자처럼 원자들은 형태가 다를 수 있고 결합의 순서와 위치가 다를 수 있다. 어떤 원자는 볼록하고 어떤 것은 오목하며 어떤 것은 갈고리 같고 어떤 것은 둥글다. 원자들은 끊임없이 운동하면서 서로 충돌하기도 하고 결합하기도 한다. 그는 우리의 삶이란 원자들의 조합이고, 우리의 생각은 미세한 원자들로 이루어져 있으며 꿈과 희망 또한 원자들의 산물이라고 말하였다.[42]

---

42   앤서니 케니, 김성호 역 『고대 철학』(경기도: 서광사, 2013). 68-71쪽.

인간의 심리 현상까지 포함하고 있는 원자 가설은 데모크리토스가 남긴 저술에 의해 후대에 전해졌다. 데모크리토스에 의하면 우리가 감각을 통해 파악하는 것은 원자들의 복합체인 사물 자체가 아니라 사물들의 성질이다. 그는 성질이란 실재하는 것이 아니라 단지 관습의 결과물이라고 주장하였다.

데모크리토스는 윤리학에 대해서도 많은 글을 썼는데 짤막한 경구나 격언의 형태로 전해 내려오고 있다. 그의 윤리학이 원자론과 어떤 관련이 있는지는 알 수 없지만 도덕적 충고의 대부분은 일상의 삶에 관한 소박한 내용들을 담고 있다. 데모크리토스는 언제나 즐거운 삶과 조용한 만족을 추구하였고, 행복 추구를 도덕의 중심에 둠으로써 이후 철학자들의 생각에 많은 영향을 끼쳤다.[43]

그러나 데모크리토스 사후에 활동한 아테네의 플라톤(BC 424-BC 348)과 아리스토텔레스(BC 384-BC 322)는 그의 자연주의적이고 유물론적인 우주관을 비판하면서 세상을 목적론적으로 이해하였다. 당시 밀레토스의 자연 철학자들이 지구가 둥글다고 말했을 때 아테네의 플라톤은 지구가 둥글다는 것이 왜 좋고 무슨 유익함이 있는지 설명해 달라고 요구하였다.[44] 플라톤의 저서 『파이돈』은 자연 철학자들의 자연주의적인 유물론을 비판하는 내용을

---

[43] 앤서니 케니, 김성호 역 『고대 철학』(경기도: 서광사, 2013). 412-415쪽.
[44] 카를로 로벨리, 김정훈 역 『보이는 세상은 실재가 아니다』(경기도: 쌤앤파커스, 2018). 41-42쪽.

담고 있다.

그리스도교 신학자들 또한 플라톤과 아리스토텔레스의 영혼 불멸설은 받아들일 수 있어도 유물론적인 원자설은 도저히 인정할 수 없었다. 이 때문에 데모크리토스는 매우 다양한 분야에 걸쳐 수많은 저술들을 남겼지만 AD 4세기경 그리스도교가 로마의 국교가 된 후 조직적으로 파괴되었다.

그럼에도 불구하고 우리가 살고 있는 세상이 원자로 구성되어 있다는 그의 주장은 오랜 세월이 흘러 20세기 원자 가설과 양자역학의 뿌리가 되었다. 20세기 초까지만 해도 많은 과학자와 철학자들은 원자 가설을 불신하였지만 1905년 아인슈타인의 논문에 의해 원자 가설은 마침내 사실임이 증명되었다. 데모크리토스가 관심을 가졌던 인간의 심리와 원자와의 관계는 2,400년이 흐른 후에야 인지 과학과 뇌 과학을 중심으로 조금씩 논의되기 시작하고 있다.

제3절. 플라톤과 데카르트의 관념론

고대 자연 철학자들은 모든 것이 물질에서 시작되어 물질로 회귀한다고 믿었다. 그리고 물질 중에서 움직이는 물질이 생거나 생명체가 되었다고 생각하였으며 물질이 어떻게 역동적이고 영적인 정신 현상을 만들어내는지에 대한 다양한 생각들을 쏟아냈다.

탈레스, 헤라클레이토스, 데모크리토스는 모든 물질에 영혼이 깃들어 있다는 물활론을 주장하였고, 소크라테스, 플라톤, 아리스토텔레스는 정신 안에 있는 관념에 의해 세상이 출현한다고 생각하였다.[45]

'우리 앞에 있는 객관적인 실재를 우리가 어떻게 알 수 있는가?'를 다루는 인식론은 소크라테스 이후 서양 철학의 중요한 주제 가운데 하나가 되었다. 눈앞의 물체는 실재하는 것인가? 아니면 정신의 산물인가? 아니면 관찰자의 환상인가? 눈앞의 물체와 정신 안에 있는 형상은 어떤 관계일까? 이러한 질문들은 실재주의와 관념주의의 논쟁으로 이어져 인류 지성사의 양대 산맥을 형성하였다.

실재론에 의하면 인간의 정신은 신적인 도움으로 외부에 실재하는 것을 있는 그대로 인식할 수 있다. 실재론자들은 신적인 도움을 로고스, 자연 법칙, 절대 이성, 생득 관념, 본질 직관 등으로 다양하게 표현하였다. 이에 반해 관념론자들은 외부의 실재가 인간의 경험과 사유 활동을 통해 재구성된다고 생각하였다. 실재하는 것의 보편성은 오로지 집단 지성에 의해서만 확인될 뿐이라는 것이다.[46]

---

45 송송라오한, 홍민경 역 『심리학 산책』(서울: 시그마북스, 2010). 13쪽.
46 전통 철학에서 지성과 이성의 개념적인 구분은 매우 중요하다. 지성은 현대적인 개념과 달리 초자연적인 것을 직관할 수 있는 정신 능력을 말하고 이성은 감각적인 경험에서 출발하는 추론 능력을 의

우리는 플라톤의 형이상학적인 이원론을 기억하면서도 그것이 정신의 산물이라는 점에 대해서는 크게 주의를 기울이지 않는 경향이 있다. 플라톤은 직관적으로 세상이 처음부터 두 개로 구분되어 존재한다고 생각하였다. 하나는 물질적인 현상계이고 다른 하나는 완전하고 영원한 이데아의 세상이다.[47] 생성과 소멸의 과정 속에 있는 물질계는 신체를 통해 알려지고 이데아의 세상은 추상적인 영혼에 의해 포착된다. 플라톤은 우주와 인간의 몸은 현상계에 속하고 추상적인 영혼은 이데아계에 속하지만 현상계 안에 갇혀 있다고 말하였다.

아리스토텔레스는 플라톤의 관념론을 토대로 심리 현상이 어떻게 생겨나는지에 관하여 당시 가장 포괄적이고 체계적으로 연구한 인물로 평가받는다.[48] 아리스토텔레스는 감각의 중요성을 강조하였다. 감각을 통해 정신 안에 들어온 것은 실재의 흔적이라고 주장하였고 정신 안에서 실재의 흔적이 어떻게 지각, 관념, 기억 현상으로 발전하는지에 대해 심도 있게 분석하였다.[49]

오늘날 우리에게 익숙한 근대적인 관념론은 데카르트(1596-1650)로부터 시작되었는데 그는 추상적으로 사유하는 인간의 본

미한다.
47 이데아는 근대적 용어인 관념과 유사한 의미를 갖는다. 관념은 이성적인 사유에 의해 보편타당하게 진리로 인식된 정신적인 산물이다.
48 최초의 심리학 전문서적인 『영혼론(De Anima)』을 집필.
49 송송라오한, 홍민경 역 『심리학 산책』(서울: 시그마북스, 2010). 18-23쪽.

성에 관심을 가졌다. 데카르트에 의하면 모든 사물들의 성질은 인간의 정신 안에서 명석 판명하게 판단되기를 기다리고 있으며 판단된 후에야 비로소 그것의 보편성을 인정받게 된다. 그리고 보편성이 확인된 것은 정신 안에서 관념으로 존재하면서 세상을 해석하는 도구가 된다.

데카르트는 정신 안에 있는 관념들을 생득 관념과 경험적인 관념으로 구분하였다. 생득 관념은 천부적으로 본성 안에 처음부터 자리 잡고 있는 특별한 관념을 말한다. 데카르트는 보편성의 근원을 생득 관념에서 찾았다.

그러나 데카르트 이후의 경험론자들은 모든 관념들을 동일한 차원에 둠으로써 생득 관념을 부정하고, 인식되는 모든 것을 인간의 주체성으로 환원시켜 버렸다. 로크(1632-1701)는 『인간 오성론』에서 인간의 정신에 의해 지각되는 모든 것을 관념이라고 불렀으며 생득 관념이 존재하지 않는다는 것을 입증하기 위해서 『인간 오성론』의 제1권 전체를 바쳤다. 이때부터 관념은 과잉적이 되어 보편성 또한 애매해져 갔다.[50]

독일의 관념론은 칸트(1724-1804) 이후 점점 형이상학적이 되어 갔고 헤겔(1770-1831) 철학에서 정점에 이르게 된다.

이 시기에 라인홀트(1758-1823)는 의식이라는 개념에 주목하였

---

50 소피아 로비기, 이재룡 역 『인식론의 역사』(서울: 카톨릭대학교 출판부, 2004). 168-169쪽.

다. 그는 철학 전체가 토대 삼아야 할 원초적이고 본래적인 것은 관념이 아니라 의식이라고 생각하였다. 이때부터 의식은 명확하게 개념화되지 않은 상태에서 자아의 주관적인 인식 활동을 가능하게 하는 근원적인 것이라는 지위를 얻게 된다.[51]

현대 철학자인 독일의 카시러(1874-1945)는 인간의 의식에 의해 자연이 드러나기 때문에 인식론은 인간의 사고 활동이 어떻게 이루어지는지를 분석하는 것에서 출발해야 한다고 주장하였다.

인식 활동의 본질은 실체가 아닌 관계를 포착함에 있다. 우리가 색깔이나 소리를 서로 유사하다고 느끼는 것은 그것들이 처음부터 유사성의 관계 속에 있기 때문이다. 카시러는 인식 주체의 판단에 의해 드러나는 관계성은 자연 법칙의 규제를 받기 때문에 무작정 자의적일 수 없다고 말하였다.[52]

독일의 철학자 리케르트(1848-1935)는 "인식의 명증성은 무엇에 의해 담보되는가?"라고 묻고 이 문제를 해결하기 위해서는 '조금도 의심할 수 없는 인식 주체'로부터 출발할 필요가 있다고 생각하였다. 그는 인식 주체를 이성 또는 지성과 같이 존재론적으로 말해질 수 있는 것으로 보지 않고 모든 의식 활동을 가능하게 하는 어떤 '추상적인 형식'으로 보았다.

---

51 소피아 로비기, 이재룡 역 『인식론의 역사』(서울: 카톨릭대학교 출판부, 2004). 294-295쪽.
52 소피아 로비기, 이재룡 역 『인식론의 역사』(서울: 카톨릭대학교 출판부, 2004). 362-367쪽.

리케르트는 우리 안에 내재해 있는 '엄격한 추상의 형식'이 인식 주체가 되어 외부의 실재를 포착해낸다고 믿었다. 그러나 그는 만일 이 형식이 무엇이냐고 누가 묻는다면 그것은 단지 무엇으로 환원될 수 없고 의심할 수 없는 어떤 것이라고 대답할 수밖에 없다고 말하였다.[53]

제4절. 20세기의 과학 심리학

오늘날 미국의 대학에서 가장 인기 있는 전공 과목 가운데 하나는 심리학이다. 사람들은 의식적이든 무의식적이든 다른 사람들의 심리에 관심이 많다. 대중 미디어, 공연, 문학, 예술 등의 작품에서 보듯이 심리 문제를 다룬 것들은 언제나 넘쳐나고 인기가 많다.

그러나 이러한 대중 심리학과 달리 현대 심리학은 19세기 말경 출현한 과학적 심리학을 말한다. 과학적 심리학은 관찰과 실험을 통해 심리 현상의 이면에 작용하고 있는 심리 구조와 원리를 탐구하려는 시도에서 비롯되었다.

근대 심리학의 아버지라고 불리는 독일의 빌헤름 분트(1832-

---

53 소피아 로비기, 이재룡 역 『인식론의 역사』(서울: 카톨릭대학교 출판부, 2004). 369-371쪽.

1920)[54]는 1879년 라이프찌히 대학교에 실험실을 만들어 심리 현상을 경험적으로 연구하기 시작하였다. 분트는 심리 현상이란 감각, 느낌, 연상으로 이루어진 복합물이며, 심리학의 목표는 이러한 심리적인 복합물을 분석의 대상으로 삼는다고 주장하였다.

그는 의식의 두 가지 측면에 주목하였는데 하나는 관찰자에게 대상으로 제시되는 측면이고 다른 하나는 관찰자가 대상을 해석하는 측면이다. 이러한 분트의 관점은 심리의 본질이란 궁극적으로 대상에 대한 관찰과 해석임을 시사한다.

유럽에 이어 곧바로 미국에서도 실험실 심리학이 등장하였다. 이 시기에 윌리엄 제임스(1842-1910)[55]는 미국 심리학의 역사에 엄청난 영향을 끼친『심리학 원리』를 출간하였다.

의식의 흐름을 강조한 제임스는 의식이란 불연속적인 것이 아니라 태어나는 순간부터 외부와의 관계 속에서 연속적으로 존재하는 것이라고 주장하였다. 그는 의식을 진화론적인 관점으로 설명하였는데 의식이 넘쳐나는 감각들 속에서 어떤 것에 선택적으로 주의 집중함으로써 인간의 생존 가능성을 높여 나가는 역할을 수행한다고 말하였다.[56]

---

54   독일의 생리학자, 심리학자, 철학자. 심리학이 체계적인 학문으로 정립되는 데 기여함으로써 근대 심리학의 아버지라고 불린다.
55   미국의 생리학자, 심리학자, 철학자. 하버드 대학교에 심리학 연구소를 설립하여 기능주의 심리학을 연구.
56   Ludy T. Benjamin, 김문수 · 박소현 역 『간추린 현대 심리학사』(서울: 시그마프레스, 2016).

한편 20세기 초 유럽의 프로이드는 환자들의 임상 사례들을 토대로 정신 분석학을 창시하였다. 그의 정신 분석 이론이 유럽에서 대중들로부터 각광 받고 있던 시기에 미국에서는 20세기 심리학을 지배하게 될 행동주의 심리학이 싹트고 있었다.

행동주의 심리학의 탄생은 마음의 구조를 다루는 유럽의 심리학이 주관성에 의존한다는 비판을 배경으로 삼고 있다.
컬럼비아 대학교 심리학 교수인 존 왓슨(1878-1958)은 당시의 심리학이 인간의 내면, 곧 추상적인 의식을 탐구 대상으로 삼고 있는 데 대해 신랄하게 비판하면서 과학적인 심리학은 관찰과 실험이 가능한 인간의 행동을 탐구 대상으로 삼아야 한다고 주장하였다. 특히 당시의 심리학은 동물과 인간의 조상이 동일하다는 진화론의 영향 속에서 동물과 인간의 행동을 비교 연구함으로써 일반화를 시도하고 있었다. 왓슨의 관점은 행동과 심리 현상의 관계에 관심을 갖게 만들었고 나아가 엄격한 관찰과 실험에 토대를 두고 있는 행동주의 심리학이 보다 과학적이라는 인상을 주었다.
1910년대에 출현한 행동주의 심리학은 방법론적인 한계에도 불구하고 이후 50년 동안 미국 심리학을 지배하면서 학습과 동기에 관심을 갖는 방향으로 발전하였고, 특히 교육과 훈련의 중요성

82-84쪽.

을 강조하였다. 이후 미국의 행동주의 심리학은 인지적 행동주의[57], 가설 연역적 행동주의[58], 점진적 행동주의[59] 등으로 점차 정교해져 갔다.

미국의 과학 심리학은 연구 방법에 있어서 구조주의와 기능주의가 대립하는 양상을 보였다. 구조주의 심리학자인 에드워드 티체너(1867-1927)는 과학 심리학이란 의식의 구조를 탐구하는 데 초점을 맞추어야 한다고 주장하였다.

그는 마음과 의식을 구분하였는데 마음은 일생을 살아가는 동안 일어나는 정신 과정의 총합이고 의식은 현재 일어나는 정신 현상의 총합이라고 규정하였다. 티체너에 따르면 마음은 시냇물처럼 계속 흘러가는 것이고 의식은 두 번 다시 경험할 수 없는 일회적인 것이다. 티체너는 일회적인 의식이라 하더라도 관찰자 훈련과 관찰 조건의 부여 등을 통해 과학적인 연구가 가능하다고 주장하였다.

구조주의 심리학의 반대편에는 기능주의 심리학이 있었는데 기능주의 심리학은 정신의 구조보다 작동 방식을 보다 중요시하였다.

---

57 E. C. Tolman(1886-1959).
58 C. L. Hull(1884-1952).
59 B. F. Skinner(1904-1990).

기능주의 심리학은 의식이 무엇을 위한 것인지에 관심을 가졌고, 의식이 인간의 생존 능력을 높이기 위해 어떻게 외부 환경과 상호 작용하는지를 탐구 대상으로 삼았다. 마음과 신체의 관계에 주목한 기능주의 심리학은 점차 아동 심리학, 임상 심리학, 산업 심리학, 조직 심리학과 같은 다양한 영역에 응용되었고 지능 검사, 성격 검사와 같은 기능적인 정신 현상의 측정에 관심을 갖게 만들었다.[60]

제5절. 21세기의 인지 심리학

사람들은 현대를 '지식 융합의 시대'라고 부르는데 그 중심에 인지 과학이 있다. 인지 과학은 인간의 마음을 정보의 관점에서 바라보는 학문을 의미하지만 인접 학문의 발전에 따라 내용이 지속적으로 변하기 때문에 개념화하기가 쉽지 않다.[61] 그럼에도 오늘날 정보와 인지라는 수식어를 사용하여 기존 학문의 영역을 새롭게 정의하려는 경향성을 감안할 때 인지 과학은 점차 현대인의 교양처럼 되어 가고 있다고 볼 수 있다.

---

60   Ludy T. Benjamin, 김문수 · 박소현 역 『간추린 현대 심리학사』(서울: 시그마프레스, 2016). 130쪽.
61   이정모 『인지 과학』(서울: 학지사, 2011). 19-30쪽.

20세기 후반에 탄생한 인지 과학은 과학적인 사고의 패러다임을 완전히 바꾸어 놓았을 뿐 아니라 과거의 세계관과 인간관을 대폭 수정하게 만들었다.

과학계의 인지 혁명은 '정보'라는 개념을 인간의 삶 안에 깊숙이 들여놓았고 마침내 21세기의 정보 사회와 인공지능의 시대를 활짝 열어제쳤다. 1940년대의 단순한 전자 계산기는 인지 과학의 도움으로 고도의 정보처리 시스템으로 발전하였고 오늘날 과학계는 인지 혁명을 통해 우주, 생명체, 인간, 환경, 문화 현상을 정보 현상이라는 새로운 방식으로 설명하고 이해할 수 있는 또 하나의 틀을 갖게 되었다.

인지 과학과 거의 동의어로 사용되는 인지 심리학은 마음의 문제를 '추상적인 정보처리'의 관점으로 접근한다는 점에서 전통적인 심리학과 근본적으로 다르다.

인지 심리학은 1967년 율릭 나이서(1928-2012)[62]가 『인지 심리학』을 출판함으로써 널리 알려지게 되었다. 그는 인지란 감각의 형태로 입력된 정보를 변형하여 저장하고, 그것을 인출하여 사용하는 모든 정신 과정이라고 정의하였다.[63]

---

62 Ulric Neisser. 독일 출신의 미국 심리학자. 인지 심리학의 아버지로 불리고 지각과 기억 연구로 유명하다.
63 1950년대 이후 인지 심리학에 영향을 준 인물과 주제를 살펴보면 Jerome Brumer(1915-)의 범주화 이론, Roger Brown(1915-1997)의 언어와 사고의 관계, Noam Chomsky(1928-)의 언어 구조와 언어 습득의 원리, George A. Miller(1920-2012)의 언어와 의사소통, Ulic

인지 심리학의 출현은 행동주의 심리학에 대한 비판을 배경으로 삼고 있다. 1950년대에 이르러 행동주의 심리학만으로는 인간의 정신 현상을 올바로 설명할 수 없다는 회의적인 시각이 싹트면서 새로운 심리학이 출현하였다. 그것이 바로 인지 심리학이다. 인지 심리학의 탄생은 행동이 아닌 내면의 의식을 대상으로 하는 심리학의 귀환을 의미하였다.

인지 심리학에 따르면 인간의 정신은 두뇌 안에서 추상적인 규칙에 따라 기계적으로 처리되는 정보 현상과 관련된다.

인지 심리학의 '인지'는 넓은 의미의 '마음'을 의미하는데 지각, 이해, 판단, 추론에 이르는 전반적인 정신 활동을 포함한다. '인지'는 전통 심리학에서 말하는 이성, 감성뿐 아니라 동물, 컴퓨터, 사회 조직의 내적인 정보처리 시스템까지 통합적으로 지칭하는 개념이다. 이처럼 인지 심리학이 인지를 포괄적으로 개념화하는 이유는 '모든 것 안에 보편적으로 존재하는 정보처리 체계'라는 추상적 원리에 초점을 맞추고 있기 때문이다.

여기에 심리학, 철학, 언어학, 뇌 신경학, 컴퓨터 과학, 인류학과 같은 인접 학문들이 관여함으로써 인지 심리학은 종래의 학문 분야를 뛰어넘는 융합적 학문이 되었다. 나아가 주관적인 마음을 탐구하면서도 정보처리 체계라는 '추상의 형식'을 토대 삼고 있기 때

Neisser(1928-2012)의 인지 심리학 정의 등이 있다.

문에 인지 심리학은 객관적인 과학이 될 수 있었다.

미국에서 인지 심리학이 어떤 과정을 거쳐 발전해왔는지 추적하는 것은 쉽지 않지만 인지 심리학의 탄생에 중요하게 기여한 것 중 하나는 컴퓨터였다. 미국의 수학자 폰 노이만(1903-1957)은 뇌의 작동을 컴퓨터에 비유하였다.

1950년대에 컴퓨터를 개념적 모형으로 삼았던 인지 심리학은 1970년대에 이르자 유럽에서 넘어온 게슈탈트 심리학과 뇌 과학, 정보학 이론의 영향을 받아 새로운 방향으로 발전하게 된다. 게슈탈트 심리학(Gestalt psychology, 형태 심리학)은 1920년대에 유럽에서 유행한 심리 철학으로서 일반인에게는 '전체는 부분의 합과 다르다'라는 주장으로 널리 알려져 있다.

게슈탈트 심리학이 뒤늦게 각광을 받은 이유는 행동주의 심리학과의 충돌을 피하기 어려웠기 때문이었다. 행동주의 심리학은 마음의 후천성을 강조하였지만 게슈탈트 심리학은 인간의 마음 안에 지각, 학습, 기억을 가능하게 하는 조직화 원리가 선천적으로 존재한다고 주장하였다.[64]

게슈탈트 심리학의 가장 중요한 특징은 인간의 경험 세계란 본질적으로 전체적이기 때문에 마음을 지각적인 구성 요소로 환원하여 분석하면 안 된다고 보는 데 있다. 또 다른 특징은 현상적이라는 점인데 모든 것은 경험되는 바로 그 순간 그 자체로 주관적

---

[64] Ludy T. Benjamin, 김문수 · 박소현 역 『간추린 현대 심리학사』(서울: 시그마프레스, 2016). 281-282쪽.

인 의미의 단위가 된다고 주장하였다.

그동안 심리학은 20세기 후반에 이르기까지 타자가 관찰한 심리 현상에 토대를 두고 있었다. 그 결과 마음의 심연에 심리 현상의 원형적인 것이 있다는 고정 관념이 만들어졌다. 1950년대에 출현한 초기 인지 심리학조차 인간의 의식 안에는 정확하게 설명할 수는 없지만 '복잡한 정보처리 시스템'과 같은 존재론적인 원형이 있다고 믿었다.

1970년대 이후의 2세대 인지 심리학은 심리적인 원형을 부정한다. 심리적인 믿음, 가치, 욕망은 과거의 경험과 기억에서 오고 오늘의 기억은 어제의 해석일 뿐이다. 인간의 심리는 원형적인 어떤 것에 영향을 받기보다는 스스로 끊임없이 자신의 정체성을 만들어가고 확인하는 과정이라는 것이다.

자신과 타인의 심리 상태를 이해하는 것은 인간 관계의 개선뿐 아니라 삶의 질을 높이는 데도 도움이 되기 때문에 사람들은 마음과 관련하여 좀 더 과학적이고 신뢰할 수 있는 지식을 찾는 경향이 있다. 그러나 타자의 관찰에 토대를 두고 기술되는 심리 현상은 그럴듯해 보이지만 어떻게 설명한다 해도 전체적인 것의 파편에 지나지 않는다.

인지 심리학은 한마디로 인간의 뇌와 마음 사이에서 이루어지는 상호 관계를 직접적으로 연구하고 추론하는 학문이다.

쉽게 말해 인지 심리학은 뇌 신경망이 외부의 자극이나 조건에 대해 어떻게 반응하고 그에 따라 감정과 생각과 행동이 어떻게 변화하는지를 탐구 대상으로 삼고 있는 학문이다. 인지 심리학은 타자가 아닌 나 자신 스스로 내 마음의 구조와 작동 방식을 좀 더 과학적으로 이해할 수 있는 가능성을 열어주었다는 점에서 특별한 의미를 갖는다고 볼 수 있다.

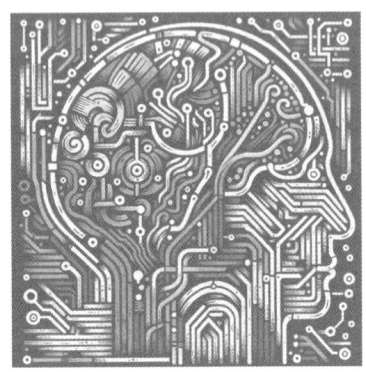

제2부

우주와 생명체

• 제1장 •

우주의 시작과 형성

138억 년 전 어느 날 한 점의 근원 에너지에 의해 초고온 초고압 상태의 우주가 만들어졌다. 빅뱅 후 우주가 식어가면서 소립자 → 빛 → 원자 → 분자들이 차례대로 출현하였다. 그리고 100억 년이 지나자 원시 지구의 분자 물질에서 유기 화합물이 생겨났고 유기 화합물로부터 우연히 복제 능력을 갖춘 최초의 세포 생명체가 탄생하였다.

세포 생명체는 영겁에 가까운 38억 년 동안 진화를 거듭함으로써 마침내 BC 500만 년경 인류가 등장하였다. 인류는 500만 년이라는 지극히 짧은 시간에 구석기 → 신석기 → 청동기 → 철기 시대를 거쳐 오늘날의 반도체 문명을 이루어냈다. 우주가 만들어지고 인류가 탄생하기까지 무슨 일이 있었을까? 인간의 놀라운 성취는 어떻게 가능했을까?

제1절. 우주의 시작

우주는 한 점 압축된 에너지가 폭발함으로써 생겨났고, 현재도 일정한 가속도로 팽창 중이다.[65] 초고온 초고압 상태의 에너지는 팽창하는 과정에서 온도가 낮아지면서 물질이 되었고, 밀도 편차가 생기면서 구체적인 형상을 갖게 되었다.[66]

인간에게 우주는 폭발 후 10^{-43}초가 경과한 이후에 등장하는데 그때까지는 근원 에너지가 유일한 존재이자 힘이었다.[67] 10^{-43}초에서 10^{-33}에 이르는 지극히 짧은 시간 동안 우주는 순간적으로 10^{70}배 팽창하여 상상할 수 없을 만큼의 미소한 크기에서 지름이 몇 미터 정도인 우주가 되었다.[68]

빅뱅 후 10^{-43}초에서 10^{-12}초 사이는 우주의 절대온도가 $10^{32}K$에

---

65   2009년 5월 유럽우주국(ESA)은 NASA의 협조를 받아 태양 반대쪽 궤도에 해상도 높은 위성을 진입시켜 4년간 우주를 탐사한 후 우주의 나이를 138억 년으로 계산해냈다. 짐 베것, 박형철 역『기원의 탐구』(서울: 반니, 2017). 136-139쪽.
66   마틴 리스, 한창우 역『태초 그 이전』(경기도: 해나무, 2004). 306쪽.
67   현대 물리학은 과학 장비의 도움으로 빅뱅 직후 상태인 10-⁴³초까지 거슬러 올라갔고 이때의 절대 온도가 10³²K임을 알아낼 수 있었다. 짐 베것, 박형철 역『기원의 탐구』(서울: 반니, 2017). 49-58쪽.
68   데이비드 버코비치, 박병철 역『모든 것의 기원』(서울: 책세상, 2017). 27쪽.

서 10^{15}K로 낮아진 지극히 짧은 순간이다. 그동안에 한 점의 근원 에너지로부터 중력 → 강력 → 약력과 전자기력의 순서로 각자의 영역을 지배할 4가지 근본 힘들이 갈라져 나왔다.[69]

근원 에너지와 근본 힘은 질량과 전하를 갖는 소립자들을 무수히 만들어냈다. 이들은 반입자와 쌍을 이루어 출현하였기 때문에 충돌 후 곧바로 빛을 남기고 사라졌다. 이때의 빛이 오늘날 관측되는 우주 배경복사이다.

당시의 우주는 미시적인 세계와 거시적인 우주의 구분이 없었고 마치 존재와 비존재가 공존하는 무의 상태와 유사하였다. 입자와 반입자들의 쌍생성과 쌍소멸은 극히 짧은 순간 무한에 가깝게 반복되어 엄청난 양의 빛을 만들어냈다.

시간이 지나면서 우주의 온도는 계속 낮아졌고 소립자들은 양성자와 중성자를 만들어 그 안에 갇히게 되었다.[70] 이렇게 만들어진 양성자와 중성자의 비율은 점차 대략 7 : 1의 비율로 고정되어 갔다. 양성자와 중성자는 초고온 상태에서 서로 융합하여 수소와 헬륨의 원자핵을 형성하기 시작하였다. 우주는 순식간에 수소와 헬륨의 원자핵들로 가득 찼지만 너무 고온이었기 때문에 원자핵이 안정된 상태를 유지할 수 없었다.

69　중력과 전자기력은 거시적인 우주를 지배하는 힘이고, 강력과 약력은 미시적인 소립자의 세상에 작용하는 힘이다. 원자는 강력과 약력에 의해 생성과 소멸의 과정을 겪고 있다.
70　짐 베것, 박형철 역 『기원의 탐구』(서울: 반니, 2017). 78-99쪽.

빅뱅 후 약 3분이 지나 우주의 온도가 10^9K까지 내려가자 비로소 수소와 헬륨의 원자핵이 안정된 상태를 유지할 수 있게 되었다. 우주는 빛, 수소와 헬륨의 원자핵, 랩톤, 보손과 같은 근원적인 소립자들이 고온 고압의 상태에서 서로 무한 충돌하였고 이 상태가 38만 년 동안 지속되었다.[71] 핵과 전자는 서로 결합하기 전이었기 때문에 물질의 근본 단위인 원자는 아직 출현하지 못하고 있었다.

빅뱅 후 38만 년이 지나자 우주의 온도가 3,000K 정도로 낮아지면서 비로소 인간에게 익숙한 거시적인 우주가 만들어지기 시작하였다. 원자핵과 전자가 결합하여 수소와 헬륨 원자를 만들면서 우주는 조금씩 투명해졌고 빛도 분리되기 시작하였다. 빛은 팽창하는 우주를 쫓아가면서 세상을 밝게 비추었고 이때부터 미미하게나마 우주에 중력이 작용하게 되었다.[72]

빅뱅 후 100만 년이 지나자 중력이 본격적으로 작용하기 시작하였다. 기체 상태인 우주의 나이가 7-10억 년이 되면서 원자 상태인 수소와 헬륨이 서로 뭉쳐 별과 은하들을 만들었다. 별들은 중력에 의해 압축되어 엄청난 고온 상태가 되었고, 수소와 헬륨의 원

---

71   짐 베것, 박형철 역 『기원의 탐구』(서울: 반니, 2017). 103쪽.
72   짐 베것, 박형철 역 『기원의 탐구』(서울: 반니, 2017). 113-114쪽.

자핵들이 서로 융합하기 시작하였다. 별들은 융합 에너지에 의해 자체적인 빛을 방출하였으며 이제는 별들의 빛이 우주를 비추게 되었다.[73]

별은 핵융합의 반복적인 진행으로 융합할 연료가 부족해지자 초신성이 되어 빛을 잃고 붕괴되기 시작하였다. 초신성이 폭발하여 핵융합으로 만들어진 원소들을 우주 공간에 퍼뜨렸는데 이렇게 만들어진 원소들이 바로 우주 만물을 구성하고 있는 92가지의 천연 원소들이다.[74]

45-50억 년 전 어느 날 초신성의 폭발에 의한 충격파로 태양계 성운이 만들어졌다. 태양계 성운은 회전하면서 수축되기 시작하여 마침내 원시 태양이 되었다. 태양 하나의 질량은 태양계 전체 질량의 99.8%를 차지하고 있다. 우리가 살고 있는 지구는 46억 년 전 태양계가 형성되면서 함께 만들어졌는데 10억 년에 걸쳐 지구의 표면이 냉각되어 가면서 점차 원시 바다와 지각을 형성하였다.

지구에서 발견되는 대부분의 천연 원소는 우주의 초신성 폭발에 의해 만들어진 것들이다. 철(Fe)보다 무거운 원소들은 뒤늦게 만들어져 양이 많지 않기 때문에 오늘날 희소 자원을 둘러싼 국제 분쟁의 원인이 되고 있다.[75] 92가지 원소들 가운데 철은 가장 안

---

[73] 프랜시스 크릭, 김명남 역 『생명 그 자체』(경기도: 김영사, 2015). 45쪽.
[74] 프랜시스 크릭, 김명남 역 『생명 그 자체』(경기도: 김영사, 2015). 45쪽.
[75] 지구의 주성분은 철(32%), 산소(30%), 실리콘(15%), 마그네슘(15%), 칼슘(2%), 알루미늄

정된 에너지 상태를 유지하고 있다. 철보다 가벼운 원소들은 핵융합을 통해, 철보다 무거운 원소들은 핵분열을 통해 안정된 에너지 상태를 유지하려는 경향이 있다.

제2절. 열에너지와 결합 에너지

우주의 근본 실체는 에너지이다. 세상에서 가장 신적인 피조물을 꼽는다면 에너지를 들 수 있을 것이다. 중력, 전자기력과 같은 우주의 근본 힘[76]과 원자, 분자, 유기 화합물과 같은 물질의 상태는 모두 에너지의 또 다른 모습들이다.

그러나 우리는 에너지의 실제 모습을 있는 그대로 알 수는 없고 자연의 변화 속에서 단지 힘, 형태, 운동, 위치, 색깔, 단단함 등과 같은 에너지의 성질만을 지각할 뿐이다.

아리스토텔레스가 저서 『형이상학』에서 모든 것이 단일한 에너지에 의해 유지된다고 언급한 이후 에너지는 그것이 무엇인지 모르는 상태로 자연과 인간의 삶 안에 자리 잡았다.[77]

근대적인 에너지 개념은 19세기 중반에 열역학적으로 정의되

(2%), 기타 원자(3%)이다. 짐 베깃, 박형철 역 『기원의 탐구』(서울: 반니, 2017). 271쪽.

76 우주의 근본 힘은 강력과 약력, 중력과 전자기력을 말한다. 강력과 약력은 원자의 생성과 분열에 작용하는 힘이고, 중력과 전자기력은 거시적인 우주의 형성과 변화를 설명하는 힘이다.

77 바츨라프 스밀, 강주헌 역 『세상은 실제로 어떻게 돌아가는가?』(경기도: 김영사, 2023). 44-45쪽.

어 20년 만에 과학의 기초가 되었지만 현대 물리학은 여전히 에너지를 '영원히 자연 안에 보존되고 있는 어떤 것'이라고 모호하게 정의하고 있다. 에너지는 열에너지, 결합 에너지, 생명 에너지 등으로 다양하게 범주화되어 위치, 운동, 마찰, 탄성, 전기 에너지 등에서 보듯이 다양한 형태로 자연 현상을 지배하고 있다.

양자 역학의 중심 개념은 양자(量子)화된 에너지이다. 현대 물리학자들은 양자 에너지의 양과 궤적을 수학적으로 기술함으로써 자연이 어떻게 작동하고 있는지 알 수 있었지만 정작 에너지의 본질이 무엇인지 설명하지 못하고 있다.

양자 역학의 거장인 리차드 파인만(1918-1988)은 에너지의 속성에 대해 다음과 같이 말하고 있다.

에너지는 무척 다양한 형태를 띠고 있는데 각각의 형태에 각각의 공식이 있다. 예컨대 중력 에너지, 운동 에너지, 탄성 에너지, 전기 에너지, 화학 에너지, 복사 에너지, 핵에너지, 질량 에너지 등 등이 있다. 오늘날 물리학은 무엇보다도 에너지가 무엇인지 모른다는 사실을 깨닫는 것이 중요하다. 에너지는 다양한 공식이 존재하는 이유나 메카니즘을 우리에게 말해주지 않는다는 점에서 추상적이다.[78]

---

78 리처드 파인만 · 로버트 레이턴 · 매슈 샌즈, 박병철 역 『파인만의 물리학 강의 Ⅰ』(서울: 승산, 2007). 강의 4-1편, 4-13쪽.

자연의 변화는 언제나 사람들의 중요한 관심사였는데 마침내 17세기의 뉴턴에 의해 자연의 변화를 정확하게 예측할 수 있는 운동 역학의 완성을 보게 되었다.

그러나 19세기에 이르자 과학자들은 자연 안에 뉴턴의 운동 역학 외에 열역학이라는 또 다른 존재 방식이 있다는 사실을 깨닫게 되었다. 열역학은 미시적인 입자들의 운동과 달리 물리계의 거시적이고 복잡한 질서와 관련된다. 오늘날 과학자들은 물리계를 고립계, 열린계, 닫힌계로 구분하고 있다. 여기서 계(系, system)는 구성 요소들이 체계적으로 통합되어 외부와 경계를 이룬 조직체를 뜻한다.

고립계는 물질과 에너지를 주변 환경과 교환하지 않는 독립적인 계를 말한다. 고립계의 물질과 에너지 총량은 일정하게 고정되어 있는데 대표적인 고립계는 우주이다. 열린계는 물질과 에너지 모두를 주위 환경과 교환하고 있는 개방적인 계이다. 지구상의 모든 생명체는 생명 물질과 에너지를 주변 생태계와 끊임없이 주고받기 때문에 전형적인 열린계에 속한다. 마지막으로 닫힌계는 물질 교환 없이 에너지만을 교환하는 계로서 대표적으로 화학 반응계를 들 수 있다.

근대 과학은 에너지가 갖고 있는 두 가지 근본 성질을 각각 열역학 제1법칙과 제2법칙이라고 부른다.

열역학 제1법칙은 에너지 보존의 법칙을 말한다. 고립계인 우주가 처음에 가졌던 열적인 에너지 총량은 더 이상 새로 만들어지거나 소멸되지 않는다는 것을 내용으로 한다. 자연의 가장 근원적인 현상을 꼽는다면 에너지는 결코 소멸하지 않고 단지 형태만 바뀐다는 것이다. 그동안 물리학자들의 실험은 단 한 번도 에너지 보존의 법칙에서 벗어난 적이 없었다.

20세기에 이르자 물리학자들은 에너지가 다양한 형태로 변환되는 과정에서 인간의 삶과 밀접하게 관련되는 또 다른 성질이 있다는 점에 주목하기 시작하였다. 그것이 바로 열역학 제2법칙인 엔트로피 증가의 법칙이다. 여기서 엔트로피는 자연이 갖고 있는 '무질서의 정도'를 의미한다.

독일의 물리학자인 클라우지우스(1822-1888)는 열기관의 순환 과정을 에너지 보존 법칙에 의해 기술하는 과정에서 에너지 총량은 보존되지만 일에 사용되는 에너지는 보존되지 않는다는 사실을 알아냈다. 이것은 인간의 관점에서 일의 손실과 관련된 또 다른 에너지 개념이 필요함을 의미하였다.

과학자들은 새로운 에너지 개념이 결합력과 관련된다는 것을 알게 되었다. 결합 에너지 개념은 특히 인간에게 중요한 의미를 갖는다. 동식물이든 돌맹이든 초고층 빌딩이든 주변의 사물들은 모두 결합 에너지를 표현하고 있기 때문이다. 결합 에너지는 물질

구조를 형성함으로써 물질계에 새로운 질서를 도입할 수 있는 에너지를 의미한다.[79]

이후 영국의 물리학자 윌리엄 톰슨(1824-1907)은 결합 에너지의 감소가 자연의 보편 현상임을 발견하였다. 이는 인간에서 은하계에 이르기까지 우주의 질서가 필연적으로 천천히 붕괴되어 가고 있음을 의미한다. 톰슨은 자연의 무질서도가 증가하는 현상을 열역학 제2법칙 또는 엔트로피 증가의 법칙이라고 불렀다. 열역학 제2법칙은 에너지가 변환될 때마다 결합 에너지를 잃게 된다는 것을 말한다.

자연의 무질서도가 증가하는 근본 원인은 원자들이 분자를 만드는 과정에서 에너지 흐름에 변화가 생기기 때문이다. 우주의 가장 보편적인 법칙은 '최소의 에너지로 최대의 안정'을 유지하는 것이므로 원자들은 짝을 찾아 새로운 분자 구조를 만들 때마다 에너지 일부를 주위에 내놓고 안정을 취한다. 이 때문에 우주의 에너지 총량은 변하지 않지만 시간이 흐를수록, 곧 원자들의 화학 반응이 생길수록 결합 에너지 수준이 낮아져 우주는 무질서해진다.

그렇다면 어떻게 하나인 우주 안에 두 가지 형태의 에너지가 공존할 수 있을까? 그것은 질서체인 분자의 존재 방식 때문이다. 분자의 질량은 중력에 반응하는 동시에 분자의 부피는 열에 반응한

---

[79] 제레미 리프킨, 최현 역 『엔트로피』(서울: 범우사, 1999). 27쪽.

다. 분자는 마치 이중 국적자처럼 뉴턴의 운동 법칙이 적용되는 중력의 세상에 속하는 동시에 열적인 화학 반응에 의해 질서를 만드는 밀도의 세상에 속한다.

분자를 구성하는 원자들은 끊임없이 충돌하고 있다. 열역학의 권위자인 미국의 물리학자 기브스(1839-1903)는 이를 질서와 무질서라는 상태 함수로 설명할 수 있다고 말하였다.

운동의 관점에서 충돌의 결과는 무질서이지만 열적인 관점에서 충돌은 무질서가 새로운 질서로 전이되는 과정이다. 미시 세계의 질서와 무질서는 서로 상쇄되는 것처럼 보이지만 그럼에도 자연의 배후에서 상시적으로 작용하고 있다.[80]

원자의 무질서한 충돌에 의해 분자가 만들어졌고 분자의 질서가 고도화됨으로써 유기 화합물이 생겨났으며 유기 화합물은 정교한 질서체인 세포 생명체를 출현시켰다. 수많은 세포 생명체들이 만든 정교하고 복잡한 질서체가 인간이다. 이처럼 인간이라는 존재는 태생적으로 질서에 뿌리내리고 있다.

---

[80] 일리야 프리고진 · 이사벨 스텐저스 공저, 신국조 역 『혼돈으로부터의 질서』(파주: 자유아카데미, 2011). 332-333쪽.

• 제2장 •

생명체의 출현

생명 현상은 놀라울 정도로 복잡하지만 배후에는 원자, 분자 차원의 물리 화학적인 인력과 척력이 상시 작용하고 있다.

오늘날 생명 과학계는 생명체의 분자적인 속성, 기계적인 기능, 정보처리 현상을 강조하는 경향이 있다. 대표적인 예로 노벨상 수상자인 영국의 생물학자 폴 너스(1949-)는 생명체를 '살아있는 기계'로 보면서 생명 현상을 물리화학 반응, 진화적인 변이, 정보 활동으로 요약하고 있다.[81]

생명체의 근원은 고도의 질서체인 유기 화합물이다. 유기 화합물이 생명 물질인 DNA, RNA, 단백질로 발전함으로써 복제 능력

---

81 폴 너스, 이한음 역 『생명이란 무엇인가』(서울: 까치글방, 2023). 9-14쪽.

을 갖춘 세포 생명체가 탄생할 수 있었기 때문이다.

　최초의 유기 화합물, 생명 물질, 세포가 어떻게 출현하게 되었는지는 여전히 미지의 영역에 속한다. 오늘날 우리 주변에는 비닐, 플라스틱과 같은 유기 화합물이 넘쳐나지만 이것들은 대부분 생명체가 만든 유기 화합물을 원료로 삼고 있다.

제1절. 생명체의 탄생

　생물학자들은 최초의 유기 화합물, 생명 물질, 세포 생명체가 대체로 다음과 같은 과정을 거쳐 출현하였을 것으로 추정하고 있다.

　원시 지구는 산소가 없었기 때문에 수억 년 동안 다양한 화학 물질들이 산화되지 않고 존재할 수 있었다. 분자 물질들은 오랜 세월을 거치면서 화학 반응을 통해 좀 더 복잡하고 정교한 분자 화합물들로 진화하였을 것이다.

　예를 들면 자연 상태의 시안화수소(HCN)는 산소 호흡을 하는 동물들에게는 치명적인 유독 물질이다. 그러나 시안화수소가 다섯 번의 결합 과정을 거쳐 아데닌($H_5C_5N_5$)으로 바뀌면 생명 물질인 DNA, RNA, ATP의 구성 요소인 뉴클레오티드를 만드는 재료가 될 수 있다.

　원시 지구의 환경 속에서 뉴클레오티드, 아미노산, 단당류와 같은 단위체 분자들이 무수히 만들어져 산화되거나 분해되지 않고 물속에 오랜 기간 머무를 수 있었고 이들이 서로 결합하여 유기 화합물과 생명 물질이 되었을 것이다.[82]

DNA, RNA, 단백질과 같은 최초의 생명 물질이 만들어지면 효율적인 복제를 위해 다른 분자 물질과 분리되어야 한다.

이때 분리막은 물에 용해되지 않아야 하지만 복제에 필요한 물질들이 통과되려면 어느 정도 친수성도 함께 있어야 한다. 영겁의 시간이 흐르면서 이러한 조건을 갖춘 특별한 인지질 분자가 생겨났다. 인지질 분자들은 친수성 부위는 친수성끼리, 소수성 부위는 소수성끼리 뭉치는 성질이 있기 때문에 자연스럽게 이중막을 형성하였고 이에 따라 주머니 형태의 소포가 만들어졌다.

소포는 DNA, RNA, 촉매 단백질을 감쌀 수 있게 됨으로써 마침내 우연히 정교한 복제 시스템을 갖춘 소포가 출현하여 원시 세포가 되었을 것이다.[83] 일단 원시 세포가 만들어지자 생명체의 자기 복제에 의해 만들어지는 유기 화합물이 자연에 충만하게 되었다.

초기의 원시 세포는 다양한 생명체로 진화하여 오늘날의 생태계를 형성하였다. 이것은 박테리아에서 인간에 이르기까지 모든

---

82 린 마굴리스 · 도리언 세이건, 홍욱희 역 『마이크로 코스모스』(경기도: 김영사, 2022). 65쪽.
83 노정혜 외 10인 『물질에서 생명으로』(서울: 반니, 2018). 31-38쪽.

생명체들이 어느 날 우연히 등장한 하나의 근원, 곧 공통 조상으로부터 유래했음을 의미한다.

생물학자들은 어렵게 등장한 원시 세포의 후손 가운데 '루카(LUCA)'라고 부르는 단세포를 현존하는 지구 생명체의 시작점으로 보고 있다.[84] 루카는 다른 단세포들과 치열한 경쟁 끝에 승리자가 되어 자신이 만든 복제 생명체들을 퍼뜨렸고 이후 지구상의 모든 생명체는 루카와 동일한 복제 방식으로 번식하게 되었다.

찰스 다윈은 『종의 기원』에서 처음으로 유전학적인 루카의 존재를 추정해냈고, 분자 생물학은 DNA 유전자 분석과 화석 연대 추정법을 통하여 루카의 존재를 입증해냈다.

최초의 생명체는 언제 지구상에 출현하였을까? 현재까지 발견된 가장 오래된 화석은 35억 년 전의 유기 화합물이 만든 흔적을 보여주고 있다. 과학자들은 이를 근거로 지구상에 유기 화합물과 생명체가 등장한 시기를 대략 41억 년 전에서 38억 년 전 사이로 보고 있다.

루카의 존재와 특성은 RNA 염기서열의 계통도[85]를 통해 확인된다. 리보솜은 단백질을 합성하는 공장과 같은 세포 내 소기관이다. 모든 생명체의 세포 안에는 리보솜이 있기 때문에 리보솜 안

---

[84] The Last Universal Common Ancestor.
[85] 모든 생물종의 DNA 염기서열은 시간이 흐르면서 변화하고, 변화된 내용은 DNA에 저장된다. 생물체의 염기서열이 서로 얼마나 동일한지의 정도를 비교하여 진화의 계통도를 추정해 볼 수 있다.

에 있는 RNA 염기서열을 서로 비교해 볼 수 있다.

오늘날 현존하는 고세균과 원시 세균의 유전자는 모두 600만 개쯤 되는데 이중에서 공통 유전자는 355개 정도이다. 공통 유전자는 루카로부터 물려받은 초기의 유전자이므로 이들이 만들어내는 단백질의 특성을 분석하면 루카의 생리적 특징을 추리해 볼 수 있다.[86]

유전자 분석에 따르면 루카는 산소가 없는 환경에서 살 수 있는 혐기성 생물이었던 것으로 추정된다. 산소 호흡하는 생명체에게서 볼 수 있는 특성 단백질이 없기 때문이다. 루카는 수소와 이산화탄소를 결합하여 메탄이나 탄수화물을 만들었거나 수소와 질소를 결합하여 암모니아나 아미노산을 만들었을 것이다. 원시 지구의 풍부한 대기 성분인 수소, 이산화탄소, 질소만 있으면 자신이 필요로 하는 유기 화합물을 만들 수 있었던 것이다. 호기성 미생물인 사이아노 박테리아가 출현하여 산소를 만들기 시작한 시기는 대략 32억 년 전이다. 24억 년 전쯤 지구상에 산소가 급격하게 많아졌고, 수소 대신 산소 호흡하는 생명체들이 생겨났다.

루카는 뜨거운 열을 견딜 수 있는 단백질을 가졌기 때문에 고온에서도 생존할 수 있었다.[87] 이 때문에 생명 과학계 일각에서는

---

86 노정혜 외 10인 『물질에서 생명으로』(서울: 반니, 2018). 29쪽.
87 생리적 특성과 유기물 합성 환경 등을 감안하여 루카 탄생지를 해저 열수구로 보기도 한다. 노정혜 외 10인 『물질에서 생명으로』(서울: 반니, 2018). 30쪽.

루카의 탄생지를 해저 열수구로 보기도 한다.

오늘날 루카의 후손들은 초기 상태의 단세포 세균들에서 가장 진화가 앞서 있는 인간에 이르기까지 다양한 형태로 공존하고 있다. 현재 지구 생명체는 명칭도 없는 미생물을 포함하여 수천만 종에 달하는데 그것조차 지금까지 지구상에 존재했던 모든 종의 0.1%에 불과하다고 한다.[88]

우주에 미시적인 소립자의 세계가 있듯이 생태계에는 보이지 않는 미생물들의 세상이 있다. 주로 세균들로 구성된 수백만 종류의 미생물은 자연 환경이든 인위적인 환경이든 모든 곳에 존재하기 때문에 한마디로 '언제 어디서든 편재(ubiquitous)한다'고 말할 수 있을 것이다.[89]

인간의 몸 또한 마치 작은 생태계와 같다. 몸과 더불어 살고 있는 생명체들은 몸을 구성하고 있는 대략 30조 개의 세포들보다 숫자가 더 많다.[90] 호흡을 통해 수많은 미생물들이 들락거리고 장 속에는 다양한 선충들이 살고 있으며 피부에는 수많은 세균, 진드기류들이 서식하고 있다. 이들은 주로 우리 몸의 유기 화합물을 섭취하고 있지만 장내 세균처럼 몸이 필요로 하는 아미노산이나 비타민을 만들어주기도 한다.

---

88   김웅진 『생물학 이야기』(서울: 행성비, 2015). 41쪽.
89   Barry Chess, 장태용 외 4인 『미생물학 길라잡이』(서울: 라이프사이언스, 2021). 4쪽.
90   린 마굴리스·도리언 세이건, 김영 역 『생명이란 무엇인가』(서울: 리수, 2016). 205쪽.

제2절. 생명체의 자기 복제 현상

생명체를 사물과 구분 짓는 가장 큰 특징을 2가지로 요약한다면 하나는 '자기 복제' 현상이고 다른 하나는 자신이 필요로 하는 에너지를 스스로 만들어 사용하는 '대사 작용'이라고 말할 수 있다. 바이러스는 자기 복제 능력이 있지만 대사 작용을 하지 못하기 때문에 반 생명체로 불린다.

생명체를 구성하고 있는 것은 분자 단위의 생명 물질이다.[91] 자기 복제와 관련되는 생명 물질은 DNA, RNA, 단백질이다. 생명체의 복제 시스템 안에서 DNA는 RNA로 전사되고, RNA는 단백질의 주형이 되기 때문에 DNA, RNA, 단백질의 분자 구조는 거의 동일하다.[92]

생명 과학계는 복제 시스템의 주역들인 DNA, RNA, 단백질 가운데 RNA 분자가 가장 먼저 생겼을 것으로 추정하고 있다. 이것은 RNA 분자가 보여주는 다양한 활동성 때문이다.

RNA는 주로 DNA 유전 정보를 전사 받아 단백질을 만들지만 자신을 주형으로 삼아 DNA를 만들 수 있고 화학 반응을 촉진하

---

[91] 신체를 구성하는 물질 가운데 가장 큰 비중을 차지하고 있는 것은 물(66%)이고, 나머지 대부분은 생명 물질인 단백질과 핵산(16%), 지질(13%)이다. 탄수화물은 신체 구성 물질이 아니라 에너지원이다.

[92] 탄소와 당이 오각형의 골격 구조를 이루고 양쪽에 인산과 염기로 된 작용기 구조가 붙어 있는 이중 구조로 되어 있다.

는 효소 역할을 하면서 자신을 자르거나 다른 분자들을 붙여 자신을 늘릴 수도 있다. RNA 분자는 역할이 다양해지고 복잡해짐에 따라 유전 정보만을 안전하게 관리할 수 있는 DNA 분자를 만들었을 것이다.[93]

일단 DNA 분자가 만들어지자 박테리아에서 인간에 이르기까지 모든 지구 생명체의 복제 시스템은 예외 없이 DNA → RNA → 단백질의 경로를 거치는 것으로 정형화되었다. 오늘날 생물학계는 이를 '분자 생물학의 중심원리(central dogma)'라고 부른다.[94]

DNA 분자가 복제되는 과정은 놀랍도록 간단하다. 두 가닥의 사슬처럼 꼬여 있는 DNA 분자는 번식을 앞두고 감수 분열로 한 가닥만 남게 되면 다시 세포 내 염기들을 모아 마치 지퍼처럼 새로운 가닥을 만들어 이중 나선 구조를 회복한다.[95]

DNA는 모든 단백질에 관한 설계도를 갖고 있고 RNA는 제조 공장의 설계도를 갖고 있다고 볼 수 있다. 모든 세포의 DNA 유전자는 동일하지만 RNA로 전사되는 유전자는 세포의 위치마다 다르다. 콩팥 세포는 심장에 필요한 단백질을 만들면 안 되기 때문이다. 이때 DNA 유전자 가운데 RNA로 전사되는 것은 켜져 있고

---

93 김웅진 『생물학 이야기』(서울: 행성비, 2015). 131쪽.
94 노정혜 외 10인 『물질에서 생명으로』(서울: 반니, 2018). 33쪽.
95 린 마굴리스 · 도리언 세이건, 홍욱희 역 『마이크로 코스모스』(경기도: 김영사, 2022). 76-77쪽.

전사되지 않는 유전자는 꺼져 있다고 말해진다.[96]

DNA와 RNA의 유전자, 곧 설계도를 이용하여 실제로 단백질을 만드는 일은 또 다른 단백질들이 수행한다. 이때 단백질은 환경에 따라 DNA 유전 정보를 바꾸기도 한다. 결국 생명체의 진화란 DNA와 단백질 분자의 상호 되먹임에 의해 서로 함께 변하면서 유전 정보의 다양성을 증폭시켜 나가는 과정이라고 말할 수 있을 것이다.[97]

복제 시스템의 목표는 단백질을 생산하는 것이다. 단백질은 생명 현상에 핵심적인 기능을 수행하고 있는데 단독으로 또는 다른 물질과 결합하여 뼈와 근육, 연골, 피부, 가죽, 털, 비늘 등을 만들어 몸의 구조를 형성하고 효소, 항체, 호르몬이 되어 생명 질서를 유지하고 있다.[98]

단백질 생산은 단백질을 구성하는 아미노산을 만드는 일에서 시작된다. 아미노산은 독특한 화학적 특성을 갖고 있다. 어떤 것은 음전하(-)나 양전하(+)를 띠고, 어떤 것은 물을 끌어당기거나 밀어내며, 어떤 것은 또 다른 분자와 쉽게 결합할 수 있는 특성이 있다.

---

96 엔리코 코엔, 이유 역 『세포에서 문명까지』(경기도: 청아출판사, 2015). 110-112쪽.
97 김웅진 『생물학 이야기』(서울: 행성비, 2015). 248-255쪽.
98 영어 protein(단백질)의 어원인 희랍어 프로테이오스(πρώτειος)는 '가장 먼저이고 중요한 것'이라는 의미를 갖는다.

또한 아미노산은 마치 장난감 레고처럼 정교하게 접혀지고 결합하여 다양한 형태를 만들 수 있다. 아미노산이 수차례 결합하여 꼬이고 접혀 입체적인 형태로 만들어진 것이 단백질이다.[99] 그러나 실제로 만들어지는 단백질은 다른 분자들이 달라붙어 복합 단백질 형태가 되므로 아미노산의 결합만으로는 설명되지 않는다. 이 때문에 단백질은 하나 하나 모두 다르다고 말해도 과언이 아니다.

단백질의 입체적인 구조는 복잡한 만큼이나 변성되기 쉽다는 약점을 갖고 있다. 단백질은 열, 산성과 같은 변성제에 의해 아미노산의 결합이 쉽게 풀리고 구조에 변형이 생겨 질병과 죽음의 원인이 된다.

단백질 설계도인 유전자는 평상시 DNA 분자 안에서 풀어진 실처럼 존재하다가 번식을 앞두고 효율적인 복제를 위해 실뭉치와 같은 염색체가 된다.[100] DNA 유전자는 A, T, G, C라는 4개의 염기를 정보 부호로 삼고 있다.[101] 4개의 염기는 3개씩 짝을 이룸으로써 코돈 형태의 정보가 되고 코돈 정보에 의해 20가지의 아미노

---

99 아미노산 → 폴리펩타이드 → 폴리펩타이드 1차 복합체 → 폴리펩타이드 2차 복합체 → 단백질들의 복합체.
100 인간의 염색체는 1번에서 23번까지 46개(23개×2벌)이며 길이가 다양하다. 염색체 46개를 연결한 DNA의 전체 길이는 2m가 넘는다. 만약 인간의 몸을 구성하고 있는 모든 세포의 DNA 분자를 한 줄로 이으면 200억 km에 달하여 지구에서 태양까지 65번을 왕복할 수 있다고 한다. 린 마굴리스 · 도리언 세이건, 홍욱희 역 『생명이란 무엇인가』. 43쪽.
101 A(아데닌), T(티민), G(구아닌), C(사이토신).

산이 만들어진다. 20가지 아미노산이 배열에 관한 유전 정보에 따라 다양하게 접혀 단백질이 된다.[102]

유전 정보는 생명체가 번식하는 과정에서 다양성이 엄청나게 증폭된다. 한 사람이 갖고 있는 DNA 염색체 23쌍은 감수 분열 후 다시 재조립되는 과정을 거치게 되는데 이때 새로 배열될 가능성은 이론적으로 2^{23}개이다. 태아는 남자와 여자의 수정을 통해 23개의 쌍을 회복하게 되므로 이때 유전 정보의 다양성은 $2^{23} \times 2^{23}$개로 증폭된다. 여기에 염색체 안에서 인접한 유전자들끼리 자리바꿈이 일어나거나 DNA 분자의 이어 붙이기 현상까지 더해진다면 유전자 조합의 다양성은 그야말로 무한에 가깝다.[103]

이 때문에 새로 복제되는 세포는 언제나 이전 세포에서 볼 수 없었던 새로운 활동성이 추가된다. 생명체가 오늘날 헤아릴 수 없이 다양한 생명체로 진화할 수 있었던 것은 새로 만들어지는 유전자와 단백질의 다양성에 기인한다고 볼 수 있다.

---

102 분자 생물학은 2000년대 초 30억 개에 달하는 DNA의 염기서열을 모두 해독해냄으로써 인간의 유전자가 2만 2,000여 개라는 사실을 밝혀냈다. 2만 2,000여 개의 유전자는 DNA 염기서열 30억 개 중에서 간추려진 것이다.
103 노정혜 외 10인 『물질에서 생명으로』(서울: 반니, 2018). 61-62쪽.

제3절. 대사 작용과 생명 에너지

생명 질서는 결합 에너지를 표현하고 있는 엔트로피와 불가분의 관계에 있다.[104] 질서도가 높은 유기 화합물은 엔트로피에 저항하는 힘을 갖고 있는데 이를 엔트로피 탄성이라고 부른다.

물질은 엔트로피에 의해 양 끝을 둥그렇게 원형으로 만들어 무질서도를 높이려는 힘을 갖고 있다. 그러나 유기 화합물은 엔트로피 탄성에 의해 양쪽 끝이 서로 떨어져 무질서에 저항하고 있는데 끝 사이의 거리가 멀수록 질서도가 높다. 거대하고 정교한 구조체인 생명 물질은 일반 물질에 비해 매우 큰 결합 에너지를 갖고 있다.[105]

대사 작용은 외부로부터 공급받은 음식물의 결합 에너지를 ATP 분자[106] 형태의 생명 에너지로 전환하는 포괄적인 과정을 말한다. 주에너지원인 탄수화물과 부에너지원인 단백질, 지방은 소화 과정에서 잘게 쪼개져 단위체가 되고 여러 단계의 화학 반응을 거쳐 혈관을 통해 세포로 전달된다. 세포는 외부에서 들어온 에너지원을 재료 삼아 ATP 분자를 만들어내는데 ATP 분자의 결

---

104 장회익『생명을 어떻게 이해할까?』(경기도: 한울, 2014). 108-130쪽.
105 사카이 쿠니요시, 강현정 역『알수록 쓸모 있는 아인슈타인의 상대성 이론』(서울: 지브레인, 2020). 335-337쪽.
106 ATP(Adenosine Triphosphate) 분자는 아데노신과 세 개의 인산기가 연결된 구조로 되어 있다.

합 에너지가 바로 생명 에너지이다.[107,108]

세포가 생명 에너지를 만드는 과정은 광합성 작용의 역반응처럼 진행된다. 단지 태양 에너지가 투입되는 대신 생명 에너지가 만들어질 뿐이다.[109] 세포 생명체들은 에너지가 필요하면 ATP의 결합 구조를 끊어 ATP를 ADP 분자[110]로 전환하고, 이때 방출되는 에너지를 이용하여 화학 반응을 일으키거나 분자 회전과 같은 물리력을 얻는다.

유기 화합물의 풍부한 결합 에너지는 먹이 사슬의 형태로 자연 생태계를 순환하고 있다. 광합성 식물은 대기와 토양 속에 있는 이산화탄소와 물을 이용하여 유기 화합물인 탄수화물을 만들고 탄수화물은 초식 동물, 육식 동물에 의해 섭취된다. 사용된 유기 화합물은 배설물로 배출되거나 사체 상태가 되고 균류에 의해 이산화탄소와 물의 형태로 자연에 되돌려진다.

ATP 분자는 결합 에너지의 흡수와 전달에는 매우 효율적이지

---

107 대사 작용은 에너지가 투입되는 동화 작용과 에너지가 방출되는 이화 작용으로 구분된다. 동화 작용은 저분자를 고분자로 변환시키는 것으로서 대표적인 예가 광합성 작용이다. 이화 작용은 고분자를 저분자로 바꾸는 것이다. 이화 작용은 고분자 에너지를 저분자인 ATP의 결합 에너지로 만드는 과정이다.

108 탄수화물의 단위체인 포도당은 세포질에서 1단계 해당 작용을 통해 피루브산으로 변하고, 피루브산은 미토콘드리아 내부로 들어가 2단계, 3단계, 4단계의 화학 반응을 거치면서 각 단계별로 ATP 분자가 만들어진다.

109 $C_6H_{12}O_6 + 6O_2 + 빛\ 에너지 = 6CO_2 + 6H_2O + ATP$.

110 아데닌과 리보스와 두 개의 인산기로 구성된 아데노신 이인산.

만 체내에 저장되지 않는다. ATP 분자는 활동 에너지로 빠르게 소비되는 만큼 세포는 순간 순간 필요한 만큼 새로운 ATP 분자를 만들어내야 한다.

한 개의 ATP 분자가 갖고 있는 결합 에너지는 10^{-23}kcal 정도이다. 이것은 성인의 하루 권장 칼로리가 2,000kcal임을 감안하면 매우 미소한 양이다. 우리 몸은 대략 30조 개의 세포로 이루어졌고 세포 한 개당 평균적으로 10억 개의 ATP 분자를 갖고 있는 것으로 가정하면 이들의 순간적인 에너지 총량은 1kcal 정도에 불과하다. 이 때문에 인간이 활력을 유지하려면 세포들은 끊임없이 대사 작용을 통해 새로운 ATP 분자를 만들어내야 한다.[111]

세포가 외부로부터 주기적으로 적정량의 음식을 공급받지 못하거나(기아 상태, 소화기 질환) 또는 영양소가 세포 안으로 전달되지 않거나(당뇨병) 또는 물과 산소가 부족하여 화학 반응을 일으키지 못하면(순환계 질환) 생명 에너지는 고갈되고 세포는 사멸하기 시작한다.

20세기 들어 세포 안에서 생명 에너지인 ATP 분자가 만들어지는 메카니즘이 알려졌다. 생명 에너지를 만드는 대사 과정에서 단백질 효소는 핵심적인 역할을 수행하고 있는데 영국의 생화학자

---

[111] 노정혜 외 10인 『물질에서 생명으로』(서울: 반니, 2018). 180-183쪽.

인 미첼(1920-1992)[112]은 단백질 효소의 활동 에너지가 수소(H)의 양성자로부터 온다는 사실을 밝혀냈다.

미첼의 발견은 근원 에너지와 생명 에너지의 상관성을 암시하고 있다. 빅뱅 초기에 전자들은 양성자 주변을 빠른 속도로 운동하다가 열이 식어가면서 양성자와 짝을 이루어 수소를 만들었다. 그러나 에너지를 얻으면 전자는 언제든지 자유 전자(-)가 되어 떠나고 수소는 양성자(+)만 남게 된다. 미첼이 밝혀낸 것은 이온화된 양성자가 생명 에너지를 만드는 화학 반응에서 핵심적인 역할을 수행하고 있다는 사실이었다.

빅뱅 초기에 만들어진 원자 번호 1번인 수소가 이온화됨으로써 전자는 물질의 에너지 현상을, 양성자는 생명체의 에너지 현상을 지배하고 있다는 사실은 우주 만물의 단일성과 관련하여 시사하는 바가 크다고 볼 수 있다.

생명 에너지의 원천은 음식물을 구성하고 있는 분자들의 결합 에너지와 태양 빛의 파동 에너지이다.

광합성 과정에 투입된 물(H_2O), 이산화탄소(C_2O)의 결합 에너지와 광합성 작용의 최종 산물인 포도당 분자($C_6H_{12}O_6$)의 결합 에너지를 서로 비교해 보면 포도당이 약 700kcal 정도의 결합 에너지를 더 갖고 있다. 이것은 물과 이산화탄소의 결합 에너지에

---

112 미첼은 ATP 합성 메커니즘을 발견한 공로로 1978년에 노벨 화학상을 수상하였다.

700kcal의 빛 에너지가 더해져서 포도당 분자가 만들어졌음을 의미한다. 또한 그만큼 태양의 빛 에너지가 광합성 작용의 결과물인 포도당의 결합 에너지로 변환되었음을 뜻한다.[113]

    탄수화물의 포도당은 생태계의 먹이 사슬에서 가장 중요한 에너지원이다. 특히 뇌세포는 포도당만을 에너지원으로 사용하기 때문에 의식이 없는 환자가 병원에 이송되면 우선적인 응급조치로 포도당을 투여받게 된다.

---

113   노정혜 외 10인 『물질에서 생명으로』(서울: 반니, 2018). 180쪽.

• 제3장 •

인류의 등장

'호모 사피엔스'라는 용어는 스웨덴의 생물학자 린네(1707-1778)가 처음 사용하였는데 생물 분류학적인 인간을 말한다. 인류학은 화석을 근거로 인간의 기원이 1,500만 년 전-3,000만 년 전까지 거슬러 올라간다고 주장하지만 1,400만 년 전-500만 년 전 사이에 지구에 거대한 지각 변동이 일어났기 때문에 증거 화석을 보유한 지층이 매우 드물다.

현대 분자 생물학은 초기 인류가 대략 700만 년 전쯤 등장하여 500만 년 전에 알 수 없는 진화적 사건에 의해 침팬지, 고릴라로부터 분화되었다고 말한다.[114] 이 시기에 아프리카 사바나의 열대 우림지역에서는 수많은 종류의 포유동물들이 서식하고 있었다.

---

114 리처드 리키, 황현숙 역 『인류의 기원』(서울: 동아출판사, 1992). 29-34쪽.

이들과 섞여 침팬지, 고릴라와 구분되는 방식으로 직립 보행을 하고 도구를 만들 줄 알았던 특이한 영장류가 군집을 이루고 번성하였다. 분자 생물학은 단백질 분석을 통해 이들을 초기 인류로 보고 있다.[115]

초기 인류는 수백만 년의 구석기 시대를 살아오던 중 약 20만 년 전에 현대인과 비슷한 크기의 뇌 용량을 가진 구석기인으로 발전하였다. 구석기 후기에 출현하여 호주나 신대륙의 고위도 지방으로까지 진출한 이들이 바로 현생 인류의 조상인 '호모 사피엔스'이다.

인류학자들은 호모 사피엔스 가운데 BC 3-4만 년경 등장한 '호모 사피엔스 사피엔스'를 현생 인류의 직계 조상으로 보고 있다.[116] 이들은 수렵과 채집 활동을 하면서 작은 규모의 군락 사회를 이루었고 매장하는 관습이 있었으며, 동굴 벽화와 같은 초기 형태의 예술 활동을 하였다.

'호모 사피엔스 사피엔스'는 BC 4만 년 전의 바이크셀 빙하기 동안에 러시아 서부 평원에 정착하였고 점차 오늘날의 일본(BC 2만 년 전), 오스트레일리아(BC 3만 년 전), 미국(BC 2만 5,000년

---

[115] 브라이언 M. 페이건, 최몽룡 역 『인류의 선사시대』,(서울: 을유문화사, 1987). 109-116쪽.
[116] 인간의 생물학적 분류 체계는 동물계-척삭동물문-포유강-영장목-사람과(호미니드)-사람속(호모)-사람(호모 사피엔스)이다. 호모 사피엔스의 후손(사람 아종)에는 호모 사피엔스 사피엔스 외에도 호모 사피엔스 이달투, 크로마뇽인이 있었지만 모두 멸종되었다.

전) 등으로 진출하였다. 대체로 BC 4만 년 전 이후에 발견되는 모든 고고학적 자료는 이미 지구상의 단일 호모종이 되어버린 '호모 사피엔스 사피엔스'의 흔적들이다.

BC 1만 2,000년-BC 1만 년경 신석기가 등장하고 농경 생활이 시작되면서 수백만 년 동안 이어져 오던 구석기 시대는 마침내 막을 내렸다.[117]

구석기인들은 25-60명 단위의 군집을 이루어 오로지 수렵과 채집으로 생활하던 오랜 시기를 거쳤다. 이들은 석기 도구를 사용하였는데 구석기 도구 가운데 BC 200만 년 전후의 것들이 아프리카 지역에서 집중적으로 발견되고 있다. 구석기인들의 기술 수준은 단단한 돌찍개 같은 도구를 즉석에서 만들어 사용하는 정도였다. BC 40-50만 년 전의 구석기인들은 대체로 오늘날 아프리카 오지에서 수렵과 채집으로 살아가는 부족들과 비슷한 정도의 동식물에 관한 지식을 숙지하고 있었다.[118]

BC 20만 년 전쯤 등장한 호모 사피엔스는 빠르게 인구가 증가함으로써 지구의 거의 전 지역에 정착하여 단일종이 되어 갔고, 이중 일부가 선사시대 후기인 BC 3-4만 년 전의 폭발적인 기술과 경제발전을 이루어낸 '호모 사피엔스 사피엔스', 곧 현생 인류가 되었다.

---

[117] 브라이언 M. 페이건, 최몽룡 역 『인류의 선사시대』(서울: 을유문화사, 1987). 260-280쪽.
[118] 브라이언 M. 페이건, 최몽룡 역 『인류의 선사시대』(서울: 을유문화사, 1987). 131-141쪽.

인류가 정보를 효율적으로 저장할 수 있는 문자를 사용하기 시작한 시기는 대체로 청동기 시대 후반 또는 철기 시대인 BC 4000-BC 3000년경이다. 현재까지 알려진 가장 오래된 문명은 BC 3200년경 도시 국가를 세운 메소포타미아 지역의 수메르 문명이다. 이들은 설형문자를 만들었고 학교와 도서관을 설립하였으며, 도량형을 통일하고 백과사전과 법전을 편찬하였다.

일단 문명의 거점이 형성되자 선진 문명은 인간의 탁월한 기억 능력과 모방 능력에 의해 빠른 속도로 주변에 퍼져나갔다.

문명 사회가 형성되면서 인구가 기하급수적으로 증가하였고, 인간의 삶은 점차 자연 생태계보다는 사회 환경에 의존하게 되었다.[119] 이것은 신체적인 능력보다 정보 능력을 중요시하는 시기가 도래하고 있음을 예고하는 것이기도 하였다.

구석기 후기의 호모 사피엔스는 어떻게 놀라운 문명을 단기간에 성취할 수 있었을까? 뇌 과학자들은 뇌의 용량 변화에 주목하고 있다. 오랜 관찰과 학습으로 뇌의 저장 능력이 커졌고 이것은 정보 데이터 축적으로 이어져 인간의 사유 활동을 양과 질적인 면에서 크게 향상시켰다.

---

[119] 브라이언 M. 페이건, 최몽룡 역 『인류의 선사시대』(서울: 을유문화사, 1987). 215-220쪽.

• 제4장 •

그리스도교와 불교의 창조관

20세기 초 인문학의 중요한 관심사 가운데 하나는 종교의 기원에 관한 문제였다. 종교의 기원은 서로 다른 방향성을 갖고 논의되었는데 하나는 외부에 실재하는 것에 관한 것이었고 다른 하나는 내면의 심리 상태를 중시하는 것이었다.[120]

전자를 대표하는 관점으로 자연 신화학파가 있다. 이들은 해와 달, 별, 계절과 같은 자연 현상을 인격화해서 표현한 것이 종교의 기원이라고 주장하였다. 예를 들면 독일의 언어학자 막스 뮐러(1823-1900)는 가장 원초적인 종교적 상징을 태양으로 보았고, 동일한 맥락에서 영국의 인류학자인 제임스 프레이저(1854-1941)는

---

120 리차드 컴스탁, 윤원철 역 『종교의 이해』(서울: 도서출판 지식과 교양, 2017). 15-44쪽.

종교가 자연 현상에 관심이 많았던 원시 사회의 주술사로부터 시작되었다고 말하였다.

한편 종교의 기원을 내면의 심리 상태에 두는 또 다른 관점이 있었는데 영국의 인류학자인 에드워드 타일러(1832-1917)에 의하면 인간은 꿈과 같은 내면적인 경험을 통해 처음부터 영적인 영역이 별개로 존재한다는 것을 믿게 되었다고 한다. 이와 유사한 맥락에서 독일의 심리 철학자 빌헬름 분트(1832-1920)는 종교란 공포와 같은 인간 내면의 정서가 외부 환경에 투사된 것이라고 주장하였다.

20세기 중반에 들어서자 종교학계는 대체로 두 가지 방향성을 통합적으로 이해하려는 경향을 보였다.[121] 모든 종교 현상 안에 두 가지 방향성이 내재해 있다고 본 것이다.

영국의 사회학자 롤란드 로버트슨(1938-)은 종교란 경험적인 것이 초경험적인 것에 종속된다고 믿는 인간 내면의 신앙이라고 정의하였고, 신학자이자 철학자인 폴 틸리히(1886-1965)는 궁극적인 가치와 이차적인 가치를 서로 구분하려는 인간 내면의 본성을 강조하였다.

종교의 기원에 관한 2가지 관점은 서로 무관해 보이는 서양과 동양의 종교를 통합적으로 이해할 수 있는 실마리를 제공한다. 그

---

[121] 리차드 컴스탁, 윤원철 역 『종교의 이해』(서울: 도서출판 지식과 교양, 2017). 53-69쪽.

리스도교는 구약의 창세기에서 보듯이 인간이 몸 담고 있는 세상이 어떻게 시작되었는지에 관심을 가졌고 힌두교나 불교는 인간 내면의 의식을 탐구 대상으로 삼았기 때문이다.

제1절. 그리스도교의 창조론

구약의 창세기 제1장 1-3절은 어둡고 텅 빈 무의 상태에서 장차 형태를 갖춘 물질이 생겨날 것임을 예고하고 있다.

창세기는 땅(물질), 물(생명), 성령(영혼)이라는 은유적인 표현을 사용하여 물질 → 생명체 → 정신 사이에 연속적이고 유기적인 관계가 형성될 것임을 함축적으로 전하고 있다.

한처음에 하느님께서 하늘과 땅을 창조하셨다(1절). 땅은 아직 꼴을 갖추지 못하고 비어 있었는데, 어둠이 심연을 덮고 하느님의 영이 그 물 위를 감돌고 있었다(2절). 하느님께서 말씀하시기를 "빛이 생겨라." 하시자 빛이 생겼다(3절).[122]

창세기 제1장 1-3절은 두 가지 의미를 내포하고 있다. 하나는 물질로 이루어진 우주의 창조이고 다른 하나는 예수의 구원사와

---

[122] 주교회의 성서위원회 편찬(한국 천주교 중앙협의회위원회, 2005. 9)

관련된 정신의 창조이다. 초기 교회의 교부들은 창세기 제1장 1-3절을 성경 전체의 요약으로 보았으며 이를 다양하게 은유적으로 해석함으로써 신학의 기본 틀을 형성하였다.[123]

창세기에서 하늘은 영혼의 안식처인 추상적인 세상을 말하고, 땅은 물질로 구성된 가변적인 세상을 의미한다. 복음서는 두 개의 세상이 '지금 여기에 공존'하고 있으며, 때가 차면 하느님의 심판을 통해 피조 세계의 이중성이 극복되고 완전한 세상이 드러날 것이라고 전한다.

한편 그리스도교의 인간관을 엿볼 수 있는 대표적인 구절은 영혼에 관한 창세기 제1장 26절(하느님 모상성), 신체에 관한 제2장 7절(흙으로 만들어진 인간), 정신 활동에 관한 제2장 17절(선과 악의 분별력)이다.

하느님께서 말씀하셨다. "우리와 비슷하게 우리 모습으로 사람을 만들자(*제1장 26절*)."

그리스도교 신학은 하느님 모상성에 두 가지 의미가 함축되어 있다고 보았다. 하나는 '우리와 비슷하게'이고 다른 하나는 '우리 모습'이다. 하느님과의 비슷함(similitude)은 신적인 활동성을 의

---

123 앤드루 라우스, 하성수 역『교부들의 성경 주해, 창세기 1-11장』(경북: 분도출판사, 2008). 37쪽.

미하는데 이것은 원죄로 상실되어 더 이상 인간이 누릴 수 없게 되었다. 그러나 하느님 모습(image)은 존재적인 표현으로써 인간의 본성 안에 신앙의 씨앗으로 남아 있다고 말한다.[124]

주 하느님께서 흙의 먼지로 사람을 빚으시고, 그 코에 생명의 숨을 불어넣으시니, 사람이 생명체가 되었다(제2장 7절).

창세기 제2장 7절은 물질적인 몸과 추상적인 정신 사이의 관계에 대해 전하고 있다. 하느님의 숨이 불어넣어져 인간이 생명체가 되었다는 것은 인간의 정신 안에 창조주와 관계 맺을 수 있는 특별함이 주입되었음을 암시한다.

복음서에서 사도 바오로는 인간이 영과 혼과 몸으로 구성되어 있다고 말하였고[125] 동일한 맥락에서 교부인 오리게네스(185-254)는 인간의 정신을 영(spirit), 혼(soul), 육(body)의 세 가지 층위로 구분하였다. 영은 정신의 심연에 있는 초월적인 성령을 뜻하고 혼은 타락한 환경 속에서 하느님을 향하거나 또는 욕망에 의해 추락할 수 있는 정신을 의미한다.

육은 몸 또는 몸과 밀접하게 결합되어 있는 감정을 뜻하는데 오

---

124 Bernard McGinn, 『The Foundations of Mysticism』(USA: The Crossroad Publishing Company, 1991). 243쪽.
125 "우리 주 예수 그리스도께서 재림하실 때까지 여러분의 영과 혼과 몸을 온전하고 흠 없이 지켜 주시기를 빕니다(1데살로니카 5, 23)."

리게네스는 육을 부정적인 것으로 보지 않고 영의 상승을 도울 수 있는 것으로 보았다.[126]

창세기는 하느님이 인간에게 피조물들을 인식할 수 있는 분별력을 주었지만 이와 동시에 분별력의 한계를 분명히 하였다고 전한다.

주 하느님께서는 사람에게 이렇게 명령하셨다. "너는 동산에 있는 모든 나무에서 열매를 따 먹어도 된다. 그러나 선과 악을 알게 하는 나무에서는 따 먹으면 안 된다. 그 열매를 따 먹는 날 너는 반드시 죽을 것이다(제2장 17절)."

인간에게는 세상을 관찰하고 분별하는 능력만 주어졌기 때문에 세상을 선과 악으로 재단하는 것은 월권이다. 그것은 자신을 중심에 두는 행위이고 신의 영역을 침범하는 교만한 행위이다. 그럼에도 인간은 분별력을 남용하여 끊임없이 대상의 옳고 그름을 판단하면서 살아가고 있다. 창세기는 이러한 원죄적인 상황을 다음과 같이 전하고 있다.

주님께서는 사람들의 악이 세상에 많아지고, 그들 마음의 모든

---

126 Bernard McGinn, 『The Foundations of Mysticism』(USA: The Crossroad Publishing Company, 1991). 108-130쪽.

생각과 뜻이 언제나 악하기만 한 것을 보시고 세상에 사람을 만드신 것을 후회하시며 마음 아파하셨다. 그래서 주님께서 말씀하셨다. "내가 창조한 사람들을 이 땅 위에서 쓸어버리겠다. 사람뿐 아니라 짐승과 기어다니는 것들과 하늘의 새들까지 쓸어버리겠다 (제6장 5-8절).

제2절. 불교의 연기론

불교의 공(空)은 산스크리트어인 순야타(*Śūnyatā*)를 번역한 것으로서 일체가 비어 있음을 의미한다. 그러나 공(空)은 유식론(唯識論)적 관점에서 보면 하나가 모든 것이 될 수 있기 때문에 공(空)은 삼라만상의 모든 종자를 지니고 있는 본체라고도 볼 수 있다.[127] 따라서 공(空)과 물질 현상은 서로 불가분의 관계 속에 있고 불교는 이를 "색즉시공 공즉시색(色卽是空 空卽是色)"으로 표현하고 있다.

불교의 창조관은 연기설에 기초해 있다. 우주의 시작은 어떤 원인에 의한 것이다. 불교는 우주의 시작이 된 원인을 생명체의 업

---

127 『雜阿含經』, 제13경, 319경.

력(karma)인 유정(有情)[128]에서 찾는다. 생명력이 바로 우주를 창출한 근본 힘이라는 것이다. 그렇다면 우주의 시작을 있게 한 생명력은 어디에서 올까? 불교는 다른 우주의 중생에 의해 생긴 업력에서 온다고 말한다.

불교에 의하면 우주는 하나가 아니라 삼천대천세계로 구성되어 있고 모두 인연법에 따라 연기의 과정 속에 있다.[129] 불교의 창조관에 따르면 무한 소급에 빠질 수밖에 없지만 불교는 이러한 무한 소급을 인정한다. 최초와 최후의 경계는 그을 수 없고 모든 것은 무한한 순환 속에 있다고 믿기 때문이다. 경계가 그어지지 않으므로 참 진리는 무(無)라고도 유(有)라고도 할 수 없는 한마디로 공(空)이 된다.[130]

불교는 힌두교와 달리 창조주가 없다. 힌두교가 의식의 창조주라고 부르는 브라만 또한 스스로 창조주라고 주장하는 의식의 단편일 뿐이다.『장아함경』은 브라만에 대해 다음과 같이 말한다.

불의 재앙(火災)이 지나가고 세상 천지가 다시 성립되려고 할

---

[128] 유정은 중생을 말하는데 산스크리트어로 사트바를 의미한다. 불교의 유정은 인간만이 아닌 의식과 감정을 지닌 모든 생물체를 포함한다.
[129] 삼천은 소천, 중천, 대천을 말하고 대천세계는 소천 1,000개로 된 중천을 다시 1,000개 모아놓은 것이다. 삼천대천세계는 중앙의 수미산을 중심으로 한 아홉 산맥과 사대주 등으로 구획된다. 이연숙 역『새 장아함경 Ⅰ』(서울: 인간사랑, 1992). 270쪽.
[130] 동봉 역『밀린다팡하』(서울: 홍법원, 1992). 79-87쪽.

때 어떤 중생이 목숨이 다해 빛의 하늘(光音天)에서 목숨을 마치고 텅 빈 창조주의 공간(空梵處)에서 태어난다… 이때 가장 먼저 태어난 브라만(梵天)은 스스로 생각한다. '내가 창조주(大梵天王)이다. 나를 만든 자는 없다. 나는 일체 중생의 부모이다.'[131]

불교의 인간관은 자아를 중심에 두고 있지만 자아란 마음의 분별심에서 나온 허상일 뿐이다. 불교에서 말하는 의식은 분별심이고 분별심은 명색(名色)으로부터 시작된다. 여기서 명색은 판단, 곧 현상 세계에 이름을 부여하는 일을 말한다.

이를 통해 자아 의식이 생기고 '나'라는 환상이 만들어진다.[132] 인간은 '나'라는 환상 속에서 존재하지도 않는 자아를 찾다가 죽음을 맞게 되고 사후에 윤회의 어둠에 갇히게 된다.

불교에 의하면 의식 안에는 언제나 분별심에서 나온 다양한 번뇌만이 존재한다. 불교는 오직 의식이 완전히 정화됨으로써 의식 스스로 모든 것이 공(空)임을 깨닫게 될 때 비로소 해탈의 경지에 도달할 수 있다고 가르친다.

식(識)은 의식적이든 무의식적이든 일체의 주관적인 마음 상태를 의미한다. 그러나 불교는 주관적인 식이 있기 위해 객관적인

---

131 이연숙 역 『새 장아함경 Ⅰ』(서울: 인간사랑, 1992). 366-367쪽.
132 법정 역 『화엄경』(서울: 동쪽나라, 2003). 208-210쪽.

인식의 대상이 있어야 한다는 생각 자체를 부정한다. 대상 이전에 마음이 존재하고 마음을 떠난 외부의 대상은 나에게 존재하지 않는 것이 되기 때문이다.[133] 누구나 마음의 근원을 자각하여 깨달음을 얻으면 부처가 될 수 있다.

불교의 관점에서 보면 덧없는 의식이 이끄는 삶은 고통이고 두려움일 뿐이다. 불교는 삶의 고통을 벗어나기 위해 가장 먼저 해야 할 일은 고통의 정체를 직시하는 것이라고 가르치는데 이것이 바로 인연법 곧 12연기론이다.

번뇌와 고통의 원인인 의식은 수행을 통해 제거해야 할 대상이다. 번뇌의 상태를 벗어나면 의식은 공(空)의 상태에 이르고 이때 비로소 윤회에서 해방된다. 그러나 공(空)은 의식적으로 추구되면 또 다른 집착과 번뇌의 대상이 된다. 오로지 분별심을 없애려고 정진하다 보면 공(空)이 스스로 자신을 드러낸다고 말한다. 석가모니가 열반을 앞두고 제자들에게 남긴 마지막 당부도 "모든 현상은 변한다. 게으름 없이 정진하여라"라고 전해진다.[134]

---

[133] 한자경 『유식 무경』(서울: 상지사, 2002). 11쪽.
[134] 와타나베 쇼코, 법정 역 『불타 석가모니』(서울: 동쪽나라, 2002). 499쪽.

• 제5장 •

우주의 3가지 근원 현상

자연 현상에는 볼 수 있는 것과 볼 수 없는 것이 있다. 우리는 살갗의 느낌이나 나뭇잎의 흔들림을 보고 비로소 바람이 분다는 것을 알지만 바람은 인간의 감각과 무관하게 잠시도 멈추지 않고 불고 있다.

감각할 수 없는 자연 현상들 가운데 가장 근원적인 것 3가지를 꼽는다면 소립자, 파동, 입자 현상을 들 수 있을 것이다.

제1절. 소립자의 편재

근대 이후의 과학 장비는 인간의 관찰 능력을 엄청나게 확장시켰다. 물리학자들은 원자를 더 이상 쪼갤 수 없는 최소 단위라고 생각하였지만 과학 장비의 도움으로 원자가 원자핵과 전자로 쪼개진다는 사실을 알게 되었다.

이후 자연스럽게 원자핵과 전자는 더 이상 쪼개질 수 없을까? 라는 질문을 갖게 되었다. 결국 원자핵도 양성자와 중성자로 쪼개졌고 과학자들은 다시 양성자와 중성자에 관하여 연구하기 시작하였다. 그리고 마침내 1969년 양성자와 중성자가 미세한 소립자들로 구성되어 있음을 밝혀냈다.

이후 입자 가속기를 통해 다양한 소립자들이 발견되었지만 물리학자들은 곧바로 '소립자는 무엇인가?'라는 질문이 타당하지 않다는 것을 알게 되었다. 소립자는 그것이 무엇이라고 설명할 수 없는 에너지 덩어리로서 파동적인 스펙트럼의 형태로 존재하고 있었던 것이다.[135]

소립자(素立子, elementary particle)는 우주를 구성하고 있는 가장 근본적인 요소이다. 물리학자들은 편의상 질량, 전하, 스핀과 같은 몇 가지 성질을 기준으로 소립자들을 구분한다.

빛의 광자는 소립자의 일종이다. 소립자 중에는 쿼크, 렙톤처럼 물질의 근본 단위인 원자를 구성하는 것이 있고 보손처럼 질량 없이 우주의 근본 힘만을 매개하는 소립자가 있다.[136]

---

[135] 하이젠베르그, 전형락 역 『입자, 인간, 자연에 대한 단상』(서울: 민음사, 1995). 107-110쪽.
[136] 기본 소립자는 원자의 1억분의 1 정도의 크기.

오늘날 입자 물리학의 표준 모형은 소립자들을 질량을 기준으로 크게 보손, 렙톤, 메존, 바리온으로 분류하고 있다.[137] 원자를 구성하는 전자는 렙톤이고 원자핵의 양성자와 중성자는 쿼크라는 또 다른 소립자에 의해 만들어진다.

입자 물리학의 표준 모형에 의하면 우주를 구성하고 있는 근본 소립자는 17종인데 쿼크 6종, 렙톤 6종, 보손 4종과 2012년에 발견된 힉스를 말한다. 이중에서 물질을 구성하는 소립자는 쿼크와 렙톤 12종이다. 그러나 이들은 반입자와 짝을 이루고 있기 때문에 실제로 물질을 구성하는 소립자는 24종이라고 말할 수 있다.

소립자들은 출현하자마자 붕괴되기 시작하기 때문에 대부분 수명이 거의 찰나에 가깝다. 그러나 특이하게도 빛의 입자인 광자와 양성자, 중성자, 전자는 붕괴되지 않고 매우 안정된 상태를 유지하고 있다. 원자를 구성하고 있는 중성자의 경우 양성자와 달리 원자핵에서 벗어나게 되면 대략 15분 정도의 수명을 갖는다.

우리는 원자를 구성하는 양성자, 중성자, 전자에는 익숙한 편이지만 우주에 충만한 소립자의 세계에 대해서는 무관심한 경향이 있다. 그러나 우주에 충만한 소립자들은 생성과 소멸을 반복하면서 양자장(量子場)이라는 에너지의 장을 만들어 에너지와 힘을 전달하고 있다. 이것은 소립자들이 자연의 배후에서 보이지 않게 인

---

[137] 보손은 질량이 없고 렙톤은 질량이 거의 0에 가까우며 메손은 질량이 소립자들 가운데 중간쯤 되고 바리온은 질량이 큰 양성자, 중성자 등을 말한다.

간이 알 수 없는 방식으로 우주 만물에 작용하고 있음을 의미한다.

제2절. 파동의 바다

모든 자연 현상은 양자 역학의 파동 함수로 설명된다. 양자 역학의 메시지를 한마디로 요약한다면 모든 것의 가능한 상태는 파동 함수로 기술될 수 있다는 것이다.

자연에 관한 모든 정보는 파동 함수에 담겨 있고, 우주의 모든 상태는 파동 함수들의 집합으로 표현된다. 파동 함수는 물체가 어떤 특성을 보일 수 있는 확률을 담고 있다.[138]

인류 문명사는 자연에 작용하는 힘이 무엇이고 그것을 어떻게 길들일 수 있을 것인가에 응답해온 역사라고 말할 수 있다. 근대 이후 사람들은 자연의 모든 변화가 중력이 만든 가속도에 의해 생긴다고 생각하였다. 갈릴레오 이래 물리학의 핵심 주제는 가속도 문제였다.

뉴턴 물리학은 질량에서 나오는 중력이 자연의 유일한 힘이고, 중력이 모든 운동 상태를 결정한다는 생각에 토대를 두고 있다. 운동 법칙은 언제나 F=ma로 표현될 수 있는데 F는 힘, m은 질량,

---

[138] 마이클 워커, 조진혁 역 『양자 역학이란 무엇인가』(서울: 처음북스, 2018). 105-110쪽.

a는 가속도를 말한다. 낙하, 유속, 마찰력 등 중력이 만드는 모든 운동은 형태만 다를 뿐 동일한 방식으로 작용한다.[139]

그러나 명확하게 설명할 수는 없었지만 고대인들은 일찍이 자연 현상에 중력 말고도 또 다른 힘이 존재하고 있다는 사실을 어렴풋이 알고 있었다. BC 2750년경 이집트 문헌은 전기 충격을 일으키는 물고기를 나일강 물고기들의 수호자라고 불렀고 BC 600년경에는 정전기 현상을 관찰한 기록을 남겼다.

단지 18세기까지 파동적인 전기 현상은 본격적으로 탐구되지 못하고 지적인 호기심의 대상으로 남아 있었을 뿐이다.

19세기 들어 파동적인 전기 현상은 본격적으로 이론화되기 시작하였고 마침내 19세기 중반 맥스웰에 의해 완성을 볼 수 있었다. 이후 전자기 이론은 산업적으로 응용되면서 세상을 급속도로 바꾸어 나갔다. 그리고 인류는 전기를 알게 된 지 불과 150년여 만에 과거와 완전히 달라진 세상을 살게 되었다.

과학자들은 전자기력을 통해 그동안 알지 못했던 놀라운 사실들을 이해할 수 있었는데 그것은 대부분의 자연 현상이 중력과 전혀 별개의 힘인 전자기력의 영향 속에 있다는 것이었다.

원자의 세계에서 전자들을 뭉치게 하는 것은 중력이 아닌 전자기력이었다. 분자들의 화학 반응을 주도하는 것도 전자기력이었

---

[139] 일리야 프리고진 · 이사벨 스텐저스, 신국조 역 『혼돈으로부터의 질서』(경기도: 자유아카데미, 2011). 116-120쪽.

으며, 생명 현상을 지배하는 힘들 역시 전자기력이었다. 뇌 신경 세포가 작동하는 방식과 이를 통해 우리들의 사고를 지배하는 힘은 중력이 아닌 전자기력이다.

두 물체가 있으면 반드시 힘이 작용한다. 자연의 배후에는 미시적인 강력, 약력과 거시적인 중력, 전자기력이라는 4가지 근본 힘이 있는데 우리가 일상적으로 경험하는 힘은 중력과 전자기력이다.[140]

미시적인 관점에서 보면 중력의 크기는 전자기력에 비해 지극히 미미하다.[141] 그러나 중력은 전자기력과 구분되는 특별한 성질이 있는데 그것은 오로지 당기는 힘만 있다는 것이다.

전자기력은 입자의 수가 많아지면 밀고 당기는 힘이 서로 상쇄되고(+, -) 중력은 입자가 많아질수록 계속 커지게 된다. 이 때문에 중력은 거시적인 우주에서 가장 강력한 힘이 되었다. 사람들은 자연과의 관계 안에서 주로 중력만을 느끼며 살아가지만 신체와 정신은 거시적인 중력보다 좁은 공간에서 작용하는 미시적인 전자기력의 영향 속에 있다.

전자기력의 정체가 밝혀진 후 과학자들을 더욱 놀라게 만든 것

140　강력과 약력은 미시적인 원자의 세계에 작용하는 힘으로서 강력은 원자핵을 만드는 힘이고 약력은 붕괴시키는 힘이다.
141　미시 세계에서 중력은 전자기력의 약 $1/10^{36}$배에 불과하다.

은 전자기력에 의해 알려진 파동적인 장(場)의 개념이었다. 장의 개념은 전자기력이 어떻게 작동되는지에 대해 연구하던 패러데이(1791-1867)와 맥스웰(1831-1879)에 의해 알려졌다. 패러데이는 자신의 직관을 다음과 같이 표현하였다.[142]

우리는 뉴턴이 가정했던 것처럼 서로 떨어져 있는 물체들 사이에서 힘이 서로를 향해 직접 작용한다고 생각해서는 안 된다. '힘이 작용한다'라는 개념 이전에 공간에 퍼져 있는 어떤 힘의 실체가 장(場)의 형태로 존재한다고 생각해야 한다. 그 장(場)이 전기와 자기를 띤 물체들에 의해 변형됨으로써, 비로소 물체들 사이에 밀거나 당기는 힘이 생긴다.

패러데이의 직관은 과거에 알지 못했던 장(場)이라고 부르는 새로운 개념의 탄생을 의미하였다. 그는 장의 개념을 공간에 보이지 않는 역선(力線)이 거미줄처럼 존재하는 것으로 형상화하였다. 전자기력은 공간에 잠재적인 상태로 존재하다가 물질 사이에서 전자기 현상이 생기면 활동적이 된다. 맥스웰은 패러데이의 장 개념에 착안하여 전자기파에 관한 방정식을 만들었다.

전자기장(場)이라는 또 다른 세계의 정체가 밝혀지자 과학자들

---

[142] 카를로 로벨리, 김정훈 역 『보이는 세상은 실재가 아니다』(경기도: 쌤앤파커스, 2018). 56-57쪽.

은 전자기파와 전자기력을 삶의 도구로 활용하는 방안을 강구하기 시작하였다. 일상에서 접하는 모든 전자기 현상들은 맥스웰 방정식에 의해 설명되었고, 안테나, 라디오, 컴퓨터와 같은 수많은 전자기 제품에 맥스웰의 방정식이 응용되었다. 맥스웰은 전자기파의 속도를 계산한 후 그것이 빛의 속도와 정확하게 일치한다는 사실을 발견하였다. 빛은 빠른 진동수를 가진 전자기장의 역선이었던 것이다.

오늘날 양자 역학은 실험과 관찰을 통해 단단해 보이는 물질들도 미시적으로 살펴보면 입자성과 파동성을 함께 갖고 있다는 사실을 밝혀냄으로써 자연의 배후에 파동 현상이 보편적으로 작용하고 있음을 알려주었다.

제3절. 확률적인 입자

양자 역학에 따르면 입자적인 원자는 마치 파동의 바다에 잠겨 있다가 관찰자에 의해 찾아지는 것처럼 보인다. 이것은 입자적인 원자가 본연의 모습이라기보다는 관찰자와의 관계 속에서 드러나는 특별한 상태임을 시사한다.

우리의 감각 기관은 입자 물질에 익숙한 나머지 모든 자연 현상을 입자적으로 바라보는 환원주의에 빠지기 쉽다. 과학에서 환원주의는 전체를 쪼개어 부분들의 집합으로 이해하는 관점을 말하는데 데모크리토스의 원자론 이후 물리학을 지배하는 원리가 되었다.

근대 이후 물리학은 환원주의 관점에서 더 작고 근원적인 물질 단위들을 추구함으로써 물질 → 분자 → 원자 → 근본 소립자들을 발견해낼 수 있었다. 생물학자들도 생명 현상을 환원주의적으로 설명하기 시작하였는데 분자 생물학은 생명 현상을 분자, 원자 차원에서 분석하는 학문을 말한다.

그러나 20세기 후반에 이르자 환원주의에 대한 반성과 새로운 해석의 움직임이 일게 되었다. 여기에는 입자 물질에 대한 회의적인 시각이 작용하고 있었다.

노벨 물리학상 수상자인 스티븐 와인버그(1933-2021)[143]는 전체를 구성 요소들의 집합으로 보는 기존의 환원주의를 넘어 궁극적이고 보편적인 과학 법칙을 찾는 것이 환원주의라고 주장하였다. 다양한 자연 현상을 설명할 수 있는 단순하고 일반적인 법칙을 발견하는 것은 인간의 오랜 숙원이었다. 그는 환원주의란 뉴턴의 중력 법칙이 상대성 원리와 양자 역학으로 귀결되듯이 모든 자연 현상을 포섭하는 궁극적 원리를 찾는 것이라고 말하였다.

또 다른 노벨 물리학상 수상자인 필립 앤더슨(1923-2020)[144]은

---

[143] 미국의 입자 물리학자. 표준 모형인 전자기력과 약력의 통합 이론에 기여한 공로로 1979년 노벨 물리학상을 수상하였다.
[144] 미국의 물리학자. 전자기 이론에 기여한 공로로 1977년 노벨 물리학상을 수상하였다.

자연이라는 복잡계에서는 언제든지 전혀 예상하지 못한 새로운 법칙들이 출현할 수 있기 때문에 모든 것을 환원주의만으로 설명할 수 없다고 말하였다. 예를 들면 동전을 한 번 던졌을 때 앞면이 나올지 뒷면이 나올지에 관한 아무런 법칙도 찾을 수 없지만 100번을 던지면 확률 50%에 근접하는 '수의 법칙'이 창발적으로 출현한다. 앤더슨은 인간의 정신과 행동들이 복잡하게 상호 작용함으로써 끊임없이 자연의 새로운 특성들을 출현시키고 있다고 주장하였다.[145]

입자가 확률적으로 출현한다는 것은 인간이 자연 현상을 완전하게 꿰뚫어 볼 수 없음을 의미한다. 자연과 인간 사이에는 확률로 표현할 수밖에 없는 간극이 있고, 인간이 최선을 다한다 해도 시작과 마지막은 언제나 확률적으로 결정되는 우연이 작용한다. 이것은 자연을 대하는 인간의 마음은 항상 열려 있어야 한다는 것을 시사한다.

---

145 한스 크리스천 폰 베이어, 전대호 역 『과학의 새로운 언어 정보』(서울: 승산, 2009). 91-92쪽.

• 제6장 •

우주의 3가지 근원 주체

우주는 총량으로 존재하는 에너지로 가득 차 있지만 인간의 정신은 에너지가 아닌 우주의 질서와 관계 맺고 있다. 인간에게 에너지는 질서로 포착된다.

우주 안에서 질서를 만드는 근원 주체는 빛과 원자와 세포이다. 빛과 원자는 우주의 근원 에너지로 질서를 만들고 세포는 스스로 만든 생명 에너지로 자신의 질서를 만든다. 두 가지 질서는 서로 맞서는 것처럼 보이지만 생명 에너지는 우주 에너지에서 파생되었기 때문에 방향성만 다를 뿐이다.

제1절. 빛

소립자인 빛의 광자는 우주에 출현한 최초의 영속적인 존재자라고 말할 수 있다. 우리가 사물을 인식하려면 반드시 빛이 있어야 한다. 빛이 먼저 사물에 작용하고 사물에서 반사된 빛이 눈에 도달하여 두뇌로 해석될 때 우리는 비로소 그것이 무엇인지 알 수 있다.

그러나 물리적인 관점에서 가장 중요한 빛의 근원성은 빛의 절대적인 등속도이다. 빛은 진공 상태에서 초속 30만 km[146]의 절대 속도로 이동하고 있다.

빛의 입자인 광자는 순수한 에너지 알갱이로서 질량이 없다. 빛보다 빠르려면 음(-)의 질량을 가져야 하지만 이것은 불가능하기 때문에 우주의 어떤 것도 빛보다 빠를 수 없다.

빛의 속도는 관찰자의 속도와 무관하고 관찰자가 어디에서 어떻게 관찰하든 언제나 동일하다. 이 때문에 현대 과학은 빛의 절대적인 등속도를 시공간 측정의 척도로 삼고 있다.[147]

아인슈타인은 이러한 빛의 속도를 한계 속도라고 불렀다. 그는

---

146 빛의 속도는 299 792 458m/s이다.
147 오늘날 시간의 측정 단위는 세슘원자가 91억 9,263만 1,770번 진동할 때의 시간을 1초로 정하고 있다(1967년 제13차 국제도량형총회). 공간의 측정 단위인 1미터는 원자시(1/2억 9,979만 2,458초) 동안 빛의 이동 거리를 말한다(1983년 국제도량형총회).

전자기 이론이 밝혀낸 빛의 절대 속도와 뉴턴 역학의 보편 법칙인 상대 속도 사이에 모순이 있음을 알아채고 빛의 속도를 유지하려면 시공간이 상대적이어야 한다고 생각하였다. 만약 관찰자의 속도가 빛의 속도에 점점 가까워진다면 시공간이 점점 느려지고 수축되어야 빛의 절대 속도가 유지될 수 있기 때문이다.

파동인 빛의 속도는 입자적인 우주 만물의 에너지값을 결정한다. 아인슈타인의 에너지 공식($E=mc^2$)은 에너지(E), 질량(m), 빛의 속도(c) 사이의 함수 관계를 표현하고 있다.

질량 에너지는 질량에 광속의 제곱을 곱한 값이므로 엄청나게 크지만 자연 현상에서 쉽게 관찰되지 않는다. 질량을 가진 원자핵은 화학 반응에 관여하지 않기 때문이다.[148] 화학 반응은 단지 원자들의 결합 방식이나 배열만을 바꾸므로 질량 불변의 법칙이 적용된다. 질량 에너지를 관찰할 수 있는 예외적인 경우는 핵분열과 핵융합 반응이다. 원자폭탄이 폭발하면 우라늄 원소의 질량 일부가 빛 에너지로 바뀌면서 순식간에 대기 온도는 수천만 도로 상승하게 된다.

빛은 생명의 원천이다. 빛 에너지는 식물의 광합성 작용을 통해 탄수화물의 결합 에너지가 되어 생명체의 활동 에너지로 전환된

---

148 핵은 자연의 기본 힘 중에서 가장 강한 '강력'에 의해 결합되어 있다.

다. 생명체의 결합 에너지는 생태계 먹이 사슬 과정을 거쳐 다시 열에너지가 되어 자연으로 되돌아간다.

이 때문에 대부분의 종교는 대체로 빛을 신성시하는 경향이 있다. 특히 티벳 불교의 경전인 『티벳 사자(死者)의 서』[149]는 사람이 죽는 순간 빛에 의해 사후 세계로 인도된다고 말한다.[150] 죽은 자들은 각자의 영적인 상태에 따라 주어지는 빛의 안내를 받는다. 진리의 가르침에 귀를 기울이긴 했으나 아직 깨닫지 못한 자 또는 여전히 미혹에 빠져 있는 자의 경우에도 각각 다양한 형태의 빛에 의해 사후 세계로 인도된다고 전한다.

살아있을 때 여러 영적인 안내서들을 통해 실제 수행을 쌓은 사람이라면 누구나 이 단계의 가르침을 통해 존재의 근원에서 나오는 투명한 빛으로 인도될 수 있다. 그는 어떤 사후 세계도 거치지 않고 공중에 일직선으로 난 큰 길을 따라 태어남이 없는 근원의 세계로 곧바로 들어가게 될 것이다.[151]

---

[149] 1927년 옥스퍼드 대학 출판부에서 『Tibetan Book of Dead』라는 제목으로 첫 출간되었다.
[150] 8세기 인도 고승인 파드마 삼바바의 종교관에서 시작되었다. 파드마 삼바바는 인도 밀교의 대가이자 당시 불교 대학의 교수였으며, 티벳의 히말라야 설산에서 인도의 신비 경전을 티벳어로 번역한 100여 권의 저서를 히말라야 동굴에 한 권씩 숨겨두고 세상을 떠났다고 한다. 사후에 65권이 발견되었다. 파드마 삼바바, 유시화 역 『티벳 死者의 書』(서울: 정신세계사, 1995). 9-12쪽.
[151] 파드마 삼바바, 『티벳 死者의 書』(서울: 정신세계사, 1995). 238쪽.

제2절. 원자

모든 자연 현상의 배후에는 원자의 입자성과 파동성이 작용하고 있다. 리처드 파인만(1918-1988)은 자연의 모든 변화를 원자가 빛을 만나 에너지를 흡수하거나 방출하는 현상으로 설명할 수 있다면서 다음과 같이 말하였다.[152]

대격변으로 모든 과학적 지식들이 소멸될 위기에 처했을 때 가장 적은 단어로 가장 많은 정보를 담을 수 있는 문장이 있다면 그것은 원자 가설이다. 이 세상의 모든 것은 원자로 구성되어 있고, 원자들은 조금 떨어져 있을 때는 서로 끌어당기지만 가까워지면 밀쳐내면서 영구적으로 돌아다니며 자연 현상들을 만들어내고 있다.

원자의 종류는 92개에 불과하지만 우주에는 동일한 사본들이 거의 무한대로 존재한다. 특히 원자를 구성하는 전자, 양성자, 중성자는 각각 원자의 종류에 무관하게 동일한 성질을 갖고 있다.[153] 이것은 우주 만물이 양적인 것의 지배를 받고 있음을 의

---

152 카를로 로벨리, 김정훈 역 『보이는 세상은 실재가 아니다』(경기도: 쌤앤파커스, 2018). 28쪽.
153 우주의 천연 원소는 수소에서 우라늄까지 92가지이다. 실험실에서 발견된 원소들까지 포함하면 현재까지 확인된 원소는 118가지이다. 실험실의 원소는 극미량이거나 순간적으로 존재했던 원소들이다.

미하며 '양적인 것이 질을 결정한다'라는 명제가 성립될 수 있음을 시사한다. 예를 들면 원자 번호는 양성자의 갯수로 결정된다.

양자 역학에 의하면 원자를 구성하고 있는 전자는 빛 에너지에 반응하여 쉬지 않고 전자기파를 방출하고 있다. 인간이 사물을 본다는 것은 방출된 전자기파 곧 사물 속의 전자가 보내는 파동에 반응하는 것과 같다.[154]

원자는 쉬지 않고 진동하고 있는데 전자가 끊임없이 빛 에너지를 흡수한 후 자신의 고유 주파수에 해당하는 빛 에너지를 방출하고 있기 때문이다. 빛의 흡수와 방출은 원자 시스템이 안정된 상태를 유지하기 위한 필수 조건이다. 결국 다양한 자연 현상은 궁극적으로 우주에 충만한 에너지 속에서 자신의 안정된 시스템을 유지하려는 원자의 활동성을 표현하는 것이라고 볼 수 있다.

외부에서 아무리 강한 에너지가 가해진다 해도 전자에 의해 흡수와 방출이 이루어지기 때문에 원자 시스템은 절대 붕괴되지 않는다. 원자 시스템의 붕괴는 핵분열과 핵융합이라는 예외적인 현상에 해당한다.

전자는 진동으로 에너지를 표현하고 있는데 전자의 진동수는 아인슈타인의 방정식인 $E=hf$로 구할 수 있다. 여기서 E는 에너지의 크기, h는 비례상수, f는 진동수이다. 예를 들어 원자의 에너지

---

[154] 전자기파는 양자화된 전자가 원자의 특정 궤도에서 다른 궤도로 이동할 때 방출된다.

가 1전자 볼트(eV, 1.6×10^{-19}줄)라면 전자의 진동수는 2.7×10^{14}Hz 가 되어 상상할 수 없을 만큼 빠르다.

실제로 전자는 원자핵 주변을 초당 600마일의 엄청난 속도로 회전하고 있기 때문에 마치 속도가 빠른 프로펠러가 원판처럼 보이듯 원자를 구의 형태로 보이게 한다.[155]

전자의 에너지는 양자화된 파동의 형태로 존재한다. 여기서 양자(量子, Quantum)는 에너지 알갱이를 의미한다. 원자의 양성자(+)와 전자(-) 사이에 전자기력이 작용함에도 전자가 원자핵에 흡수되지 않고 안정된 궤도를 유지할 수 있는 것은 전자 에너지가 양자화되어 있기 때문이다.

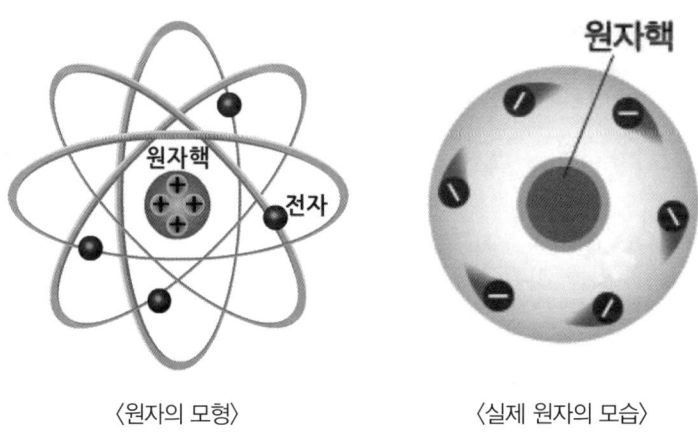

〈원자의 모형〉　　　　〈실제 원자의 모습〉

155　리처드 A. 뮬러, 전이주 역 『과학입문 2』(서울: 하서출판사, 2013). 188-191쪽.

원자의 존재 방식은 전자에 의해 결정된다. 전자는 원자핵을 둘러싼 궤도 형태의 파동으로 존재하다가 다른 무언가와 상호 작용할 때 입자 형태로 관측된다.[156] 예를 들면 전자가 다른 입자들과 충돌하거나 관찰에 의해 영향을 받는 경우이다.

양자 역학에 의하면 원자의 위치나 운동량 같은 기본적인 물리량을 정확하게 아는 것은 불가능하다. 관찰자가 원자를 입자적인 방식으로 바라보면 입자성이 보이고 파동적인 방식으로 관측하면 파동성이 보이기 때문이다. 원자의 위치가 파악되면 운동량을 알 수 없고 운동량을 알면 위치가 파악되지 않는다.

원자는 마치 관찰자인 인간의 정신이 보고자 하는 방식에 맞추어 자신을 드러내는 것처럼 보인다.[157]

닐스 보어는 물리학의 탐구 대상을 존재론적이 아닌 인식론적으로 바라보았다. 과학자는 원자의 구조가 무엇인지가 아니라 '입자적인 원자가 이곳 혹은 저곳에서 출현할 확률은 얼마나 될까?'를 물어야 한다는 것이다. 닐스 보어는 우리가 궁극적으로 실재라고 부를 수 있는 것은 물질 또는 사물 자체가 아니라 확률적으로 수량화된 정보의 총합이라고 말한다.[158] 입자적인 원자는 확률적

---

156 박권 『일어날 일은 일어난다』(서울: 동아시아, 2021). 81-86쪽.
157 카를로 로벨리, 김정훈 역 『보이는 세상은 실재가 아니다』(경기도: 쌤앤파커스, 2018). 122-125쪽.
158 한스 크리스천 폰 베이어, 전대호 역 『과학의 새로운 언어, 정보』(서울: 승산, 2009). 102쪽.

으로 파악되기 때문에 원자 시스템은 마치 파동적인 전자가 원자핵 주변을 확률의 구름처럼 감싸고 있는 것처럼 표현된다.

양자 역학의 불확정성 원리는 과학적으로 검증된 이론이지만 그간 수많은 논란을 불러일으켜 왔다. 관측 행위가 세상을 결정한다는 주장을 이해할 수 없었기 때문이다. 아인슈타인은 "누군가 달을 보고 있을 때만 달이 존재하는가? 그렇지 않을 것이다"라며 죽을 때까지 이를 받아들이지 않았다고 한다.

그렇다면 내가 보지 못한 대상들은 존재하지 않는 것이 될까? 현대 철학자 들뢰즈(1925-1995)[159]는 인간의 경험에는 언제나 또 다른 관찰자인 타자가 개입되어 있다고 말한다. 내가 보지 못한 부분은 또 다른 관찰자인 타자가 볼 수 있는 부분으로 정립되고 타자의 봄과 나의 봄이 합쳐질 때 대상의 총체적 봄이 달성된다는 것이다.[160]

제3절. 세포

세포의 존재는 17세기부터 알려지기 시작하였는데 19세기 중

---

[159] 20세기 후반 프랑스를 대표하는 철학자, 사회학자. 1995년 사망할 때까지 철학, 문학, 영화, 예술 분야에서 영향력 있는 작품들을 썼다.
[160] 강신주 『철학 vs 철학』(서울: 그린비출판사, 2010). 156-158쪽.

반에 이르러 모든 생명체가 세포로 구성되어 있다는 것이 밝혀졌다. 원자가 분자 물질을 구성하는 근본 단위이듯이 세포는 생명체의 기본 단위이다. 세포는 세균처럼 단세포로 존재하거나 식물, 동물과 같은 다세포 생명체의 구성 요소로 존재한다.[161]

세포의 생명 질서는 열역학 제2법칙, 곧 무질서의 경향성을 일정 기간 회피한다는 점에서 자연의 보편 법칙에 역행하는 것처럼 보인다. 이 때문에 세포는 자신이 필요로 하는 에너지와 물질을 자연에 의존하는 열린계이면서도 자신은 마치 우주와 별도로 존재하는 것처럼 행동한다.

소금(NaCl), 철(Fe), 물(H_2O)과 같은 무기 화합물의 분자 구조는 대체로 단순하고 대칭적이지만 플라스틱, 단백질과 같은 유기 화합물의 분자 구조는 거대한 질서체의 형태를 띠고 있다.[162] 이것은 유기 화합물이 많은 양의 결합 에너지를 갖고 있다는 것을 의미한다. 양자 역학의 권위자인 슈뢰딩거는 세포 생명체가 질서도가 높은 유기 화합물을 섭취하여 질서도가 낮은 물질로 배출하는 과정을 되풀이하면서 질서의 흐름을 자신에게 집중시킴으로써

---

161 원자의 크기는 10^{-10}m(1옹스트롬), 분자는 10^{-9}m(1나노미터), 세포는 10^{-6}m(마이크로미터).
162 유기 화합물의 거대하고 정교한 구조는 탄소의 결합력에 기인한다. 탄소는 다른 원자 4개와 공유 결합이 가능하고, 탄소들끼리 결합하여 고리, 사슬과 같은 여러 가지 기하학적인 형태를 만들어내는 능력이 탁월하다. 원자 기호 6번인 탄소와 14번인 실리콘은 원소 주기율표상 같은 족으로서 외곽 전자를 4개씩 갖고 있기 때문에 화학적 성질이 동일한데 탄소는 생명 물질의 중심 원소이고 실리콘은 반도체 소자를 만드는 중심 재료가 되었다.

생명 질서를 유지하고 있다고 주장하였다.[163]

인간을 구성하고 있는 세포는 대략 200여 종류이고 전체적으로 10-30조 개에 달하는 것으로 추산된다. 세포는 매일 수십억 개가 사멸하고 그만큼 다시 생겨나는데 건강한 청년의 경우 그 숫자가 1,000억 개 이상에 이른다고 한다.[164]

최초의 세포 생명체는 자연에서 저절로 생겨났지만 그 이후의 모든 세포는 반드시 다른 세포로부터 복제되어야 한다. 세포는 배양할 수는 있어도 인공적으로 만들 수 없다. 세포는 자기 복제를 마치면 사멸하지만 동시에 다른 세포가 되어 살아가기 때문에 죽음과 삶의 역설 속에 있다고 볼 수 있다.

세포는 복제 활동에 필요한 에너지를 대사 작용을 통해 스스로 조달한다. 생명 현상의 본질은 대사 작용(생명 에너지) → 복제 활동(생명 질서) → 대사 작용 → 복제 활동을 반복함으로써 생존과 번식을 이어 나가는 것이라고 말할 수 있다. 세포의 일상적인 모든 활동은 궁극적으로 효율적인 자기 복제와 생명 에너지를 생산하는 과정에 맞추어져 있다.

세포의 복제 활동과 대사 작용은 세포 내 항상성을 전제하고 있

---

163 에르빈 슈뢰딩거, 김명남 역 『생명이란 무엇인가』. 123-124쪽.
164 최철희 『비전공자를 위한 세포 생물학』(서울: 창의와 소통, 2013). 183쪽.

다. 생물학자들은 자신의 내부를 최적의 상태로 유지하려는 세포의 경향성을 세포의 항상성이라고 부른다. 항상성은 동적인 개념이라는 점에서 평형 상태와 구분된다. 평형 상태는 에너지가 균형을 이룬 정지 상태를 말하므로 세포의 평형 상태는 다름 아닌 죽음을 의미한다. 세포는 유해 환경 속에서도 항상성 유지를 위한 최적화 전략을 택하고 있다. 예를 들면 영양이 부족하면 세포의 크기를 줄여 불필요한 대사 작용을 억제한다.

다세포 생명체가 신경계를 통해 신체의 항상성을 유지하듯이 각각의 세포도 자신의 항상성 유지를 위해 환경 변화를 감지하고 반응하는 정보 능력을 갖고 있다. 세포들 사이의 정보적인 소통은 대부분 화학 신호를 통해 이루어지는데 이를 리간드(ligand)라고 부른다. 세포 밖으로 배출된 리간드는 확산을 통해 다른 세포의 표면에 부착하게 되고 다른 세포는 안테나 역할을 하는 수용체를 통해 신호를 감지한다. 수용체가 리간드와 결합하면 세포의 구조가 변하면서 외부의 변화에 적절하게 반응하게 된다.

개개의 세포들은 분주하게 자기 자신을 복제하는 공장과 같다. 세포 안에는 크기와 형태가 다른 효소들이 마치 공장의 로봇들처럼 각자의 역할을 수행하고 있다. 어떤 효소는 영양소를 분해하고 어떤 것은 분해된 재료들을 결합하거나 조립하고 있으며, 어떤 것은 생명 에너지를 만들고, 어떤 것은 노폐물을 세포 밖으로 버리는 역할을 수행한다.

이처럼 생명 현상의 핵심 기능을 수행하고 있는 효소들은 대부분 단백질들이다. 인간의 세포 한 개에는 수천 종류의 효소 단백질이 들어 있는데 이들은 마치 자물쇠의 구멍과 열쇠처럼 다양한 요철 형태로 짝을 이루고 있다. 효소 단백질들은 각자의 짝을 찾아 결합할 때 비로소 활성화되고 짝을 찾지 못하면 비활성화된 단백질로 남게 된다.

효소 단백질의 특이한 요철 구조는 아미노산의 구조에서 온다. 20종의 아미노산은 자신의 요철 구조를 통해 입체적인 형태의 단백질을 만들고, 이렇게 만들어진 단백질은 또 다른 요철 구조를 통해 복잡하게 결합할 수 있는 능력을 갖는다.

20종의 아미노산 가운데 무작위로 100개만을 선택하여 단백질을 합성한다면 그 종류는 20^{100}에 달하여 은하계 별의 1,000억 배에 달한다. 이때 아미노산 가운데 단 한 개라도 다른 아미노산으로 대체되면 단백질의 종류가 달라진다.[165]

여기서 주목해야 할 점은 아미노산과 효소 단백질에서 보듯이 복잡해 보이는 생명 현상의 배후에는 짝을 이루고 있는 물질 구조, 곧 추상적인 이항성이 작용하고 있다는 사실이다. 이항성에 대해서는 뒤에서 우주와 뇌 신경망의 작동 방식과 관련하여 좀 더

---

[165] 가와카미 마사야, 박경숙 역 『유전자에 관한 50가지 기초지식』(서울: 전파과학사, 2023). 17-22쪽.

자세하게 언급될 것이다.

생명체의 유전자, 곧 유전 정보란 궁극적으로 유기 화합물의 구조와 기능에 관한 특별한 정보를 의미한다. 영국의 진화 생물학자인 리처드 도킨스(1941-)는 『이기적 유전자』에서 최초 복제 물질의 존재 방식을 유전자의 원형으로 보았고 그것을 '자기 복제자'라고 불렀다.[166]

세포가 유전 정보를 전달하고 처리하는 과정은 보편적인 정보의 속성을 잘 보여주고 있다. 정보가 형식과 의미로 구성되었듯이 유전자는 염기서열의 형식과 개체적인 형질로 구성되어 있다. 생명체가 대를 이어가며 유전자의 동일성을 유지할 수 있는 것은 정보의 형식 때문이다.

컴퓨터는 1과 0의 2진법을 사용하지만 DNA는 염기 4가지로 된 4진법을, 단백질은 아미노산 20가지로 된 20진법을 사용하고 있다. 디지털 코드의 가장 큰 이점은 하나의 코딩 체계가 다른 코딩 체계로 쉽게 번역될 수 있다는 점이다. DNA 코드는 RNA 코드로, RNA 코드는 단백질 코드로 쉽게 번역될 수 있는 것은 코딩 체계가 유사하기 때문이다.

생물학적인 정보 전달 방식은 단순히 '예/아니오'의 형식으로 정보를 전달하는 디지털 방식과 유사하면서도 다른 점이 있다. 생

---

166 리처드 도킨스, 홍영남 외 1인 역 『이기적 유전자』(서울: 을유문화사, 2016). 58-59쪽.

물학적인 정보는 생리적인 강약을 표현하기 때문에 디지털과 아날로그가 혼합된 하이브리드적인 속성을 갖는다.

　세포핵의 유전자는 외부 신호에 반응하면서 스스로를 끊임없이 조율하고 있다. 유전자는 도덕과 윤리에 무관하지만 삶의 방식은 단백질 형성에 영향을 끼침으로써 유전자의 변형을 초래할 수 있다.

　유전학자들은 정신적인 스트레스가 신체의 단백질 반응을 통해 유전자에 영향을 준다고 말한다. 병원을 찾는 환자들의 대다수는 염증 때문인데 염증은 신체 내 문제가 생겼을 때 이를 해결하려는 세포들의 자동적인 방어 반응이다. 심근 경색, 뇌졸증, 암, 치매 등도 점진적이고 만성적인 염증 반응의 일종이라고 볼 수 있다.

　유전학에 따르면 단순한 쾌락이 아닌 의미 지향적인 삶은 염증을 일으키는 위험 유전자의 활동을 억제한다고 한다. 이것은 더불어 살아가는 삶의 방식이 유전자의 구조에 영향을 준다는 것을 의미한다. 공동선을 지향하는 삶의 태도는 이기적인 유전자와 상충되는 것처럼 보이지만 건강으로 보상받기 때문에 진화론적인 관점에 어긋나지 않는다고 볼 수 있다.[167]

　세포를 구성하고 있는 원자와 분자들은 끊임없이 새로운 것으

167　요아힘 바우어, 정윤경 역 『공감하는 유전자』(서울: 매일경제신문사, 2022). 53-54쪽.

로 대체되고 세포들도 스스로 자기 복제를 통해 늘 새롭게 바뀌고 있다. 왜 생명체는 원자, 분자, 세포들을 끊임없이 바꾸고 있는 것일까? 언뜻 생각하면 매우 비효율적인 것처럼 보이지만 열린계인 세포 생명체는 이를 통해 우주와 소통함으로써 생존 능력을 향상시켜 왔다고 말할 수 있다.[168]

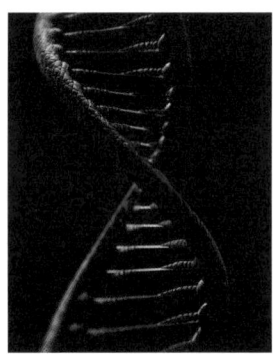

---

168 가와카미 마사야, 박경숙 역 『유전자에 관한 50가지 기초지식』(서울: 전파과학사, 2023). 57-59쪽.

사람들은 관찰을 통해 외부에 실재하는 것들을 파악하고 있지만 정작 관찰자인 자신과 관찰의 대상은 서로 구분되어 독립적으로 존재한다고 생각하는 경향이 있다. 그러나 현대 물리학은 관찰의 주체와 대상 사이의 불가분적인 관계에 주목하고 있는데 그 중심에 상대성 원리와 양자 역학이 있다.

뇌 과학에 의하면 인간에게 있어서 관찰자는 파동적인 자아를 의미한다. 인간은 생명 현상과 정보 현상의 복합물이라고 말할 수 있다. 생명 현상의 주체는 세포이고 정보 현상의 주체는 뇌 신경망에 의해 출현하는 파동적 자아이다. 인간의 본성은 생물학적인 본성과 관찰자적 본성이 불가분적으로 얽혀 있다고 볼 수 있다.

제2편

관찰자

제1부

정보로 파악되는 우주

• 제1장 •

이항성(二項性)의 원리

정보는 늘 인간의 삶과 함께하면서 사람들의 생각과 감정을 지배해왔지만 주관성과 결합되어 있다는 이유로 그동안 과학의 탐구 대상에서 배제되어 왔다. 현대 정보 기술은 정보의 주체를 배제한 채 정보 신호라는 객관적인 형식에 초점을 맞추어 발전해 왔다.

롤프 란다우어(1927-1999)[169]는 IBM에서 활동한 미국의 물리학자로서 에너지와 정보 현상에 관한 '란다우어의 원리'로 정보학계에 널리 알려진 인물이다.[170] 그는 정보란 물리적인 메시지를

---

[169] 1950년 하버드대 졸업 후 주로 IBM에서 근무하면서 정보처리 과정의 열역학적 분석, 응집 물질 연구에 크게 기여하였다.
[170] 란다우어의 원리는 정보가 에너지 손실을 가져오지 않으며 정보처리 과정에서 에너지가 손실되는 것은 기존의 정보를 지울 때 수반되는 망각의 비용일 뿐임을 의미한다.

물리적인 방식으로 전달하는 것이기 때문에 물리계와 불가분의 관계에 있다고 말하였다. 한편 블랙홀 연구로 유명한 미국의 이론 물리학자 존 휠러(1911-2008)는 정보란 정신 안에서 정보의 기본 단위인 비트로 해석된다는 점을 들어 정신과의 불가분적인 관계를 강조하였다.

란다우어와 존 휠러의 주장은 서로 상충되는 것처럼 보이지만 물질계를 대상으로 하는 인간의 인지 활동과 정신계를 구성하는 정보의 본질을 요약적으로 잘 표현하고 있다.

정보는 정보의 형식과 그것이 전달하는 메시지로 구성되어 있다. 이것은 정보가 물질계와 정신계를 매개한다는 것을 의미한다. 물질과 정신이 소통할 수 있는 것은 물질, 정신, 정보가 추상의 형식인 이항성(二項性, binary opposition)을 서로 공유하고 있기 때문이다.

정보는 궁극적으로 자연에 관한 인간의 질문과 응답으로 짜여져 있다. 질문과 응답은 서로 소통할 수 있는 형식을 전제하고 있는데 그것이 바로 이항성이라는 추상의 형식이다.

이항성(二項性)과 이원성(二元性)은 서로 구분되는 개념이다. 이항성은 하나인 근원에서 나온 2개의 요소를 의미한다는 점에서 창조와 해석의 원리이지만 이원성은 처음부터 2개의 근원이 각각의 영역을 관할하는 지배의 원리를 말한다.

이항성은 우주와 원자의 존재 방식에서 온다. 파동은 수축과 팽창이라는 진동의 형태로, 입자는 상호 대칭성으로 이항성을 표현하고 있다. 물리화학 반응과 생명 현상의 중심에는 각각 인력/척력, 촉진/억제의 이항성이 자리 잡고 있다. 정신 현상은 뇌 신경망의 흥분과 억제라는 이항성에 의해 만들어지고 인간 사회는 궁극적으로 너와 나의 관계로 구성된다.

정보가 전달하는 메시지는 우주의 실체가 아니라 성질이다. 인간은 우주와 원자의 실체를 인식할 수 없고 단지 우주와 원자의 존재 방식을 통해 실체의 성질을 추론적으로 이해하고 있다. 우주의 성질은 이항성의 형식을 통해 인간에게 전달되고 이항적으로 해석된다.

물질과 정신이 소통할 수 있는 것은 우주 만물이 이항적으로 창조되었고 이항적으로 해석되기 때문이다. 그리스도교의 하늘과 땅, 불교의 공(空)과 색(色), 주역의 이(理)와 기(氣) 등의 종교적 표현이나 수학의 이진법, 선과 악, 참과 거짓 등의 문학적인 표현들은 모두 이항성의 원리를 반영하고 있다. 이항성은 창조와 해석의 원리이고, 물질의 존재 방식이며, 생명의 작동 원리이고, 정신의 표현 방식이라고 말할 수 있다.

이항성의 원리는 정보의 본질, 뇌 신경망과 파동적 자아의 존재 방식, 언어와 다양한 심리 현상, 행복, 자아실현 등과 관련하여 앞으로 반복적으로 언급될 것이다.

• 제2장 •
양자 역학적인 우주

　오늘날 인류 문명의 패러다임을 바꾸고 있는 양자 역학은 1900년도에 독일의 물리학자 막스 플랑크(1858-1947)가 양자 가설을 발표한 데서 비롯되었다. 그는 상자 안에 전자기파가 얼마나 들어 있는지 알아보는 실험을 하던 중 당시로서는 말도 안 되는 발상을 하였는데 전자기장의 에너지가 묶음들, 곧 양자(量子) 형태로 분포되어 있다고 상상한 것이다.
　플랑크는 에너지가 전자기파의 진동수에 의존한다고 보았고 이때의 에너지양을 $E=h\nu$로 표현하였다. 여기서 ν는 진동수이고, h는 에너지양을 결정하는 플랑크 상수이다. 양자 역학의 가장 중요한 첫 번째 공식은 이렇게 탄생하였다. 플랑크의 방정식을 토대로 아인슈타인은 5년 뒤 전자기파인 빛이 정말로 질량 없는 에너지 알갱이, 곧 광자로 이루어져 있음을 증명해냈다.

아인슈타인이 광자 이론을 발표한 지 20년 후 프랑스의 물리학자 루이 드 브로이(1892-1987)는 빛만이 아니라 원자가 만든 모든 물질이 입자성과 파동성이라는 이중적인 성질을 갖고 있음을 입증함으로써 노벨 물리학상을 수상하였다. 그는 입자성과 파동성 사이의 관계식인 h=λ/p를 발표하였는데 여기서 h는 플랑크 상수, λ는 파장, p는 입자의 운동량[171]을 말한다.

드 브로이의 관계식 덕분에 과학자들은 물질의 존재 방식을 파동성만으로 표현할 수 있게 되었고 이후 물질파 개념을 현대적인 수식으로 보편성 있게 표현하려는 움직임이 일었다. 1925-1927년은 물리학의 황금시대라고 일컬어진다. 이 짧은 기간에 하이젠베르그, 보른, 조르단, 슈뢰딩거, 디랙과 같은 과학자들이 물질파 개념을 토대로 양자 역학을 일관성 있는 이론 체계의 반열에 올려놓았기 때문이다.

제1절. 대칭성과 차이

인간은 에너지에 의해 실존하는 우주만물의 실재 모습을 알 수 없고, 단지 성질을 파악하여 그것들을 개념화하고 있다. 과학자들은 오래전부터 자연의 배후에 대칭성의 원리가 작용한다고 믿었

---

[171] 운동량은 질량×속도를 말한다.

으며 자연을 깊이 탐구할수록 간결하고 아름다운 대칭성의 구조를 발견해낼 수 있었다.

대칭성은 무엇을 변환시켰음에도 변화가 없는 것처럼 보이게 한다. 이 때문에 물리학자들은 대칭성보다는 대칭 변환이라는 용어를 즐겨 쓴다. 사람들은 '촛대에 꽂힌 초들은 모두 똑같게 보인다'라고 말하지만 물리학자들은 '두 초를 바꿔놓아도 촛대에 꽂힌 초들은 모두 똑같게 보인다'라고 표현한다.[172]

현대 물리학의 가장 근간이 되는 자연 현상은 양자 역학이 말하는 '게이지 대칭성'이다. 여기서 게이지(gauge)는 무언가를 측정하는 척도를 말하는데 길이, 각도, 모양 따위의 기준을 통틀어 일컫는다. 따라서 게이지 대칭성(gauge symmetry)은 게이지를 변환하였음에도 대칭성이 유지됨을 의미한다.

양자 역학은 빅뱅 초기의 우주가 근원 에너지에 의해 완전하게 대칭적이었지만 자발적으로 대칭성이 붕괴됨으로써 오늘날의 우주가 만들어질 수 있었다고 말한다.

자발적인 대칭성의 붕괴는 1964년에 힉스 보손의 존재를 예상한 영국의 이론 물리학자 피터 힉스(1929-)에 의해 연구되어 왔

---

172 양자 역학에 의하면 자연의 대칭성은 게이지장(gauge field)에서 온다. 게이지장을 수학적으로 가장 잘 표현한 것이 바로 전자기 현상을 물리학적으로 기술한 맥스웰 방정식이다. 맥스웰 방정식은 전기 현상, 자기 현상과 관련된 4개 방정식을 말한다.

다.[173] 양자 역학은 만약 게이지장이 질량을 갖게 된다면 게이지 대칭성이 깨질 수 있다는 사실을 이론적으로 밝혀냈고 2013년 실제로 자발적인 대칭성의 붕괴로 질량이 생기는 현상을 관찰할 수 있었다. 게이지 대칭성의 자발적인 붕괴를 통해 입자에 질량이 부여되는 현상을 '힉스 메커니즘'이라고 부른다.

우주는 질량이 출현한 후 질량을 제외한 나머지 속성들은 상호 관계를 통해 마치 대칭성이 붕괴되지 않은 것처럼 작동함으로써 우주 만물이 대칭성을 지향하는 것처럼 보이게 만들었다.

이러한 '지향적인 대칭성'의 배후에는 언제나 '현실적인 차이'가 존재한다. 우주는 에너지로 충만해 있지만 인간은 에너지가 만든 형태나 성질을 마주하고 있기 때문에 세상은 언제나 깨어진 대칭성, 곧 다양한 차이들의 집합처럼 보인다. 한마디로 우주는 '대칭성을 지향하는 차이'들로 충만한 세상이며 인간은 차이를 통해 우주 만물을 인식한다고 말할 수 있다.

현대 철학자인 프랑스의 질 들뢰즈(1925-1995)[174]는 자신의 저서 『차이와 반복』에서 고전적인 존재론이 무너진 자리에 존재론적

---

173 힉스는 2013년 입자 가속기에 의해 힉스 보손의 존재가 확인됨에 따라 노벨 물리학상을 수상하게 된다.
174 프랑스의 대표적인 철학자, 사회학자. 들뢰즈는 1960-1964년간 프랑스 국립과학연구소의 연구원으로 근무하면서 현대 물리학을 경험하였다.

인 '차이'의 개념을 위치시켰다. 그의 사유 속에는 언제나 연속적인 것과 불가분의 관계를 맺고 있는 틈, 강도, 차이의 개념들이 자리 잡고 있다.[175] 들뢰즈는 근원적인 동일성을 배경으로 삼고 있는 이러한 '차이'가 물질의 개체화에 중요한 역할을 수행한다고 말한다.[176]

여기서 '차이'는 사물을 구분 짓는 구체적인 차이가 아니라 개체화의 원리인 '추상의 형식'을 의미한다. 들뢰즈의 표현에 의하면 우주의 모든 속성들은 '차이'에 담겨 있고 '차이'에 의해 우주가 형성되었다. 예를 들면 '차이'가 종(種)을 만들었고 종(種)은 상위의 보다 연속적인 유(類)의 특징을 담지하고 있다.[177]

우주의 근원적인 '차이'는 거시적인 우주뿐 아니라 원자의 존재 방식에서도 찾아볼 수 있다. 원자는 파동인 동시에 입자이지만 관찰자인 인간에게 원자는 파동 또는 입자라는 '차이의 형식'으로 존재한다. 에너지의 관점에서 원자의 이중성은 연속적이지만 관찰자에게 원자의 이중성은 선택적인 '차이'로 주어진다. 관찰자인 인간에게 원자는 '입자 또는 파동', '입자 또는 非입자', '파동 또는 非파동'이라는 형식을 갖는다.

우주와 원자의 존재 방식인 대칭성과 차이의 형식은 정보 이론

---

[175] 박성수 『들뢰즈』(서울: 이룸, 2004). 15-18쪽.
[176] 조 휴즈, 황혜령 역 『들뢰즈의 차이와 반복 입문』(경기도: 서광사, 2014). 81쪽.
[177] 조 휴즈, 황혜령 역 『들뢰즈의 차이와 반복 입문』(경기도: 서광사, 2014). 80-87쪽.

과 수학에 의해 추상적인 이항성의 형식으로 표현됨으로써 정보의 근본 단위인 '비트'가 되었다.

제2절. 응답하는 우주

존 휠러(1911-2008)는 블랙홀이라는 용어를 최초로 사용했던 미국의 이론 물리학자로서 젊은 시절에 아인슈타인, 닐스 보어와 함께 연구한 경력이 있고 리처드 파인만을 제자로 둔 양자 역학의 거장이다.

그의 90세를 기념하는 심포지엄이 300여 명의 저명한 과학자들이 참석한 가운데 고향인 뉴저지주 프린스턴에서 2002년도에 열렸다. '과학과 궁극적인 실재(Science and Ultimate Reality)'라는 제하로 개최된 심포지움의 주제는 양자 역학적인 존재의 문제와 정보 현상이었다.[178]

휠러의 관심은 한마디로 인간이 동참하는 우주에 있었다. 이것은 그동안 인간이 우주의 겉모습만을 보았지만 이제는 양자 역학에 의해 우주의 속살을 들여다볼 수 있게 되었음을 의미한다. 그는 인식할 수 없는 양자적인 우주가 인간의 질문에 '예' 또는 '아니오'의 형식으로 자신을 드러낸다고 보았다. 우주는 인간에게 정보

---

[178] 한스 크리스천 폰 베이어, 전대호 역 『과학의 새로운 언어 정보』(서울: 승산, 2009). 8-10쪽.

의 대상으로 존재하고 정보 부호인 비트로 파악된다는 것이다.

20세기의 과학 혁명은 물리적인 세상을 완벽하게 객관적으로 파악할 수 있다는 인류의 신념을 뿌리채 흔들었는데 그 중심에 상대성 이론과 양자 역학이 있다.

아인슈타인의 상대성 이론은 시공간의 모든 현상들이 관찰자의 운동 상태와 밀접하게 관련된다는 것으로 요약된다. 관찰자가 없는 시공간은 절대적이지만 관찰자를 전제하면 모든 것은 상대적이 된다. 우주선 안에서 시간, 심장 박동, 탈모 속도는 실제로 느려져 우주의 시공간은 관찰자 의존적이 된다.

관찰자 의존성은 미시적인 양자의 세계에서 보다 분명해진다. 물질의 근본 단위인 원자의 상태는 입자인 동시에 파동이지만 관찰자가 개입하면 입자 또는 파동으로 자신을 드러낸다.

양자 역학에 따르면 원자를 설명하려면 관찰하려는 것이 파동인지 아니면 입자인지에 대한 관점이 먼저 정해져야 한다. 원자는 관찰자인 인간에게 먼저 '차이'라는 추상의 형식을 마주하게 만든다. 인간이 원자를 알려면 반드시 먼저 '차이의 형식'을 이해해야 하고 '차이의 형식'을 통해 논리적으로 전체를 구성해내야 한다.

현대 물리학의 양대 축인 상대성 이론과 양자 역학은 우주가 관찰자와 긴밀하게 얽혀 있음을 강조하고 있다.[179] 그렇다면 관찰자 의존적인 우주의 보편성은 어떻게 확보될 수 있을까? 인지 과학은 우주가 정보 현상을 통해 스스로 자신의 보편성을 인간의 정신 안에 드러낸다고 말한다.

2022년에 노벨상을 수상한 안톤 차일링거(1945-)[180]는 정보의 뿌리를 양자 역학적으로 설명할 수 있다고 믿었다. 정보는 본질적으로 '예' 또는 '아니오'로 답할 수 있는 질문을 전제하고 있으며, 이것은 원자의 존재 방식과 무관하지 않다는 것이다.[181] 여기서 중요한 것은 '예' 또는 '아니오'로 답할 수 있는 질문을 던지는 주체가 다름 아닌 관찰자인 인간이라는 점이다.

---

179 한스 크리스천 폰 베이어, 전대호 역 『과학의 새로운 언어 정보』(서울: 승산, 2009). 29-32쪽.
180 오스트리아의 이론 물리학자. 양자 얽힘, 양자 순간이동과 같은 양자 기술의 핵심 원리를 입증한 공로로 노벨 물리학상을 수상하였다.
181 한스 크리스천 폰 베이어, 전대호 역 『과학의 새로운 언어, 정보』(서울: 승산, 2009). 309-313쪽.

• 제3장 •

우주와 관찰자

과학의 역사는 관찰 → 측정 → 모형화 → 추상적인 법칙으로 이어지는 일정한 패턴이 존재함을 보여주고 있다.[182] 모든 지식은 관찰에서 시작된다. 시대를 불문하고 인간은 관찰을 통해 자연의 패턴들을 구분해냈고 사물들 사이의 유사성을 포착하여 추상화함으로써 보편적인 이론으로 발전시켜 왔다.

관찰은 수동적으로 보는 행위와 다르다. 집중하여 적극적으로 관찰할 때 대상은 관찰자인 인간에게 일상적으로 보아 온 것과 다른 모습을 보여준다. 예나 지금이나 위대한 관찰자들은 적극적인 관찰을 통해 우주 만물의 장엄함과 아름다움을 통찰해내는 능력

---

182 한스 크리스천 폰 베이어, 전대호 역 『과학의 새로운 언어, 정보』(서울: 승산, 2009). 62-63쪽.

을 갖고 있었다.

수많은 사람들이 소리를 들었지만 물체의 길이가 음의 높낮이를 결정한다는 사실을 관찰해낸 사람은 피타고라스였고, 많은 사람들이 목욕탕을 찾았지만 물질의 비중과 욕조물이 넘치는 관계를 관찰해낸 사람은 아르키메데스였다.

적극적인 관찰만이 감각적인 경험과 지적인 의식을 가깝게 연결함으로써 자연의 질서를 관찰자 마음 안에 그려낼 수 있게 만든다.[183] 인류 지성사는 이러한 관찰자의 지위가 시대별로 뚜렷하게 달라지는 모습을 잘 보여주고 있다.

제1절. 고대 자연 철학의 관찰자

BC 6세기경부터 등장하기 시작한 고대의 자연 철학자들은 관찰을 통해 대상을 단순화하고 추상화함으로써 자연의 본질과 인간의 본성이 어떠하다고 주장할 수 있었다.

그들은 관찰을 통해 마치 신처럼 현실 세계의 불필요한 부분을 도려내고 추상화함으로써 사물의 본질을 드러내고자 하였다. 고대 자연 철학자들의 신적인 직관은 독단과 억견으로 비춰질 수 있는 문제점을 안고 있었지만 적극적인 관찰을 토대 삼았다는 점에

---

[183] 로버트 루트번스타인 · 미쉘 루트번스타인, 박종성 역 『생각의 탄생』(서울: 에코의 서재, 2016). 58-80쪽.

서 의미가 크다고 볼 수 있다.

 탈레스(BC 64-554)는 자연의 근본 실체를 물로 보았고, 아낙시만드로스(BC 611-547)는 파멸될 수 없는 어떤 원초적인 것이 자연의 근본 실체라고 주장하였으며, 피타고라스(BC 580-?)는 수를 모든 존재의 원리로 보았다.
 헤라클레이토스(BC 535-475)는 우주를 대립적인 성질에 의해 작동되는 끊임없는 변화의 상태로 보았고, 파르메니데스(BC 515-?)는 영원하고 불변적인 하나의 존재가 우주를 구성하고 있다고 주장하였다. 데모크리토스(BC 460-380)는 우주의 근본 실체를 원초적인 소립자로 보았고 이를 원자라고 불렀다. 아낙시만드로스의 원초적인 소립자는 사물의 질적인 속성을 의미하였지만 데모크리토스는 이를 양적인 개념으로 표현하였다는 점에서 차이가 있다.

 고대인들은 점차 관찰의 대상보다는 관찰자인 인간의 정신 현상에 관심을 가졌다. 고대 자연 철학은 소피스트, 소크라테스, 플라톤의 관념론을 거쳐 BC 320년경 아리스토텔레스 후기 시대에 이르자 윤리와 종교 문제, 나아가 삶의 의미와 행복에 대해 보다 많은 관심을 갖게 되었다.
 이 시기에 에피쿠로스(BC 341-271)는 인생의 주된 목적을 쾌락으로 보았다. 그가 말하는 궁극적인 쾌락은 마음의 평정에 있었다. 한편 제논(BC 334-262)의 스토아(현관) 강의에서 유래된 스토아 철학은 키케로(BC 106-43), 세네카(BC 4-AD 65)를 거쳐 마르쿠스 아우렐리우스(121-180)에 이르기까지 오랫동안 고대 지성인들의 사랑을 받았다. 스토아 학파는 자연을 신적인 법칙에 따라 움직이는 질서 정연한 것으로 보았고 삶의 고통과 생존의 위협 속에서도 감정을 억제하는 것을 삶의 귀감으로 삼았다.

자연 철학자들은 인간이 지닌 신적인 직관 능력을 무비판적으로 전제하였다는 점에서 보편성에 문제가 있었지만 사람들이 알고 싶어 했던 것들을 포괄적으로 언급함으로써 인류 지성사의 원류가 되었다. 고대 자연 철학의 실재론 논쟁에 이어 소크라테스는 인간이 생각하는 진리가 무엇인지에 관심을 가졌고, 뒤이어 등장한 스토아 철학은 삶의 의미와 행복의 문제를 다룸으로써 인류 지성사의 방향성을 제시하였다.

제2절. 근대 물리학의 관찰자

고대 자연 철학자들의 기계론적인 세계관은 플라톤의 관념론을 거쳐 근대 데카르트 사상의 뿌리가 되었다.

데카르트(1596-1650)[184]는 고대의 기계론적 세계관을 정교하

---

[184] 프랑스의 철학자, 수학자, 과학자. 근대 철학의 아버지이자 해석 기하학의 창시자로 불린다. 독

게 다듬어 우주의 모든 것을 기계론적으로 설명하려 하였다. 데카르트 자연관의 근본 요소는 물질과 운동이다. 그는 모든 자연 현상이 물질과 운동으로 환원될 수 있으며 실험에 의해 그것들이 검증될 수 있다고 믿었다.

이후 뉴턴(1643-1727)[185]은 데카르트의 기계론적인 자연관을 이어받아 만유인력의 원리와 운동 법칙을 완성함으로써 근대 과학의 군건한 토대가 되게 하였다.

신앙심이 깊은 데카르트와 뉴턴은 비록 구체적으로 언급하지는 않았지만 기계론적 자연관의 조화와 질서를 신의 선물로 보았다. 그러나 근대 이후의 과학은 점차 신을 소외시키고 오로지 기계론적인 자연관에 집착함으로써 사유의 주체와 객체 사이에 건널 수 없는 벽을 만들어 버렸다.[186]

과거에는 인간의 제한된 감각 능력으로 인해 물리적인 실재를 모호하게 추측할 수밖에 없었기 때문에 사람들이 진리라고 생각했던 관념적인 세상은 오늘날 우리가 일상적으로 경험하는 세상과 너무나 다르다. 그렇다면 인간은 왜 다른 동물에 비해 신체적

실한 카톨릭 신자였지만 기계론적인 자연관에 기반한 신 존재 증명으로 이신론(理神論)에 영향을 주었다.
185 영국의 물리학자, 수학자, 천문학자. 만유인력과 운동 법칙을 발견함으로써 역사상 가장 위대한 과학자로 평가받고 있다.
186 소광섭 『물리학과 대승기신론』(서울: 서울대학교출판문화원, 2024). 9-20쪽.

인 감각 능력이 떨어질까?

자연 선택은 미래를 염두에 두지 않고 현시점에서 개체가 필요로 하는 만큼만 그 개체를 진화시킨다. 개체의 능력은 주어진 환경 속에서 자신들의 적응도를 극대화하는 선까지만 진화하기 때문에 모든 동물은 서식지에 따라 각자 독특하고 고유한 감각 능력을 갖출 수 있었다.[187]

그러나 인간은 다른 동물들과 달리 주변 환경을 관찰하고 사유하는 능력에 의존하는 생존 전략을 구사해왔기 때문에 신체 능력보다는 두뇌가 비약적으로 발달하게 되었다. 관찰, 실험, 해석 능력은 인간이 선택한 가장 효율적인 생존 전략이었던 것이다.

영혼의 직관에 의존했던 고대 자연 철학자들과 달리 근대 과학자들은 관찰과 실험, 그리고 추상적인 수학의 눈으로 자연을 바라보았다. 수학에서 수의 개념은 무엇이든 추상화할 수 있도록 단순하게 고안된 도구이다. 특히 숫자 0은 현실에 존재하지 않는 무(無, nothing)를 표현하는 수이지만 모든 수의 출발점이다. 자연수는 숫자 0에 단지 1을 선형적으로 하나씩 더해감으로써 얻어진다. 근대 과학 이론은 통찰력 넘치는 수학의 추상화 작업을 통해 보편성을 확보할 수 있었다.

과학의 탐구는 무질서해 보이는 자연에서 패턴을 찾으려는 노

---

[187] 에드워드 윌슨, 최재천·장대익 역 『통섭』(서울: 사이언스북스, 2005). 제4장.

력과 관련된다. 과학자들은 아무리 자연이 복잡해 보여도 자연의 패턴을 이해함으로써 추상적인 원리를 찾아낼 수 있다고 믿었고 마침내 중력, 속도, 가속도, 온도, 밀도와 같은 추상적인 개념들을 발견해냈다. 추상적인 개념에 의해 자연은 점차 단순화되고 보편화되었다.

그러나 고전 물리학의 가장 큰 문제점은 자연을 탐구함에 있어서 정작 관찰과 실험의 주체인 관찰자를 자연에서 삭제해 버린다는 데 있었다.

고전 물리학에서는 관찰자가 사라지고 관찰의 결과만 남게 됨으로써 인간은 피조물임에도 마치 자신은 우주에 포함되지 않는 것처럼 우주를 마주하고 있다. 양자 역학의 권위자인 슈뢰딩거는 인간의 정신이 우주를 어떻게 객관화하는지에 대해 다음과 같이 말한다.

우리는 자연을 의식하지 않고 또한 자연에 대한 엄밀하고 체계적인 입장도 없으면서 우리가 이해하고자 하는 자연의 영역에서 인식의 주체를 배제한다. 우리 자신은 세계에 속하지 않는 구경꾼의 입장으로 물러나고 바로 이 물러남에 의해 세계는 객관적이 된다.[188]

---

[188] 에르빈 슈뢰딩거, 전대호 역 『생명이란 무엇인가』(서울: 궁리출판, 2007). 195쪽.

제3절. 현대 과학의 관찰자

현대 과학의 관찰자는 대체로 세 가지 의미로 사용된다.

첫 번째 관찰자는 인지 심리학의 관찰자로서 감각을 통해 외부의 대상을 지각하고 판단하는 심리적인 주체를 말한다. 심리적인 주체는 정보 현상의 주체인 자아를 의미한다.

두 번째 관찰자는 상대성 원리의 관찰자로서 자연 현상을 바라보고 기술하는 척도 내지 기준 틀을 말한다. 상대성 원리에 의하면 우주의 시공간은 관찰자에 의해 상대적이 된다.

마지막으로 양자 역학적인 관찰자가 있는데 미시적인 원자와 상호 작용하는 모든 것들은 여기에 해당된다. 여기서 관찰자는 원자를 측정하는 인간의 행위뿐 아니라 원자와 상호 충돌하는 것을 비롯하여 원자의 양자적인 상태에 개입하는 모든 것을 의미한다.

상대성 이론은 '빛의 속도는 절대적이고 관찰자와 무관하며(특수 상대성) 시간과 공간은 관찰자와의 관계에 있어서 상대적이다(일반 상대성)'로 요약된다.

상대성 원리에 따르면 우주의 시간은 빛의 속도로 지나가기 때문에 관찰자에게 현재는 언제나 연장된 현재로 존재한다. 이때 관찰자인 '나'를 기준으로 사건이 얼마만큼 떨어진 곳에서 발생하는가에 따라 현재의 지속시간은 달라진다. 내 주변의 사건들은 발생하자마자 과거의 일이 되고 나와 대상 사이가 멀어질수록 나의 현재는 길어진다. 예를 들면 태양이 지금 소멸한다 해도 당장 지구가 멸망하지는 않는다. 태양의 마지막 빛이 지구에 도착하기까지 8분 20초의 시간은 지구 관찰자에게 '연장된 현재'로 존재한다. 관찰자인 나에게 태양, 수성, 금성의 소멸은 정보가 도착할 때까지 동시간대의 사건이 된다.

우주에는 '지금'이나 '지금 존재하는 사건들의 집합'이라는 개념이 없다. 예를 들면 안드로메다은하와 지구의 나 사이에 현재의 지속시간은 2백만 년이다. 따라서 안드로메다에서 언제 무슨 일이 생겼는지 시간을 묻는 것은 무의미하다. 단지 안드로메다로부터 언제 첫 신호를 받았는지가 그나마 의미 있는 사건이 된다.[189] 이것은 우주의 모든 사건들이 나에게 정보로 주어짐을 의미한다.

여기서 주의해야 할 것은 정보적 사건과 물리적 사건을 구분해야 한다는 점이다. 정보적 사건은 관찰자의 정신 안에서 연장된 현재로 존재하지만 물리적 사건은 에너지 세상에 속하기 때문에 일단 발생하게 되면 필연적인 인과 법칙을 따르게 된다.

양자 역학의 권위자인 하이젠베르그(1901-1976)는 파동인 전자가 다른 무언가와 상호 작용할 경우에만 입자로 관측된다고 말한다. 전자가 원자의 궤도 안에서 위치를 갖는 것처럼 보이는 것은 관측 행위처럼 크고 무거운 물체와 상호 작용할 경우에만 나타나

---

[189] 카를로 로벨리, 김정훈 역 『보이는 세상은 실재가 아니다』(경기도: 쌤앤파커스, 2018). 71-75쪽.

는 현상이다.[190]

이것은 사물들의 근원적인 본성이라는 것이 존재하지 않는다는 것을 의미한다. 양자 역학의 세계에서는 상호 작용하는 변수들의 집합만이 있고 변수들의 집합에서 어떤 변수가 선택될 것인지는 관찰자가 개입하는 순간의 확률을 따른다.

닐스 보어(1885-1922)는 원자와 인간의 관측 행위에 수반되는 현상을 '상보성'으로 표현하면서 인간이 이중적인 원자의 속성을 하나의 관점으로 설명하는 것은 불가능하다고 말하였다. 이것은 원자를 이해하려면 반드시 입자와 파동이라는 두 가지 성질을 모두 고려해야 한다는 것을 의미한다.

고전 물리학과 현대 물리학의 중요한 차이점 중 하나는 미래에 대한 예측이다. 뉴턴 역학에 따르면 현재의 상태를 정확하게 안다면 미래는 방정식에 의해 완벽하게 예측된다. 그러나 양자 역학은 고전 물리학과 달리 맨 처음의 상태가 확률적이기 때문에 미래의 상태 역시 확률적으로 예측된다고 말한다. 사람들이 양자 역학을 난해하다고 생각하는 이유는 근본적으로 원자의 이중성과 불확정성에서 오지만 확률을 다루는 고도의 수학이 필요한 것도 원인으로 작용한다.[191] 상태의 불확정성과 확률적인 예측은 정보의 영

---

[190] 카를로 로벨리, 김정훈 역 『보이는 세상은 실재가 아니다』(경기도: 쌤앤파커스, 2018). 120-121쪽.

[191] 소광섭 『물리학과 대승기신론』(서울: 서울대학교출판문화원, 2024). 30-33쪽.

역에 속한다.

  상대성 원리와 양자 역학의 관찰자는 심리적인 주체가 아니라 기준 틀과 측정 행위로서의 관찰자이다. 그러나 심리적 주체인 관찰자가 빠지게 되면 과학 이론이 개개인의 삶 안에서 어떤 의미를 갖게 되는지 설명할 수 없게 된다.

  물리적인 관찰과 관찰자의 심리 상태가 분리되면 인간이 어떻게 외부 환경과 관계 맺을 수 있는지에 관한 설명은 불완전할 수밖에 없다. 오늘날 인지 심리학은 관찰의 행위와 관찰자의 심리를 연결해 주는 것이 바로 정보라고 말한다.

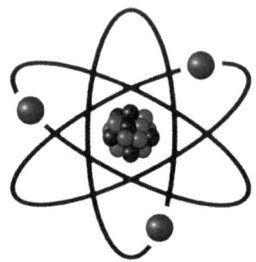

• 제4장 •

정보의 개념

현대 정보 이론의 아버지로 불리는 클로드 섀넌(1916-2001)[192]은 정보처리 과정을 선형적인 화살표로 연결하여 정보 원천 → 정보 전달자 → 정보 통로 → 정보 수신자 → 정보의 목적지로 표현하였다. 이 간단한 도표는 정보의 본질인 5가지 범주를 모두 포함하고 있다.[193]

정보의 원천은 물리계이고 목적지는 정신계이며, 정보의 본질은 물질계와 정신계를 매개하는 것이다. 그럼에도 그동안 정보 기술은 정보의 원천과 목적지를 배제한 채 정보 신호의 전달, 통로, 수신자라는 정보의 형식과 전달 방식에 초점을 맞추어 왔다.

---

[192] 미국의 수학자이자 컴퓨터 과학자. 디지털 논리회로를 연구하여 정보 신호 체계를 확립하였으며 저서 『통신의 수학적 이론』은 모든 정보통신 이론의 기초가 되었다.
[193] 한스 크리스천 폰 베이어, 전대호 역 『과학의 새로운 언어 정보』(서울: 승산, 2009). 171쪽.

제1절. 정보란 무엇인가?

인간은 정보의 바다에서 살고 있다. 오감을 열어놓기만 하면 자연의 정보가 홍수처럼 쏟아져 들어온다. 눈을 뜨고 귀를 열어놓는 순간 자연이 주는 엄청난 양의 정보를 접하게 되지만 인간의 제한적인 능력으로 인해 넘쳐나는 정보를 포착하지 못하거나 분석해 내지 못할 뿐이다.

자연의 정보는 여러 가지 방식으로 인간에게 전달된다. 예를 들면 자연의 형상은 빛에 의해 시각 세포에 도달하고 시각 세포는 외부 자극을 전기 신호로 변환한다. 뇌 신경망은 전기 신호와 생물학적인 화학 신호를 결합함으로써 전체적으로 흥분과 억제라는 이항적인 방식으로 반응하게 된다.

정보의 개념 안에는 두 가지 의미가 함축되어 있다. 하나는 정보 전달의 형식인 정보 부호이고 다른 하나는 정보가 전달하는 메시지로서의 주관적인 의미이다.

정보의 영어식 표기인 in-formation은 어원적으로 '어떤 것에 추상적인 형식(form)을 주입'하는 것을 의미한다. 어떤 것에 추상적인 형식이 주입되면 패턴, 곧 질서의 형상을 갖게 되기 때문에 정보의 형식이 전달하는 것은 다름 아닌 추상적인 질서라고 말할 수 있다.

정보가 전달하는 메시지는 주관적으로 전달받는 의미를 말한다. 정보 기술은 정보 신호를 처리하고 저장하는 정보 형식에 초점을 맞추고 있지만 사람들은 개인 정보, 교통 정보, 금융 정보에서 보듯이 정보가 전달하는 메시지, 곧 의미에 관심을 갖고 있다.[194] 정보의 의미는 언제나 관련된 사람의 주관성과 관계 맺고 있다. 예를 들면 금융 거래 시 사용하는 암호는 나에게 값진 정보이지만 다른 사람들에게는 무의미한 낙서로 보일 것이다.[195]

현대 정보 사회는 정보 이론을 중심으로 조직화된 사회를 말하는데 여기서 정보 이론이란 다양한 방식으로 부호화할 수 있는 추상적이고 일반화된 지식을 의미한다.

정보의 역할은 물질계와 정신계를 연결하는 것이다. 정보는 원자, DNA, 책처럼 물질적인 것에서 흘러나와 생명체에 의해 감각된 후 뇌에서 복잡한 처리 과정을 거쳐 추상적인 정신으로 자리 잡고 있다. 이러한 정보의 본성을 올바로 이해할 때 우리는 비로소 우주와 인간과 AI가 하나 되는 참된 정보화의 시대에 진입하게 될 것이다.[196]

여기서 우리는 앞에서 언급한 파인만의 다음 구절을 다시 한번 상기해 볼 필요가 있다. 원자의 중요성을 강조하는 파인만은 정보라는 용어를 원자만큼이나 중요하게 다루고 있다.

---

[194] 한스 크리스천 폰 베이어, 전대호 역 『과학의 새로운 언어 정보』(서울: 승산, 2009). 42-44쪽.
[195] 프랭크 웹스터, 조동기 역 『현대 정보사회 이론』(경기도: 나남출판사, 2016). 94-101쪽.
[196] 한스 크리스천 폰 베이어, 전대호 역 『과학의 새로운 언어 정보』(서울: 승산, 2009). 36-38쪽.

모든 과학 지식이 파괴될 위기에 처하여 단 한 문장만으로 가장 많은 **정보**를 다음 세대에 전달해야 한다면 모든 사물은 원자로 이루어졌다라는 '원자 가설'을 들 수 있을 것이다. 원자라는 작은 입자들은 끊임없이 주위를 돌아다니면서 거리가 가까워지면 서로 끌어당기고 충돌하면 서로 밀어낸다. 약간의 상상력을 발휘한다면 이 한 문장 속에 엄청난 양의 **정보**가 들어 있음을 알게 될 것이다.

인류의 문명이 시작된 이래 인간 사회의 토대를 이루고 있는 것은 다름 아닌 에너지와 정보임에도 정작 우리는 그것의 실체가 무엇인지 정확하게 이해하지 못하고 있다.

에너지와 정보는 그 본질이 알려지지 않은 상태에서 거래의 대상이 될 만큼 인간의 삶 안에 깊숙이 들어와 있다. 이들은 추상적이지만 양적으로 측정되는 개념이라는 점에서도 서로 유사한 면이 있다. 다행히 에너지는 19세기 중반 이후 열역학적으로 정의되어 모든 과학의 주춧돌로 자리 잡았지만 정보는 여전히 명확하게 정의되지 못하고 있다.

왜 과학은 정보가 물리계를 기술하고 있음에도 탐구 대상으로 삼지 않을까? 그것은 정보가 객관적인 물리계뿐 아니라 인간의 주관성과도 밀접하게 얽혀 있기 때문이다. 정보의 형식은 물리량처럼 측정되고 수학적으로 분석되지만 정보의 의미를 명확하게 정의를 내리기에는 인간과의 관계 속에서 애매모호한 측면이 있다.

정보는 생명계와도 불가분의 관계에 있다. 살아있는 세포들은 쉬지 않고 환경과 소통하면서 거대한 양의 정보를 처리하고 있다. 대표적인 것은 모든 생명 현상과 관련된 세포핵의 유전 정보이다. 방대한 양의 유전 정보는 0과 1의 형태로 부호화되어 슈퍼컴퓨터에 저장됨으로써 생명 공학자들의 연구 활동을 돕고 있다.

제2절. 정보의 형식

현대 정보 기술은 정보의 의미보다는 정보의 양, 처리 방법, 속도를 개선하는 방향으로 발전해옴으로써 오늘날 정보 전달의 신뢰성은 거의 100%에 육박하고 있다.[197] 이것이 가능한 이유는 보편적으로 합의된 정보의 형식이 있었기 때문이다.

정보가 인문학적으로 어떤 의미를 갖는지 명확하게 정의되지 않은 상태에서 정보 기술은 경이로울 정도로 빠른 속도로 발전하고 있다. 정보의 객관적인 형식과 주관적인 의미 사이의 비대칭성은 인공지능의 시대를 앞두고 해결해야 할 난제로 떠오르고 있다. 이 때문에 정보 기술은 삶을 편리하게 만들어주고 있지만 동시에 인간을 소외시킬 우려도 높아지고 있다.

---

[197] 한스 크리스천 폰 베이어, 전대호 역 『과학의 새로운 언어, 정보』(서울: 승산, 2009). 56-58쪽.

현대 정보 이론의 선구자인 클로드 섀넌(1916-2001)은 정보의 의미를 무시하고 전달되는 정보의 양만을 일관되게 측정하기 위해 정보를 부호화하는 일에 몰두하였다.

섀넌에 의해 오늘날 정보의 양은 2진법적으로 측정되고 있다. 2진법은 YES/NO, 앞/뒤, 위/아래, 0/1과 같은 이항적인 항목들로 구성된 추상적인 형식 체계를 말한다. 섀넌은 동일한 확률로 등장하는 각각의 구성 요소를 1비트(binary digit)의 정보로 규정하였다. 여기서 1비트는 '예' 또는 '아니오'라는 의미를 전달하는 최소의 정보 단위를 말하는데 컴퓨터의 경우 반도체 소자 1개가 이를 구현하고 있다.

섀넌이 이진법적인 요소를 정보 단위로 선택한 것은 그것이 최소의 부호로 최대한의 의미를 전달할 수 있는 가장 이상적인 도구였기 때문이다. 그는 논문 『통신의 수학적 이론』에서 2진법의 코드가 기억장치나 통신 채널의 자원을 가장 적게 사용함으로써 자연의 보편 법칙인 '에너지 최소화'의 원리에 부합함을 증명해냈다.

예를 들면 0에서 127까지의 수를 모두 깃발로 표시한다면 128개의 깃발이 필요할 것이다. 만약 10진법으로 표현한다면 100의 자리에 1개, 10의 자리에 10개, 1의 자리에 10개 등 21개의 깃발이 있어야 한다. 그러나 2진법의 경우에는 0과 1을 나타내는 각각의 깃발 7개, 곧 14개의 깃발만으로 0에서 127까지의 모든 수를 표현

할 수 있다.[198]

정보는 얼마나 빨리 이동할 수 있을까? 정보 형식인 신호가 전달되는 속도는 전자기파인 빛의 속도이다. 그러나 정보의 주관적인 의미는 생각의 속도를 따른다. 생각의 속도는 얼마나 빠를까?
예를 들면 빨간 구슬 1개와 파란 구슬 1개가 있는데 친구와 내가 색깔을 확인하지 않고 무작위로 하나씩 주머니에 넣고 각자 화성과 금성으로 갔다고 상상해 보자. 별에 도착한 후 내가 주머니의 구슬 색깔을 확인하는 순간 나는 멀리 있는 친구의 구슬 색깔에 관한 정보를 얻을 수 있다. 2개의 구슬이라는 정보 형식은 물리계의 이동 속도를 따르지만 구슬의 색깔이라는 정보적 의미는 내 생각의 속도를 따른다. 이것은 정보 형식의 속도와 정보적인 의미의 속도가 동일하지 않음을 시사한다.[199]

제3절. 정보의 의미와 확률

정보의 기본 형식인 비트는 예 또는 아니오, 0 또는 1이 출현할 수 있는 확률이 각각 50%임을 전제하고 있다. 그렇다면 정보의 주

---

[198] 한스 크리스천 폰 베이어, 전대호 역 『과학의 새로운 언어 정보』(서울: 승산, 2009). 53-57쪽.
[199] 한스 크리스천 폰 베이어, 전대호 역 『과학의 새로운 언어 정보』(서울: 승산, 2009). 188-189쪽.

관적인 의미는 확률과 어떤 관계일까?

과학은 확률을 경우의 수로 정의하는 경향이 있다. 과학은 반복 가능한 상황을 가정한 후 추론적으로 확률을 구한다. 예를 들면 동전을 100번 던졌을 경우 앞면이 나올 확률은 50%라고 말한다. 그러나 이러한 경우의 수에는 근본적인 문제가 존재한다. 과학의 실험과 달리 관찰자의 세상은 반복될 수 없는 상황의 연속이기 때문이다. 경우의 수는 관찰자가 개입하게 되면 매우 복잡해진다. 이때의 확률은 정보의 형식인 객관성과 함께 관찰자인 인간이 주관적으로 기대하는 가치, 곧 정보적 의미를 표현해야 하기 때문이다.

반복 불가능한 관찰자의 세상에서는 이미 과거가 되어버린 귀납적인 통계보다 관찰자의 합리적인 직관이 더욱 현실적인 것처럼 보일 때가 많다.[200]

1990년도에 방영된 미국의 〈거래합시다〉라는 TV쇼는 정보의 주관성과 확률의 관계를 잘 보여주는 사례로 꼽힌다.[201]

출연자 앞에 커튼으로 가리어진 3개의 방이 있고 그 중 방 1개에 승용차가 들어 있다. 출연자는 방 1개를 선택할 수 있는데 만일

---

[200] 한스 크리스천 폰 베이어, 전대호 역 『과학의 새로운 언어, 정보』(서울: 승산, 2009). 113-120쪽.
[201] 한스 크리스천 폰 베이어, 전대호 역 『과학의 새로운 언어, 정보』(서울: 승산, 2009). 107-110쪽.

그 방에 승용차가 있다면 출연자가 가져갈 수 있다.

출연자가 행운을 기대하면서 방 1개를 선택하자 진행자는 나머지 방 중에서 승용차가 없는 방을 보여준 후 다시 묻는다. '방을 바꿀 수 있는 기회를 주겠습니다. 바꾸시겠습니까?' 출연자는 어떻게 해야 할까?

이것은 확률 게임이다. 빈방 하나가 제거되었으므로 남은 방은 결과적으로 두 개뿐이고 확률은 1/2일 것이다. 그렇다면 방을 바꾸는 것은 무의미해 보인다. 과연 그럴까? 출연자가 맨 처음 방 1개를 선택했을 때 행운의 확률은 1/3이었다. 그런데 이제 선택받지 못한 방의 확률은 제거된 방의 확률까지 포함하여 2/3가 될 것이므로 방을 바꾸는 것이 현명해 보인다. 과연 그럴까? 출연자가 처음에 선택한 방의 확률도 함께 2/3로 올라가지 않을까? 그렇다면 방 2개의 확률을 합하면 4/3가 되는가?

사람들은 TV쇼의 확률 문제를 두고 오랫동안 갑론을박하였지만 설득력 있는 결론을 내리지 못하고 있다. 분명한 사실은 빈방 하나가 제거되었다는 새로운 정보가 주어짐으로써 원래의 확률이 달라졌다는 점이다.

정보적인 확률은 정보 사용자의 기대 가치를 표현하는 것이기 때문에 필연적으로 주관성과 결합하게 된다. 무슨 일이 벌어질 것인지에 대해 생각하는 것은 궁극적으로 뇌 신경망이 정보를 이용하여 확률을 계산하는 것으로 볼 수 있다.

예를 들어 자녀가 '오늘은 수업이 없다'고 말할 때 만약 오늘이 일요일이라는 정보가 확인되었다면 자녀의 말이 참일 확률은 거의 100%일 것이다. 그러나 오늘이 월요일이라면 확률은 거의 0%에 가깝다. 그런데 오늘이 개교기념일이거나 폭설 경보가 발령되었다는 새로운 정보가 주어진다면 확률은 달라진다. 더군다나 새롭게 주어지는 정보 자체가 참 또는 거짓일 수 있으므로 확률 계산은 매우 복잡해진다.[202]

이처럼 관찰자가 개입된 상황에서 확률의 가치는 새로운 정보에 따라 달라진다. 영국의 논리학자인 베이즈(1701-1761)는 직관에 의해 도출되는 합리적인 확률을 수학적으로 제시하였는데 이를 '베이즈의 정리'라고 부른다.

베이즈의 정리는 한마디로 '새로운 정보에 의해 확률이 어떻게 변하는가'를 다루고 있다. 베이즈 정리의 기본적인 전제는 선행된 확률이 있어야 한다는 것이다. 특정 사건이 발생할 확률을 묻는 것이 아니라 선행 확률이 새로운 정보에 의해 어떻게 변하는가에 초점을 맞추고 있으며 이때 새로운 확률은 선행 확률에 어떤 항을 곱한 것으로 표현된다.[203]

사람들은 주변에서 일어나는 일에 대하여 의식적이든 무의식적

---

[202] 한스 크리스천 폰 베이어, 전대호 역 『과학의 새로운 언어 정보』(서울: 승산, 2009). 113쪽.
[203] 베이즈의 정리에서 새로운 확률은 선행 확률에 어떤 항을 곱한 값과 같은데 그 항이 1보다 크면 결론에 대한 믿음을 증가시키고 1보다 작으면 감소시킨다는 것으로 요약된다.

이든 확률적인 믿음을 표현하면서 살아간다. 예를 들면 우리는 '올 여름의 기온은 기후 변화로 인해 작년보다 높을 것이다'라고 생각한다. 개인이 세상사와 관련하여 갖고 있는 믿음의 정도를 수치로 표현하게 되면 확률적인 판단의 영역에 속하게 된다. 베이즈는 주관적 믿음을 확률 함수로 표현함으로써 믿음의 신뢰도를 표현하고자 하였다.[204]

베이즈의 정리는 오늘날 경제학, 생명 공학, 컴퓨터 프로그래밍의 영역에서 폭넓게 사용되고 있는데 특히 인공지능과 빅데이터의 시대를 맞아 더욱 주목받고 있다. 새로운 정보가 100% 확실하지 않더라도 양이 많아지면 베이즈의 정리를 적용할 수 있기 때문이다.

베이즈의 정리는 뇌의 작동 방식과도 무관하지 않다. 천문학적인 수의 뇌세포로 구성된 뇌 신경망은 저장된 정보와 새로운 정보의 신뢰도를 비교 판단함으로써 최적의 의사 결정을 내리도록 진화해왔기 때문이다.[205]

---

[204] 이영의 『베이즈주의』(서울: 한국문화사, 2020). 1-3쪽.
[205] 한스 크리스천 폰 베이어, 전대호 역 『과학의 새로운 언어 정보』(서울: 승산, 2009). 117-118쪽.

제4절. 정보와 질서

정보가 전하는 궁극적인 메시지는 자연의 질서이다. 인간은 자연의 질서를 어떻게 포착하고 있을까?

BC 2세기경 그리스의 천문학자 히파르코스는 별의 광도를 6개 범주로 구분하였다. 별의 광도는 엄청나게 세분화될 수 있지만 인간이 식별할 수 있는 한계치는 6단계이기 때문이다. 일반적으로 일상적인 대화는 속삭임보다 소리의 세기가 대략 3배 정도 크다고 생각되지만 실제로 물리적인 양을 측정해 보면 10^3배에 달한다. 리히터 진도가 4에서 7로 증가하면 지진의 물리적인 강도는 1,000배 커진다.[206] 이것은 자연의 에너지와 인간이 감각할 수 있는 에너지 사이에 간극이 매우 크다는 것을 의미한다.

인간에게 거시적인 우주와 미시적인 원자 차원의 변화는 상상을 초월할 만큼 크거나 작다. 자연 현상은 핵분열, 가속도, 세균의 번식 등에서 보듯이 제곱수로 변하는 경우가 많다.

수학의 지수 함수는 제곱수를 표현하고 있는데 로그 함수와 짝을 이루고 있다. 예를 들면 2의 지수 함수는 $y=2^n$로 표현되고 2의 로그 함수는 $n=\log_2 y$이다. 사람들에게 익숙한 10진수를 예로 들면 지수 함수인 10^3의 로그값은 3이다. 이 때문에 지수 함수는 자

---

[206] 한스 크리스천 폰 베이어, 전대호 역 『과학의 새로운 언어, 정보』(서울: 승산, 2009). 123-130쪽.

연의 큰 변화를 표현할 수 있고, 로그 함수는 자연의 큰 변화를 인간의 감각 능력에 맞추어 단순화해 주는 것처럼 보인다.

좌표상에서 지수 함수와 로그 함수의 궤적은 서로 반대 방향으로 쌍곡선을 그리면서 무한대의 영역을 향해 확산하지만 서로 가까워지는 영역이 있다. 특히 로그 함수 가운데 자연 로그는 자연의 변화와 인간의 감각 사이에 있는 불가사의한 관계를 암시하는 것처럼 보인다. 자연 로그의 상수(e)[207]는 자연의 변화를 거의 무한소에 가깝게 극단적으로 분할할 경우 이론적으로 도출되는 신비한 무리수를 말한다. 과학자들은 자연 로그를 사용하면 복잡한 자연 현상을 단순하게 설명할 수 있다고 말한다.

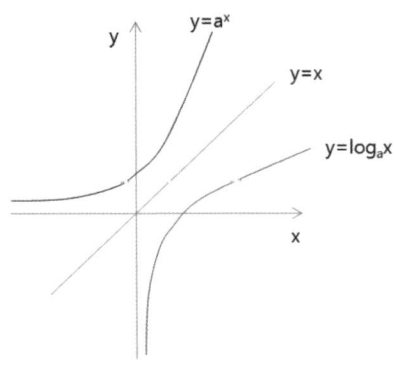

〈지수 함수와 로그 함수〉

---

[207] 자연 로그는 기호 e로 표기되는 상수를 밑으로 하는 로그 함수이다. e의 값은 2.718…로 무한히 이어지는 초월수이다.

자연에 존재하는 질서의 양은 얼마나 될까?

오스트리아 물리학자인 루드비히 볼츠만(1844-1906)은 열역학의 권위자로서 양자 역학 초기의 원자론 확립에 기여한 인물이다.

그는 가족과 함께 이탈리아에서 휴가를 보내던 중 심한 우울증으로 자살하였는데 오스트리아 빈 중앙묘지에 안장된 그의 묘비에는 s=klogW라는 공식이 새겨져 있다. 일반인에게 생소한 이 공식은 자연의 존재 방식에 관한 경이로운 통찰을 담고 있는 것으로 유명하다.[208]

볼츠만의 공식은 에너지 보존의 법칙에 토대를 두고 우주에 존재할 수 있는 질서의 양과 관찰자와의 관계를 표현하고 있다. 공식에서 s는 무질서도를 의미하는 엔트로피, k는 비례상수이다. W는 우주가 자신의 속성들을 그대로 유지하면서 존재할 수 있는 방식의 수, 곧 우주에 가능성으로 존재하는 질서의 양을 의미한다. 예를 들면 주사위 두 개를 던졌을 때 합이 12가 될 방식의 수는 6+6의 1가지뿐이고 7이 될 방식의 수는 1+6, 2+5, 3+4, 4+3, 5+2, 6+1의 6가지이다.

볼츠만이 활동하던 당시 열역학적인 개념들은 대부분 명확하게 정의되어 있었지만 엔트로피만 예외로 남아 있었다. 볼츠만은 엔트로피의 열역학적 표현인 열량÷온도가 무엇을 의미하는지 탐구

---

[208] 한스 크리스천 폰 베이어, 전대호 역 『과학의 새로운 언어 정보』(서울: 승산, 2009). 135-136쪽.

하기 시작하였고, 마침내 엔트로피 개념이 원자가 아닌 분자들의 배열과 관련된다는 것을 밝혀냈다.

당시 과학자들은 입자의 위치, 속도, 무게, 부피와 같은 물질의 성질을 명확하게 설명하는 데 초점을 맞추고 있었다. 그러나 볼츠만은 배열, 개연성, 확률과 같은 분자적인 성질에 관심을 가졌다. 그리고 마침내 계를 구성하는 요소들이 특정한 형태로 배열될 수 있는 확률은 그 계가 존재할 수 있는 전체적인 방식의 수와 관련된다는 것을 통찰해냈다.

여기서 '방식의 수'는 인간이 알고 있는 자연의 성질들이 그대로 유지되면서 계가 존재할 수 있는 방식의 수, 곧 질서의 양을 말한다. 자연에서 관찰되는 W, 곧 방식의 수는 어마어마하게 큰 수이다. 예를 들면 병 속에 들어 있는 공기 분자들이 부피, 압력, 온도와 같은 성질들을 일정하게 유지하면서 배열될 수 있는 방식의 수는 10^{23} 정도라고 한다.

우주가 존재할 수 있는 방식의 수는 상상을 초월할 만큼 크기 때문에 볼츠만은 이를 수학적으로 표현하는 과정에서 어려움을 겪었고 결국 로그 함수를 통해 이를 해결할 수 있었다.

막스 플랑크는 볼츠만의 통찰을 $S=k\log W$로 표현하였고 이것이 볼츠만의 묘비에 새겨진 공식이다.[209]

---

209 한스 크리스천 폰 베이어, 전대호 역 『과학의 새로운 언어 정보』(서울: 승산, 2009). 135-143쪽.

볼츠만의 공식에 등장하는 W는 절대적으로 정해진 수를 의미하지는 않는다. 관찰자와의 관계에서 W는 주관적인 성질을 갖고 있으며 단지 알려진 성질들을 변화시키지 않고 배열될 수 있는 방식의 수를 말한다. 따라서 방식의 수는 관찰자를 전제하고 있고 관찰자에게 알려진 성질과 관련된다. 만약에 관찰자가 전능한 신이어서 속성들을 완전하게 파악하고 있다면 방식의 수는 1이 되고 log값은 0이 되어 엔트로피인 무질서의 정도도 0이 될 것이다.

그러나 신이 아닌 관찰자에게 엔트로피는 절대로 0이 될 수 없다. 엔트로피는 관찰자가 갖고 있는 정보에 따라 달라진다. 볼츠만에 의하면 관찰자가 계에 대해 모든 것을 알면 엔트로피값은 0이 되고 가장 적게 알 때 최대값이 된다. 따라서 엔트로피는 인간이 자연의 질서에 대해 갖고 있는 무지, 곧 정보의 결여와 관련된다고 볼 수 있다.[210]

미국의 정보 이론가인 클로드 섀넌은 정보 신호로 전달되는 메시지의 양과 무질서한 잡음의 크기를 함수 관계로 표현함으로써 정보의 대상인 질서와 무질서를 대비시켰다. 모든 정보 신호는 전달되는 과정에서 불가피하게 무질서한 잡음이 발생한다. 섀넌은 잡음이 있는 상황에서 전달되는 정보의 양을 수식으로 정리하여 $\log_2 S/N$으로 표현하였다. 여기서 S는 의미 있는 정보 신호의 양이

---

[210] 한스 크리스천 폰 베이어, 전대호 역 『과학의 새로운 언어 정보』(서울: 승산, 2009). 144-145쪽.

고 N은 무질서한 잡음의 크기이다.[211]

볼츠만의 엔트로피 공식과 마찬가지로 섀넌의 정보 전달 공식에도 로그값이 등장하는 것은 결코 우연이 아니다. 정보가 전달하는 메시지는 질서에 관한 것이기 때문이다. 볼츠만의 엔트로피는 결여된 정보의 양을 표현하고 섀넌은 전달되지 못하는 정보의 양에 대해 말하고 있다. 정보와 엔트로피는 질서라는 동일한 관념을 표현하는 서로 다른 방식이었던 것이다.[212]

자연의 질서를 전달하는 정보는 물리 법칙의 지배를 받을까?

'란다우어의 원리'는 정보의 생산이 아니라 정보의 삭제가 에너지를 수반한다는 보편 법칙을 말한다. 미국의 물리학자 란다우어는 IBM에서 근무하면서 물리 법칙이 정보의 저장과 처리 과정에 어떤 영향을 주는지에 관심을 가졌다. 그는 1961년에 정보가 처리되는 과정에서 에너지가 열로 변환되는 지점을 정확하게 포착하는 데 성공하였다.

그동안 물리학자들은 1비트의 정보를 생산하려면 필연적으로 에너지 손실을 감수해야 할 것이라고 생각하였지만 란다우어는 에너지 손실이 단지 정보 비트를 재설정하거나 지우는 과정, 곧 비트를 파괴할 때 생긴다는 사실을 밝혀냈다.

---

211 한스 크리스천 폰 베이어, 전대호 역 『과학의 새로운 언어, 정보』(서울: 승산, 2009). 180-182쪽.
212 한스 크리스천 폰 베이어, 전대호 역 『과학의 새로운 언어 정보』(서울: 승산, 2009). 172-173쪽.

에너지 손실은 정보를 생산할 때가 아니라 정보를 삭제할 때 생기는 망각의 비용이라는 것이다. 예를 들어 컴퓨터가 3+5를 계산할 경우 어딘가에 3과 5가 저장된 후 3과 5는 삭제되고 그 자리에 8이 저장될 것이다.

'란다우어의 원리'에 따르면 만약 파일을 삭제하지 않아도 된다면 컴퓨터는 전혀 에너지 낭비 없이 작동할 수 있을 것이다. 이것은 메모리 능력이 무한하다면 물리 법칙이 컴퓨터의 연산 능력을 제한하지 않는다는 것을 의미한다. 그러나 현실에서는 저장 공간의 유한성 때문에 삭제에 따르는 망각의 비용을 감수할 수밖에 없을 것이다.[213]

란다우어의 원리는 뇌 신경망의 기능 저하와도 무관하지 않은 것처럼 보인다. 인간의 뇌는 불필요한 잡념이나 기우, 번뇌가 많을수록 이를 삭제하기 위해 보다 많은 에너지를 소모해야 하고, 에너지 사용에 따른 부산물도 많아질 것이기 때문이다. 뇌에 부산물이 쌓이면 뇌세포의 사멸과 기능 저하를 초래하게 된다.

---

213 한스 크리스천 폰 베이어, 전대호 역 『과학의 새로운 언어 정보』(서울: 승산, 2009). 226-227쪽.

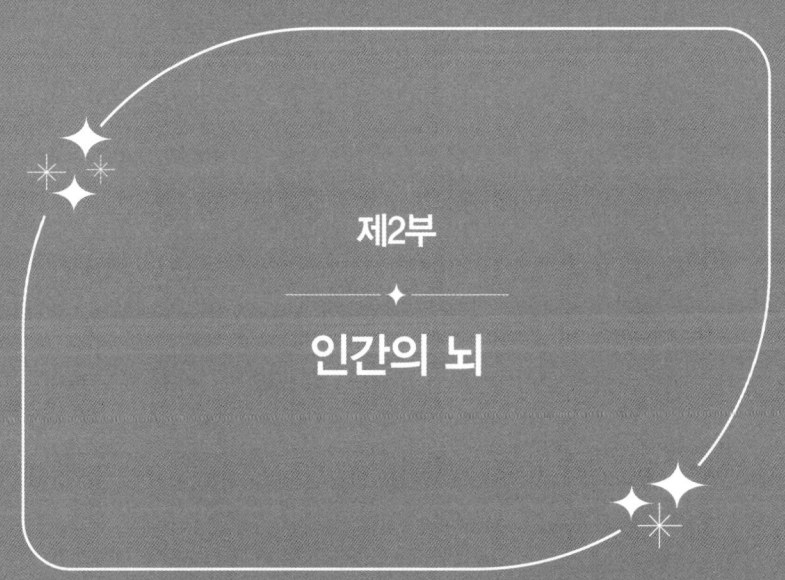

제2부

인간의 뇌

• 제1장 •

뇌의 구조와 기능

　인간의 정신은 추상적인 것을 이해하고 믿기 때문에 동물 중에서 가장 위대하다. 이스라엘의 역사 생물학자인 유발 하라리(1976-)는 저서『사피엔스』에서 인간이 그러한 능력을 갖게 된 시기를 BC 7만 년 전-BC 3만 년 전쯤으로 보면서 이를 인지 혁명이라고 불렀다.[214]

　두뇌가 정신 현상과 밀접하게 관련되어 있다는 사실은 히포크라테스(BC 460-379) 이전에도 이미 알려져 있었고 이후에도 지속적으로 심리 철학과 과학의 탐구 대상이 되어왔다.
　19세기 말에는 두뇌 연구가 상당한 수준으로 진행됨으로써 물

---

[214] 유발 하라리, 조현욱 역『사피엔스』(경기도: 김영사, 2017). 18-19쪽.

리적인 세계와 정신적인 세계 사이에 어떤 법칙성이 존재한다고 추정하는 단계에까지 이르렀다.

예를 들면 독일의 철학자이자 물리학자인 구스타프 페흐너(1801-1889)는 둘 사이의 관계를 S=klogR로 표현하였는데 이를 '페흐너의 법칙'이라고 부른다. S는 외부 자극을 지각하는 정신적인 강도를 의미하고, k는 비례 상수이며, R은 외부에 실재하는 물리적인 강도를 말한다. 페흐너의 법칙은 모든 지각 현상에 적용될 만큼 보편적이지 않았기 때문에 관심에서 멀어졌지만 둘 사이에 추상적인 규칙성이 존재할 수 있음을 시사한다는 점에서 여전히 주목받고 있다.

제1절. 뇌의 출현

뇌는 원래 동물의 운동성을 지원하기 위해 생겨났다. 식물은 운동성이 없기 때문에 뇌가 없다. 멍게의 유충은 태어날 때 뇌가 있지만 성체가 되어 식물처럼 바위에 고착하면 뇌를 먹어치워 에너지 소모를 막는다.

상하로 움직이는 해파리의 뇌는 운동의 양 방향성을 조절하는 정도에 그치지만 상하좌우로 움직이는 편형 동물은 운동을 더욱 세밀하게 조절해야 하기 때문에 뇌 구조가 좀 더 복잡하다. 상하좌우로 운동하는 어류가 파충류로 진화하면 기억의 중추인 대뇌 피질이 생겨 감정까지 표현할 수 있게 된다.

동물의 뇌는 점차 신체의 활동성을 지원하기보다는 정보를 인식하고 처리하는 방향으로 진화하기 시작하였고 그 정점에 인간의 뇌가 있다.

정보처리에서 가장 중요한 것은 데이터를 저장하는 기억 능력이다. 최초로 직립 보행한 영장류의 뇌 크기는 대략 400cm³였고 기원전 250만 년 전 구석기인의 뇌는 650cm³이며 기원전 50만 년 전의 뇌는 1,200cm³에 달한다. 구석기 말경인 기원전 20만 년 전에 출현한 호모 사피엔스의 뇌는 효율적으로 작아져 남성의 경우 1,270cm³, 여성은 1,130cm³인 것으로 알려져 있다.[215]

인류학자들은 진화 과정에서 뇌 용량이 증가한 원인을 사회 환경의 복잡성과 관련짓고 있다. 고고학 자료에 의하면 사람 1명이 직접 관리할 수 있는 인구 집단은 대체로 150명 정도가 한계라고 한다. 신석기 시대 농촌 마을과 오늘날 아프리카 부족 집단의 인구 규모는 150명 정도로 비슷하다고 한다.

해부학적인 면에서 인간의 뇌가 커진 원인은 제일 바깥층 신경 조직인 신피질 부피가 엄청나게 증가하였기 때문이다. 신피질은 기억, 판단 능력과 관련 있는 것으로 알려져 있다.

다른 영장류는 신피질이 전체 뇌 부피의 50% 정도이지만 인간

---

215 미겔 니코렐리스, 김성훈 역 『뇌와 세계』(경기도: 김영사, 2021). 37-42쪽.

은 거의 80%에 육박한다. 뇌의 무게는 체중의 2%에 불과하지만 뇌세포가 만들어 사용하는 에너지는 전체 생명 에너지의 20%를 차지하고 있다.[216]

인간과 동물의 뇌는 어떻게 다를까? 다윈은 1871년에 출간한 『인간의 유래』에서 인간과 동물의 뇌는 단지 정도의 차이에 불과하다고 주장하였다. 뇌 과학자들도 대체로 다윈의 관점에 동의하는 편이다. 다윈은 모든 생명체가 공통 조상으로부터 진화해왔기 때문에 형태와 기능만 다양할 뿐 본질은 다르지 않다고 말한다. 침팬지와 같은 고등 동물도 인간과 마찬가지로 추론 능력이 있고 도구와 언어를 사용할 수 있으며, 거미는 인간보다 더 정교하게 집을 지을 수 있고 흰개미의 군집 생활은 더 질서 있고 위계적이다.

그러나 인간과 동물의 행동 패턴을 비교해 보면 유사한 듯 보이지만 정신의 관점으로 살펴보면 질적으로 다른 것처럼 보인다.

거미의 집 짓는 방식은 수천 년이 지나도 변하지 않고 흰개미의 군집 생활은 수백 년이 흘러도 형태가 바뀌지 않는다. 그러나 인간의 건축 행위와 군집 생활은 시대와 종족과 문화에 따라 다르다. 인간의 정신은 주변 환경을 추상적으로 이해하면서 보다 완전한 상태를 끝없이 추구하는 것처럼 보인다.

---

216 미겔 니코렐리스, 김성훈 역 『뇌와 세계』(경기도: 김영사, 2021). 39쪽.

인간의 뇌가 보여주는 활동성은 동물과 달리 예측할 수 없을 정도로 변화무쌍하고 끊임없이 무언가를 지향하고 있다. 동물의 추론 능력은 생존 문제에 국한되지만 인간은 수학, 종교, 철학, 이론 물리학에서 보듯이 생존과 전혀 무관한 것들까지 추론의 대상으로 삼고 있다.

오늘날 뇌 과학자들은 뇌의 구조나 용량이 아닌 뇌 신경망의 가소성에서 인간과 동물 사이에 근본적으로 차이가 있다고 말한다. 가소성이란 외부에서 힘을 받으면 형태가 변하여 원래의 상태로 되돌아가지 않는 속성을 말한다.

뇌의 가소성은 기억의 저장과 관련된 뇌세포의 연결에서 특히 두드러지게 나타난다. 대부분의 동물은 태어나자마자 걷고 뛰지만 인간은 출생 이후 거의 모든 것을 경험과 학습에 의해 배워나가야 한다. 인간의 잠재적인 뇌 용량은 동물과 마찬가지로 정해져 있지만 인간은 뇌세포들이 새로운 정보에 의해 서로 정교하게 연결되어 뇌 신경망을 형성하는 과정을 거쳐야 한다.

결국 인간과 동물의 다른 점은 뇌의 구조가 아니라 뇌 신경망에 의해 출현하는 추상적인 정신에 있다고 볼 수 있다. 해부학적인 측면에서 보면 다윈의 진화론이 맞지만 뇌의 활동성인 정신 현상을 살펴보면 신체적인 진화만으로 설명할 수 없는 특별함이 있다.

인류 출현 이후 새로운 관찰과 정보가 거듭되고 지식이 쌓이면서 인간은 완전한 세상과 불완전한 현실을 구분하게 되었고 정신이 완전한 세상을 향해 열려 있다고 믿게 되었다. 이러한 정신의 특별함은 하느님 모상성(그리스도교), 브라만(힌두교), 불성(불교), 천성(유교), 순수 이성(칸트), 절대 이성(헤겔), 본질 직관(현상학) 등으로 다양하게 표현되어 왔다.

제2절. 뇌의 구조와 기능

뇌 신경계는 정보를 판단하고 저장하면서 운동 명령을 내리는 신경 체계를 말한다. 인간의 뇌는 크게 중추 신경계와 말초 신경계로 구분된다.

중추 신경계는 두뇌와 척수로 구성되어 있고 감각 정보를 종합적으로 판단하고 지시하는 역할을 수행한다. 진화의 최상위에 있는 척추 동물의 중추 신경계는 공통적으로 전뇌, 중뇌, 후뇌로 구분되어 있는데 특히 포유류는 몸집에 비해 특이하게 큰 전뇌를 가지고 있다. 한편 말초 신경계는 두뇌에서 나온 12쌍의 신경망과 척수에서 뻗어 나온 31쌍의 신경망으로 구성되어 있으며 마치 정보를 전달하는 통신선과 유사한 기능을 수행한다.[217]

---

[217] 말초 신경계는 기능을 수행하는 방식에 따라 두뇌의 명령을 받는 체 신경계와 두뇌 지시와 무관하게 작동하는 자율 신경계로 구분된다. 체 신경세포는 하나로 이어져 있지만, 자율 신경계는 다시 교감 신경과 부교감 신경으로 나누어진다.

인간의 뇌를 위에서 바라보면 좌뇌와 우뇌로 구분되고 옆에서 보면 대뇌와 소뇌와 간뇌로 나누어져 있다. 맨 아래쪽에 있는 뇌간은 가장 원시적인 뇌로서 호흡계, 순환계, 소화계 등을 관장하면서 기본적인 생명 유지 기능을 수행한다.

대뇌는 새로 들어오는 정보 신호와 기억된 정보 신호를 대조하여 생각을 만들어내는 역할을 한다. 대뇌는 뇌 전체의 80%를 차지하고 있는데 안쪽에 있는 변연계와 바깥쪽의 대뇌 피질로 구분되어 있다.

뇌간과 대뇌가 연결된 가장 안쪽 부위를 변연계라고 부른다. 변연계는 자율기능을 조절할 뿐만 아니라 공포, 분노, 쾌락과 같은 본능적인 정서에도 관여한다. 변연계의 시상(視床) 하부는 여러 뇌 영역에 연결되어 있으며 자율 신경계와 대사성 내분비 기능을 주관한다. 시상 하부에 기능 장애가 생기면 체온 조절, 대사 작용, 소화 활동, 심장 기능과 같은 자율 기능에 심각한 문제가 생긴다.[218]

변연계가 감정을 주관하는 뇌라면 대뇌 피질은 사유 활동과 관련된다. 대뇌의 가장 바깥쪽 부위를 대뇌 피질이라고 부르는데 100-200억 개 정도의 신경세포가 존재한다.[219] 대뇌 피질은 전두

---

218 대뇌와 소뇌의 기능이 마비되어 의식을 잃었지만 뇌간의 기능이 살아있어 호흡과 심장박동이 정상적으로 유지되는 상태를 '식물인간'이라고 부른다.
219 포유류의 종에 따라 두께가 1.5-4mm 정도. 신경세포와 모세 혈관으로 되어 있어 회백색으로

엽, 두정엽, 측두엽, 후두엽으로 나누어진다. 전두엽은 모든 정보를 종합 판단하는 역할을 수행하고 두정엽은 생각과 느낌을 관장하는 중추이다. 측두엽은 언어, 기억, 청각, 후각을 담당하고 후두엽은 주로 시각 정보를 처리한다.

대뇌 피질은 다시 신피질과 구피질로 구분된다.[220] 대체로 신피질은 고차원적인 판단을 담당하고 구피질은 생물학적인 정서 표현과 관련된 것으로 알려져 있다. 신피질은 구피질이 진화한 것으로서 포유류에만 존재한다.

인간의 신피질은 뇌 전체의 80%에 육박한다. 신피질의 쌀알 크기($2.5mm^3$)만 한 면적에 신경세포 10만여 개가 있으며 시냅스는 5억여 개에 달한다. 이것을 피질 기둥이라고 부르는데 전체 신피질에 15만여 개가 있다. 신피질 기둥들은 새로운 정보가 들어오면 마치 투표하듯이 전체적으로 참여하여 생각의 모형을 만들어내고 있다.[221]

신피질은 영역별로 기능을 수행하는 것처럼 보이지만 시각적으로 명확하게 구분되지는 않는다. 무엇에 연결되느냐에 따라 기능이 달라지기 때문이다. 눈과 연결되면 사물을 보게 되고 귀와 연결되면 소리를 듣는다. 우리가 외부에 실재하는 것을 알 수 있는 유일한 방법은 관찰을 통해 정보를 입력받는 것뿐이다. 막 태어난

보인다.
220 신피질은 6개 층으로 미세하게 구분되어 있다.
221 제프 호킨스, 이충호 역 『천개의 뇌』(서울: 이데아, 2022). 52-53쪽.

아기의 신피질은 관찰된 정보의 입력이 없기 때문에 지각의 모형이 존재하지 않는다.

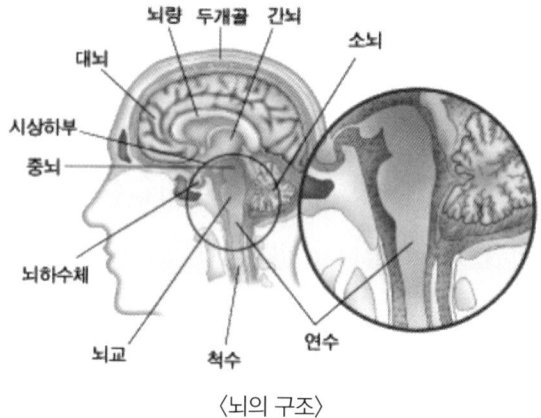

〈뇌의 구조〉

• 제2장 •

뇌 신경망

제1절. 뇌세포와 시냅스

인간의 뇌는 20세기 중반까지 주로 해부학적인 구조와 기능을 중심으로 탐구되어 오다가 1960년대 들어 신경전달 물질이 알려지면서 뇌 신경망이 주목받기 시작하였다.

뇌의 구조와 기능이 아닌 뇌의 활동성을 강조하는 뇌 신경망 개념은 패러다임의 전환을 가져온 뇌 과학의 혁명과 다름없었다. 뇌 신경망 연구를 통해 뇌와 정신 사이의 동형성(同形性)을 입증할 수 있는 새로운 가능성이 열렸기 때문이다.[222]

뇌 신경망 연구는 영상기술의 발달에 힘입어 뇌세포와 방대한

---

[222] 호아킨 M. 푸스테르, 김미선 역 『신경 과학으로 보는 마음의 지도』(서울: 휴먼 사이언스, 2014). 11-19쪽.

신경회로의 탐구로 이어지면서 오늘날 뇌 과학 연구의 주류를 형성하고 있다.

인간의 뇌는 전체적으로 860억 개에 달하는 뇌 신경세포와 천문학적인 숫자의 시냅스로 구성되어 있다.[223] 뇌 신경세포는 구심성 세포, 원심성 세포, 연합 세포로 구분된다.[224]

구심성 세포는 신체 내부와 외부에서 들어오는 자극을 중추 신경계에 전달하고, 원심성 세포는 중추 신경계가 판단한 정보를 말단 운동 기관에 전달하는 역할을 한다.[225] 연합 세포는 두뇌와 같은 중추 신경계를 구성하는 세포로서 정보 신호를 종합 판단하여 지시하는 기능을 수행한다.

감각 정보가 운동으로 실행되기까지 배후에서 무수히 많은 연합 세포들이 예측, 판단, 비교 활동에 참여하고 있다. 뇌 신경망에서 감각 → 종합 판단 → 운동 실행의 과정에 참여하는 신경세포의 수를 비교해 보면 인간의 경우 감각 세포 10 : 연합 세포 10만 : 운동 세포 1의 비율이라고 한다.[226]

---

223 김웅진 『생물학 이야기』(서울: 행성비, 2015). 260쪽.
224 모든 체세포는 동일한 DNA를 갖고 있기 때문에 뇌에서 순수한 DNA 총량을 추출한 후 체세포 한 개의 DNA양으로 나누면 뇌세포 개수를 추정할 수 있지만 오류가 많다. 일반적으로 1,000억 개, 860억 개, 210억 개, 140억 개 등으로 다양하게 추산되고 있다.
225 운동 정보는 속도를 필요로 하므로 원심성 세포의 길이는 구심성 세포보다 길어 1m에 달하는 것도 있다.
226 움베르또 마뚜라나 · 프란시스코 바렐라, 최호영 역 『앎의 나무』(서울: 갈무리, 2007). 180-

뇌 신경망 차원에서 원숭이가 사과를 보고 움켜쥐는 과정을 살펴보면 개략적으로 다음과 같다. 먼저 원숭이에게 사과를 보여주면 20-40ms의 시간이 지나서 구심성 세포에 의해 원숭이 망막에 사과의 감각상이 맺힌다.[227] 사과의 감각상은 70ms의 시간이 지나면 대뇌 후두부에 전달되어 후두부의 1차 시각 영역에서 모호한 느낌으로 인식된다. 모호한 느낌은 후두부의 2차 시각 영역인 다중감각 연합 세포에 의해 기억 속의 색깔, 모양과 결합함으로써 비로소 사과라는 형상으로 구체화된다. 대뇌와 소뇌는 상호 작용을 거쳐 운동 실행 계획을 마련하고 실행 계획은 190ms의 시간이 지나면 원심성 세포에 의해 척수를 타고 팔과 손으로 내려간다. 처음 자극이 들어간 지 250ms 곧 0.25초의 시간이 흐르면 원숭이가 사과를 보고 손을 뻗어 움켜쥠으로써 동작은 완료된다.[228]

신체 반응을 목적으로 하는 동물의 뇌와 달리 인간의 뇌는 정보를 보다 잘 처리할 수 있도록 진화되어 왔다. 뇌 신경세포의 구조는 정보 신호를 효율적으로 전달할 수 있도록 특화되어 있는데 세포핵이 있는 본체, 본체에 연결된 나뭇가지 모양의 수상돌기, 세포 본체에서 뻗어 나온 가늘고 긴 축삭으로 이루어져 있다.

182쪽.
227 시각에 의해 상이 만들어지는 과정만 살펴보더라도 시신경 → 쌍극 세포 → 신경절 세포 → 외측 슬상체 → 1차 시각 피질의 단순 세포 → 복합 세포 → 초복합 세포의 과정을 거친다.
228 박문호 『뇌, 생각의 출현』(서울: 휴머니스트, 2009). 330-332쪽.

세포의 핵에는 세포가 필요로 하는 단백질 정보가 존재한다는 점에서 다른 세포들과 다르지 않다. 뇌세포가 다른 세포들과 다른 점은 세포 본체와 연결되어 마치 통신선과 유사한 기능을 수행하는 신경 섬유에 있다.

신경 섬유는 수상돌기와 축삭의 2가지 형태가 있는데 수상돌기는 정보 신호가 들어오는 부위에 있고, 축삭은 정보 신호가 나가는 방향에 있다. 수상돌기가 정보 신호를 받아오면 축삭은 정보 신호를 다음 신경세포로 전달하는 기능을 수행한다.

축삭을 둘러싸고 있는 말이집(수초) 세포는 신경세포에 영양분을 공급하면서 전기 누설을 방지하는 절연체 역할을 한다.

축삭은 수초로 덮여 있지 않으면[229] 정보 신호가 주변으로 확산되고 속도가 느려진다. 사람들이 무지근한 통증을 경험하는 경우가 이에 해당한다.

뇌 신경세포의 수초화 정도는 부위와 나이에 따라 다르다. 생명 활동에 필수적인 척추 부위는 태아기에 완성되고 자율 신경의 중추인 간뇌는 출생 후 1세까지 수초화가 완료된다.

대뇌의 경우 15세경까지 수초화가 진행되는데 특히 판단 활동과 관련된 전전두엽의 경우 사춘기 이후에도 학습과 경험에 의해 수초화가 지속적으로 이루어진다.

---

[229] 무수 신경세포라고 부른다.

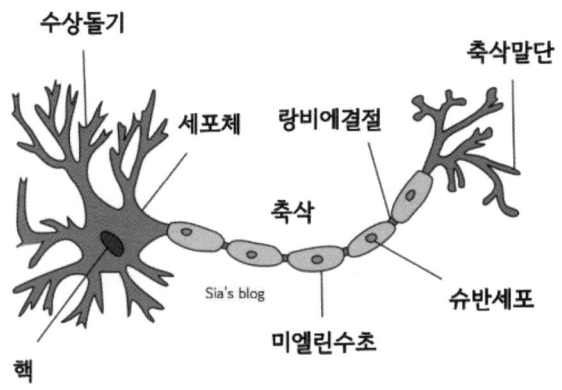

〈수상돌기, 수초, 축삭의 모형〉

뇌 신경세포들이 서로 연결되는 부위를 시냅스라고 부른다.[230] 시냅스는 마이크론 단위의 매우 작은 공간을 말하는데 세포 한 개에 수백 개에서 수만 개에 이르는 시냅스가 있다.

시냅스는 신경 회로를 구성하고 촉진/억제 방식의 생물학적인 정보 신호를 만들어낸다는 점에서 컴퓨터 소자인 반도체와 유사한 기능을 수행하고 있다. 인간의 뇌가 860억 개의 뇌세포로 구성되어 있다는 점을 감안하면 인간의 뇌 신경망은 수십 조개의 축삭과 시냅스에 의해 작동되는 거대한 정보처리 시스템이라고 말할 수 있다.[231]

---

230 시냅스 간극은 50분의 1μm로서, 전자 현미경으로 관찰된다.
231 대뇌 피질에 있는 피라미드 모양의 '추체세포(椎體細胞)'는 수만 개의 시냅스를 갖고 있다. 대체로 성냥 대가리만 한 뇌 부위에 10억 개가량의 시냅스가 있다. 제럴드 에델만, 황희숙 역 『신경 과학과 마음의 세계』(경기도: 범양사, 2010). 36-41쪽.

시냅스 개수와 구조는 학습에 의해 현저하게 변한다. 뇌세포는 새로운 시냅스를 만들어 세포들 간 연결성을 높이기도 하고 기존의 시냅스를 가지치기하여 연결성을 축소하기도 한다. 인간의 정신은 새로운 시냅스가 형성되거나 소멸하면서 정보의 연결과 단절 상태가 반복되는 상시적인 현상과 밀접하게 관련된다.

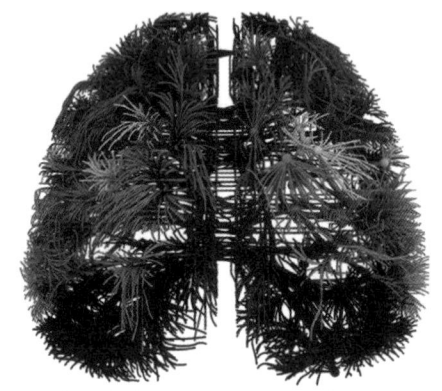

〈뇌 신경망〉

제2절. 뇌파

뇌파는 뇌의 파동, 곧 뇌 신경망에서 만들어지는 전기적인 신호를 말한다. 과학자들은 이미 오래전부터 두뇌의 활동 상태에 따라 뇌파의 강도와 파형이 달라진다는 사실을 알고 있었다. 특히 사람들이 사랑, 신뢰, 공감의 감정을 느낄 때면 뇌파가 유사한 패턴을 보였다. 뇌파 연구는 정보학의 영역에서 1960년대에 정보 신호의 주파수 분석 기법인 '파워 스팩트럼 분석법'[232]이 개발되면서 빠르게 발전하였다.

연구에 따르면 뇌파의 주파수는 1Hz에서 100Hz 이상에 달하는 다양하고 넓은 영역대를 갖고 있다. 어린 아기의 뇌파와 성인이 수면을 취할 때 뇌파는 1-4Hz이고 아동의 뇌파나 성인의 졸음, 각성, 명상 시의 뇌파는 4-7Hz대로 나타났다. 8-13Hz대는 성인들의 일반적인 주파수로 불리는데 노년이 되기까지 거의 변하지 않는다. 14-30Hz대는 운동과 같은 활동적인 상태 또는 불안한 생각, 정신 집중 시에 나타난다.[233] 30Hz 이상의 고주파 대역은 고차원적인 인지 활동과 밀접하게 관련되는 것으로 알려져 있다.[234] 뇌신경망의 다양한 주파수 대역은 두뇌 활동 시의 파동 에너지를 표현하고 있다.

물리학자들은 뇌파가 물리적인 현상임에도 불구하고 뇌파 연구에서 대부분 손을 뗐는데 뇌파를 만들어내는 신경세포의 수가 너무 많았기 때문이다. 현대 수학은 순간 순간 동시다발적으로 만들어내는 천문학적인 숫자의 뇌파를 분석하기에는 아직 미흡한 실

---

[232] 생체 신호 또는 화상, 음성, 통신 신호 분석에 사용되는 기법으로 시간에 따라 변화하는 데이터를 주파수 영역으로 변환시켜 특성을 살펴보는 방식을 말한다.
[233] 은헌정 『정신건강 의학과 의사를 위한 뇌파의 기초』(한국뇌신경학회, 2019. 5). 58-76쪽.
[234] 크리스토프 코흐, 김미선 역 『의식의 탐구』 (서울: 시그마프레스, 2006). 44-45쪽.

정이다.

뇌파 연구는 소강 상태에 있다가 1980년대 이후 카오스 개념과 복잡계 이론에 의해 새로운 전기를 맞게 된다. 카오스 이론은 물리적인 현상이 자연의 법칙을 따르고 있다 하더라도 상상을 초월하는 수많은 변수들이 관여하고 있다면 예측이 불가능하여 확률적으로 표현될 수밖에 없다는 것을 내용으로 한다. 1985년 네덜란드 물리학자인 바블 요얀츠는 실험과 관찰을 통해 수면 상태의 뇌파가 카오스적이라고 주장하였고 그 후 여러 상태에서 측정된 뇌파가 카오스적이라는 분석 내용들이 쏟아졌다.

과학자들은 정신 현상을 복잡계(complex system) 이론으로 설명하기도 한다. 복잡계란 수많은 구성 요소들이 상호 작용을 통해 창발적으로 새로운 질서를 만들어내는 시스템을 말한다. 복잡계 이론가들은 뇌 신경망 안에서 수많은 변수들이 상호 작용함으로써 자아, 기억, 감정, 생각과 같은 정신 현상을 창발적으로 만들어낸다고 주장한다.

카오스와 복잡계 이론의 배경에는 자연 법칙인 '에너지 최소화의 원리'가 있다. 아무리 예측이 불가능한 자연 현상이라고 해도 그 이면에는 근원 에너지와 관련된 단순한 질서가 작용한다는 것이다. 복잡계 이론을 이해시키기 위해 자주 거론되는 현상이 바로 '나비 효과'이다. 나비 효과는 흔히 남미 열대 우림지대의 나비 한 마리가 날갯짓하면 한 달 후 유럽에서 폭풍우가 일어난다는 식으로 설명된다.

천문학적인 개수의 신경세포와 시냅스로 구성된 뇌 신경망은 정보 신호를 처리하는 과정에서 외부 환경, 몸의 상태, 신경계 구조에서 오는 수많은 변수들의 영향을 받고 있다.

뇌파 연구에 의하면 인간의 창의성은 평소에 정보 신호를 주고받지 않던 뇌의 영역들이 활발하게 상호 작용하면서 생기는 현상으로 설명된다. 그동안 사람들은 창의성을 전두엽과 같은 고차원적인 두뇌 영역의 기능으로 보았지만 뇌가 전체적으로 두루두루 참여하고 있었고 이를 40Hz대의 특정 주파수가 통합하고 있었던 것이다.

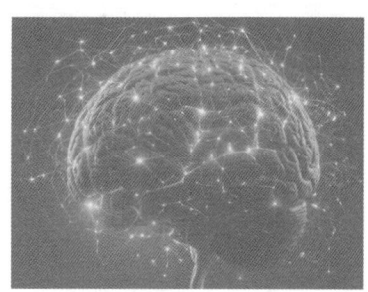

제3부

파동적 자아

• 제1장 •

자아란 무엇인가?

　종교와 철학에서 가장 큰 깨달음은 자신의 참모습을 아는 것이라고 한다. 이것은 그만큼 자신이 누구이고 무엇인지 알기 어렵다는 것을 뜻한다.

　사람들은 '나'라는 인간이 신체와 정신으로 구성되어 있다고 생각하지만 정작 '나' 자신이 누구인지 자문해 보면 답하기가 쉽지 않다. 내가 생각과 감정의 주인인지 아니면 생각과 감정이 나를 만드는지조차 알 수 없다. 내가 나를 탓하기도 하고 때로는 나를 칭찬하기도 한다. 탓하는 주체는 누구이고 객체는 무엇이란 말인가?

　자아에 관한 무지는 인간과 사회의 무지로 이어질 수밖에 없다. 오늘날 사회 제도는 과거에 비해 진보한 것 같지만 인간의 양심은 조금도 변함이 없는 것처럼 보인다.

전쟁은 주체와 수단만 바뀌었을 뿐 예나 지금이나 도처에서 잔혹한 방식으로 끊이지 않고 진행 중이다. 인간 관계는 더욱 파편화되고 대립적으로 변하였다. 서로의 만남은 가상의 공간으로 제한되고 끼리끼리 관계 맺는 것을 선호하면서 관용에 인색하다.

근대적인 자아 개념은 데카르트로부터 시작되었다. 데카르트의 자아는 '사유의 주체'를 의미하는데 사유하는 동안에만 추론된다는 점에서 인지적인 자아를 의미한다고 볼 수 있다.

오늘날 자아 개념은 사람들에게 익숙하면서도 다양한 영역에서 매우 포괄적으로 사용됨으로써 오히려 그것이 무엇인지 더욱 알 수 없게 만들었다.[235]

윌리엄[236]의 자아는 '총체적으로 자신에게 속한다고 인지되는 모든 것'을 의미하고[237], 로저스[238]의 자아는 '조직적이고 일관적으로 의식에 떠오르는 전체적인 것[239]'을 말하며 마르쿠스[240]의 자아는 '정신과 행동을 통제하고 제어하는 내면의 적극적인 행위자'를 뜻한다. 미국의 뇌 신경 과학자인 조제프 르두(1949-)는 자

---

[235] 송인섭 『자아 개념』(서울: 학지사, 2013). 51-56쪽.
[236] 제임스 윌리엄(1842-1910). 미국 실용주의를 확립한 철학자, 심리학자.
[237] 자아를 물질적, 사회적, 정신적, 순수 자아의 네 차원으로 구별하고, 자아는 개인과 사회 환경과의 상호 작용을 통해 형성되는 것이라는 점을 강조.
[238] 칼 로저스(1902-1987)는 미국의 심리학자로 인간 유기체설을 주장.
[239] 철학적 용어인 '게슈탈트'를 의미.
[240] 개리 마르쿠스(1970-)는 미국의 심리학자로 주로 뇌와 인지 과학, 마음의 기원을 연구하였다.

아란 '뇌 신경망의 시냅스 시스템'을 의미한다고 주장하였다.[241]

현대 철학자인 비트겐슈타인(1889-1951)[242]은 '나'라는 존재란 '세계는 나의 세계이다'라는 명제와 동일한 의미를 갖는다고 말한다. 나는 단순히 세계를 구성하는 일부가 아니라 형이상학적인 주체로서 세계를 규정짓는 경계선과 같다는 것이다. 비트겐슈타인에 따르면 생각하는 주체 또는 무엇을 드러내는 주체와 같은 것은 없다. '나'는 곧 '내가 해석한 세상' 그 자체를 의미하기 때문이다.[243]

현대 발달 심리학에서 말하는 자아는 대체로 외부에서 관찰한 생각과 행동을 토대로 구성된 자아를 의미한다. 타자에 의해 구성되는 관념적인 자아는 사회관계망 안에서 그 사람이 수행하는 역할만큼이나 다면적이고 다층적이다.

'나'는 누구의 아버지이고 아들이며 남편으로 표현되고 이 때문에 발달적 자아는 보편적인 인간이 따라야 할 규범의 구속을 받게 된다. 그러나 '나는 누구이고 무엇인가'라는 질문은 언제나 해결되지 못한 숙제로 남게 된다.

---

241 조지프 르두, 강봉균 역 『시냅스와 자아』(경기도: 동녘사이언스, 2022), 66쪽.
242 오스트리아의 분석 철학자. 논리 실증주의와 일상적인 언어 철학에 많은 영향을 끼쳤다.
243 철학아카데미편 『현대 철학의 모험』(서울: 도서출판 길, 2007). 340-361쪽.

인지 심리학과 뇌 과학의 관점에 의하면 자아는 정보 현상의 주체인 파동적 자아를 의미한다. 파동적 자아는 순간 순간 파동들의 중첩과 간섭의 영향을 받는 '과정 속의 실체'이기 때문에 개념화하기가 쉽지 않다. 사람들은 직관적으로 '나'라고 부를 수 있는 정신적인 실체가 존재한다고 생각하면서도 그것을 무엇이라고 설명하지 못한다. 마치 말하는 인형의 실체가 궁금하여 배를 갈라보았더니 몇 개의 부속품만 보일 뿐 아무것도 볼 수 없었다고 말하는 것과 같다.

파동적 자아는 저장된 정보와 새로운 정보를 비교하여 이항성의 형식에 담아냄으로써 다양한 정신 현상을 만들어낸다. 뇌 신경망에 새로운 정보가 입력되지 않으면 저장된 정보가 활성화되지 않고, 저장된 정보가 없으면 새로운 정보의 의미를 파악할 수 없다.

• 제2장 •

새롭게 구성되는 자아

제1절. 신체와 정신

　전통 철학은 신체와 정신을 엄격하게 구분해왔지만 오늘날 인지 심리학은 신체와 정신의 유기적인 관계를 강조하고 있다.
　인간이 일차적으로 환경을 만나는 것은 다른 생명체들과 마찬가지로 정신이 아닌 신체이다. 우리는 신체화된 정신을 통해 내가 누구이고, 나와 관계 맺고 있는 외부의 대상이 무엇이며 삶의 방향을 어떻게 정하여 살아갈 것인지에 대해 판단하고 고민하면서 살고 있다.[244]
　심지어 아메바와 같은 하등 생물도 신체 기능을 통해 대상을 다

---

244 M. 존슨, 노양진 역 『마음속의 몸』 (서울: 철학과 현실사, 2000). 61-62쪽.

가갈 수 있는 것과 도망쳐야 할 것으로 범주화하고 있다. 인간을 포함한 모든 동물들이 변화무쌍한 환경 속에서 생존할 수 있었던 것은 신체와 결합한 정신 능력 때문이다. 이러한 인지 심리학의 관점을 따르게 되면 '범주화란 순수 이성의 산물'이라는 칸트적 사고 방식은 설 자리가 없게 된다.

인지 심리학은 그동안 신체가 정신의 근원임을 수없이 논증해왔음에도 사람들은 이를 매우 도발적인 주장으로 보는 경향이 있다. 신체가 정신의 근원이라는 관점은 서구의 전통에 위배될 뿐 아니라 앞으로 세상과 인간을 어떻게 이해하면서 살아가야 할 것인지에 대해 전반적으로 재검토해야 하는 부담을 안겨주기 때문이다.

'신체와 정신의 관계'를 다루는 것 자체가 인간에게 익숙한 이원론적인 사고를 배경으로 삼고 있을 만큼 신체와 정신의 유기적인 관계를 표현하는 일은 참으로 어려운 일이다.[245]

그렇다면 사람들은 하나로 결합되어 있는 신체와 정신을 왜 마치 둘인 것처럼 인식할까? 그것은 인간이 실제로 그렇게 체험하기 때문이다.

신체는 정신을 존재시키지만 정신이 출현하는 순간 마치 정신

---

[245] 마크 존슨, 김동환·최영호 역 『몸의 의미』(서울: 동문선, 2012). 27-28쪽.

으로부터 도피하여 배경으로 물러나는 것처럼 보인다. 이에 대해 메를로 퐁티(1908),[246] 마이클 폴라니(1891-1976)[247]와 같은 현대 철학자들은 '신체는 세상을 경험하는 과정에서 점점 희미해지고 심지어 숨어야 한다'고 표현하였다.

신체와 정신이 전체적으로 통합된 하나임에도 인간이 이원론적으로 경험하는 것은 뇌 신경망과 파동적 자아의 존재 방식 때문이다.[248] 입자적인 뇌 신경망과 파동적인 자아는 선택적으로 자신을 드러낸다는 점에서 마치 원자의 이중성을 닮은 것처럼 보인다.

뇌세포는 입자 물질이면서 파동을 잘 처리할 수 있는 특화된 구조를 갖고 있고, 자아는 파동이면서 입자적으로 저장된 기억을 구성 요소로 삼고 있다. 자아는 파동적인 동시에 입자적인 성질도 함께 갖고 있기 때문에 외부 자극이 주어지면 저장된 정보와 새로운 정보를 결합함으로써 비로소 자신을 드러낼 수 있다.

미국의 인지 언어학자인 조지 레이코프(1941-)는 '인간의 물리적인 경험은 어떻게 정신적인 층위로 확장되는가?'의 문제를 다루는 과정에서 체험주의라는 새로운 은유 이론을 창시하였다. 그는

---

[246] 프랑스의 현상학과 실존주의 철학자. 당시 사르트르의 관념적인 철학에 반대하여 몸과 의식의 관계를 강조하였다.
[247] 영국의 화학자, 물리학자로서 많은 업적을 남겼으며 과학 철학자로서 당시의 실증주의를 비판함으로써 과학의 본성 문제를 제기하였다.
[248] 마크 존슨, 김동환·최영호 역 『몸의 의미』(서울: 동문선, 2012). 34쪽.

'은유'[249]를 인지 활동과 관련지어 설명하였는데 여기서 은유란 문학적 기교를 뜻하는 것이 아니라 인간의 사유 활동을 이끌어가는 원리를 의미한다.

과학자들은 비논리적이고 추상적이라는 이유로 은유를 폄훼하는 경향이 있지만 은유는 감각적으로 알 수 있는 것과 알 수 없는 것을 연결해 주는 다리와 같다. 인간의 삶 전반에 스며 있는 추상적인 진리, 곧 질서는 은유를 통해 표현될 수밖에 없기 때문이다.

특히 은유는 창조적인 사고의 토대이다. 예를 들면 뉴턴은 사과가 떨어지는 것을 보고 보이지 않는 힘이 작용한다고 생각하였고 그 힘은 달과 태양에도 동일하게 작용할 것이라고 상상함으로써 중력의 법칙을 발견할 수 있었다. 인간에게 유추하고 은유하는 능력이 없었다면 사람들은 진리, 곧 추상적인 자연의 질서를 발견해 낼 수 없었을 것이다.[250]

인지 심리학의 은유 이론에 따르면 정신 현상의 근원은 신체적인 경험이다. 신체적인 경험은 뇌 신경망 안에서 기호를 통해 은유적으로 처리됨으로써 다양한 정신 현상을 출현시킨다.

개개인의 물리적인 경험은 주관적일 수밖에 없다. 사람들은 주관적인 경험을 은유를 통해 추상적인 경험으로 전환함으로써 비

---

249 metaphorical mapping.
250 로버트 루트번스타인 · 미쉘 루트번스타인, 박종성 역 『생각의 탄생』(서울: 에코의 서재, 2016). 190-212쪽.

로소 타자와 소통할 수 있게 된다.[251]

예를 들면 길가에 있는 특이한 형태의 바위는 단순한 물리적 대상이지만 그것을 시각적으로 경험한 후 누구는 단단한 돌멩이를 연상하고 누구는 불상을 떠올리며 누구는 선녀와 닮았다고 생각한다. 각자 주관적으로 경험한 바위는 정신 안에서 유사성과 차이라는 추상의 형식을 통해 은유화됨으로써 비로소 소통이 가능한 상태가 된다. 나아가 돌멩이, 불상, 선녀는 정신 안에서 또다시 은유의 소재가 되고 중층적인 은유를 통해 침묵, 자비, 용서와 같은 좀 더 고차원적인 의미로 발전함으로써 세상은 점점 더 추상적이 되어 간다.

제2절. 언어학의 기호적 자아

부호와 기호는 서로 구분되는 개념이다. 부호는 우주의 존재 방식인 차이를 표현하고, 두뇌의 작동 방식인 기호는 차이를 해석하는 도구이다.

이것이 가능한 이유는 부호와 기호가 추상적인 정보 형식을 공유하고 있기 때문이다. 단지 부호가 전달하는 메시지는 우주의 질서이고 기호가 전달하는 메시지는 해석된 질서라는 점에서 다를

---

251 노양진 『기호적 인간』(서울: 서광사, 2021). 9쪽.

뿐이다. 인간의 사유는 궁극적으로 우주의 부호를 기호화하여 질서를 부여하는 과정으로 볼 수 있다.

인간은 대상을 쪼개고 분류하여 기호화하는 일에 익숙하다. 사람들은 태어나는 순간부터 이름, 주소, 주민번호로 기호화되고 성장과 더불어 학생, 회사원과 같은 다양한 명칭이 주어진다. 인간의 사회화는 다양한 영역에서 자신을 기호화하여 여러 질서에 편입시키는 과정으로 볼 수 있다.

언어 기호학의 창시자인 페르디낭 드 소쉬르(1857-1913)[252]에 따르면 기호는 표현의 형식인 기표와 메시지를 전달하는 기의로 구성된다. 여기서 기표는 단순한 알파벳 부호와 같은 것이고 기의는 언어가 표현하려는 의미를 말한다.[253]

소쉬르와 함께 기호학의 창시자로 불리는 찰스 샌더스 퍼스(1839-1914)[254]는 미국이 낳은 가장 독창적이고 다재다능한 철학자로 알려진 인물이다. 소쉬르가 기호를 언어의 관점에서 다룬 것과 달리 그는 기호를 인간의 보편적인 경험을 가능하게 하는 형식 논리학의 관점에서 접근하였다.

퍼스에 따르면 세상은 기호로 가득 차 있다. 우주는 인간에게 자신을 기호적인 술어로 드러내고 인간은 우주를 기호적으로 바

---

252 스위스의 언어학자. 근대 구조주의 언어학의 창시자로 불린다.
253 조창연 『기호학과 뇌인지 과학의 커뮤니케이션』(서울: 커뮤니케이션북스, 2014). 33-34쪽.
254 미국의 철학자. 현대 분석 철학과 기호 논리학의 선구자로 평가받는다.

라본다. 그는 우주와 자아가 기호적인 망에 의해 연속적인 관계를 맺고 있다고 주장하였다.[255]

퍼스는 일단 언어로 표현된 모든 것은 논리적이라고 주장한다. 언어적인 모든 문장은 참과 거짓을 떠나 형식적인 논리의 구조를 갖추고 있는데 그것이 가능한 이유는 논리의 배경이 되는 기호적인 망이 작용하기 때문이다.[256]

외부의 자극은 뇌 신경망 안에서 기호로 발전하여 언어적인 기호가 된 후 기호 논리적인 조작을 통해 새로운 관념을 만들어낸다. 다시 말하면 뇌 신경망 안에서 의미가 부여되는 과정은 다름 아닌 논리의 흐름이고 논리적인 흐름은 추론의 순환 고리를 형성함으로써 새로운 관념을 만들어낸다.

퍼스는 인간이란 기호적으로 사유하고 기호를 통해 자신의 정체성을 드러내기 때문에 인간의 생각이 기호이고 기호가 곧 자아라고 주장하였다.[257]

---

[255] 김성도 『기호, 리듬, 우주』(경기도: 인간 사랑, 2007). 84-85쪽.
[256] 이윤희 『찰스 샌더스 퍼스』(서울: 커뮤니케이션북스, 2017). 20-23쪽.
[257] 조창연 『기호학과 뇌인지 과학의 커뮤니케이션』(서울: 커뮤니케이션북스, 2014). 159-160쪽. (퍼스의 collected paper 5. 313-314)

제3절. 인지 심리학의 정보적 자아

인지 심리학의 자아는 정보 현상의 주체를 의미한다. 여기에는 신체와 정신, 곧 신체적인 감각 → 뇌 신경망 → 추상적인 정신 현상이 불가분의 관계를 맺고 있다는 점을 전제하고 있다.

오늘날 인지 심리학은 언어학, 인류학, 심리철학, 유전학, 뇌 신경과학, 컴퓨터 정보 과학을 비롯하여 다양한 학문들과 학제적인 관계를 맺고 새로운 관점으로 자아에 접근하는 길을 열어가고 있다.

외부에 실재하는 것을 어떻게 알 수 있는가의 문제와 관련하여 오랫동안 실재론과 관념론의 대립을 피할 수 없었지만 인지 심리학은 이를 통합적으로 이해하고 있다.

인지 심리학에 의하면 외부에 실재하는 것은 신체적인 지각을 통해 뇌 신경망 안으로 들어온 후 신경 회로를 통해 처리되고 저장된 후 정신 현상의 밑거름이 되기 때문에 실재론과 관념론은 연속적인 관계에 놓인다.

인간의 뇌 신경망은 대략 860억 개의 신경세포와 최대 1,000조 개에 이르는 시냅스로 구성되어 있다. 뇌세포들은 집합체의 형태로 상호적인 관계를 맺고 있는데 서로 집합의 크기가 다르기 때문에 감각된 정보는 뇌세포 차원의 범주화 과정을 거치게 된다.

예를 들면 인간의 눈에는 1억 개의 시각 세포가 존재하지만 두뇌로 통하는 신경 회로는 압축된 100만여 개의 세포로 구성되어 있다. 이것은 물질인 뇌 신경망이 자신의 존재 방식을 통해 대상을 1차적으로 범주화하고 있음을 의미한다.[258]

1950년대의 인지 심리학은 마음을 컴퓨터의 알고리즘과 유사한 정보 시스템으로 보았다. 이러한 소박한 관점은 오래 가지 못하고 1970년대의 2세대 인지 심리학이 출현하여 정신 현상을 '신체화된 마음'과 관련지어 생각하기 시작하였다.

인지 심리학은 정보 현상의 주체인 자아를 신체화된 마음과 기호 논리적인 은유 이론의 관점으로 바라보고 있다. 미국의 인지 심리학자인 존슨 레어드(1936-)는 뇌 신경망 안에서 추론적으로 작동되는 정신적인 모형에 관심을 가졌다. 그는 인간의 경험을 물리적인 층위와 기호적 층위로 구분하고, 기호적 경험은 물리적 경험이 창발적으로 확장된 국면이기 때문에 태생적으로 물리적 경험에 의해 강력하게 제약될 수밖에 없다고 말하였다.[259]

전통 철학의 최고선 또는 절대자는 본성상 초월적이기 때문에 현상계 밖에 있으면서 동시에 현상계에 개입해야 하는 역설을 피

---

[258] G. 레이코프 · M. 존슨, 임지룡 외 3인 역 『몸의 철학』(서울: 박이정, 2002). 48-49쪽.
[259] 노양진 『기호적 인간』(서울: 서광사, 2021). 41-42쪽.

해 갈 수 없다. 유한한 인간이 초월적인 것에 열망하는 것은 어찌 보면 자연스러운 현상이지만 이러한 역설을 어떻게 해소할 것인가의 문제를 해결해야 한다.

인지 심리학은 정보적 자아의 물리적 경험과 기호적 경험의 관계에서 역설에 대한 답을 찾고 있다. 인지 심리학자들은 물리적 경험과 추상적인 기호의 관계 안에서 마음이 어떻게 우리를 추상적인 세계로 이끌어가는지에 관한 보편적인 조망점을 찾을 수 있을 것이라고 믿고 있다.[260]

제4절. 뇌 과학의 파동적 자아

신체와 정신의 관계, 언어학의 기호적 자아, 인지 심리학의 정보적 자아는 뇌 과학의 파동적 자아로 수렴된다.

뇌 과학은 뇌 신경망 안에 우리가 파동적인 자아라고 해석할 수 있는 추상적인 모형이 존재한다고 말한다. 파동적 자아는 뇌 신경망이 만든 파동들의 집합체로서 정보처리 과정에서 중첩과 간섭에 의해 통합적인 질서체가 될 때 비로소 '파동적 자아'로 현상화된다고 볼 수 있다.

파동적인 자아는 매 순간 중추 신경계로 들어오는 다양한 감각

---

[260] 노양진 『기호적 인간』(서울: 서광사, 2021). 54-55쪽.

정보와 기존의 자기 자신을 비교함으로써 세상을 바라보는 관점과 해결해야 할 과제 사이에서 최적의 상태를 추구하고 있다.[261] 뇌 신경망의 파동 에너지가 활성화되는 과정은 추상적인 자아가 자신의 관점을 업데이트함으로써 자신의 존재감을 드러내는 순간이라고 말할 수 있을 것이다.

뇌 과학자 미겔 니코렐리스(1961-)는 이러한 뇌 신경망의 파동적인 자아에 대해 이렇게 말한다.[262]

뉴런의 초라한 전자기 폭풍으로부터 물질적 실재를 다듬는 위대한 조각가, 곧 우리의 장대하고 비극적인 역사의 작곡가이자 유일한 건축가가 등장하였다. 그는 자연의 가장 심오한 미스터리를 파헤치는 통찰력 넘치는 조사자이고, 인류 기원의 잡힐 듯 잡히지 않는 진리를 쉬지 않고 찾아 나서는 탐구자이며, 환상술의 대가이자 정통에서 벗어난 신비주의자이고 수많은 재능을 가진 예술가이다.

오스트리아의 물리학자인 에른스트 마흐(1838-1916)는 우주 만물이 동일한 요소로 구성되어 있음을 강조하면서 그것이 뇌 안에 나타날 경우 그것을 단지 감각이라고 부를 뿐이라고 말한다. 그는

---

261 미겔 니코렐리스, 김성훈 역 『뇌와 세계』(경기도: 김영사, 2021). 118쪽.
262 미겔 니코렐리스, 김성훈 역 『뇌와 세계』(경기도: 김영사, 2021). 20-21쪽.

뇌 속에는 외부 세계와 정보 교환 과정에서 생긴 산더미 같은 감각만이 존재한다고 주장하였다.[263]

인간의 뇌 신경망은 수백만 년의 진화 과정을 거치면서 정보적인 감각을 입자성과 파동성으로 표현할 수 있는 특화된 구조를 갖게 되었다고 볼 수 있다.

파동적 자아는 고전 역학의 입자적인 사고로는 설명되지 않는다. 파동의 속성인 불확정성, 이중성, 중첩, 간섭, 얽힘으로 인해 언제나 가변적인 상태에 있기 때문이다.

뇌 신경망의 파동적인 자아는 물리계에 속하는 신체와도 일정한 거리를 유지하고 있다. 뇌세포가 만들어 사용하는 생명 에너지는 몸 전체의 20% 정도로 고정되어 있다. 뇌세포의 발화 빈도가 올라가면 뇌 신경망은 다른 뇌세포의 발화 빈도를 낮추어 전체적인 활성화 정도를 일정하게 유지하고 있다.

신체는 탄수화물, 단백질, 지방을 생명 에너지원으로 삼고 있지만 뇌 신경망은 광합성 작용의 산물인 탄수화물만을 에너지원으로 사용한다. 탄수화물의 포도당이 화학 반응에 가장 효율적으로 반응하기 때문이다.

그동안 인지 과정과 기억, 생각, 감정 등의 정신 현상에 관하여

---

263 R. D. 프레히트, 윤순식·원당희 역 『내가 아는 나는 누구인가』(서울: 교학도서, 2022). 74-75쪽.

단편적인 논문들이 수없이 발표되었지만 정작 정신 현상의 주체인 자아 탐구는 답보 상태를 면하지 못하고 있다. 이와 관련하여 인지 과학과 뇌 과학은 파동적인 정보 현상의 주체라는 새로운 관점으로 자아에 접근하고 있다.

영국의 요절한 천재 신경학자인 데이비드 마(1945-1980)는 인간의 뇌가 고도화된 정보처리 장치라고 정의하면서도 이러한 관점이 인간의 가치를 부정하거나 비하하는 것은 아니라고 주장하였다. 그는 인간의 가치란 궁극적으로 정보처리의 관점에서 논해져야 하고 인간의 정보 능력은 인간의 존엄성을 높이는 것이라고 말하였다.[264]

---

[264] 매튜 코브, 이한나 역 『뇌 과학의 모든 역사』(경기도: 푸른숲, 2021). 363-364쪽.

• 제3장 •

양자 역학과 파동적 자아

제1절. 소우주인 인간

예로부터 '인간은 곧 소우주(Microcosmos)'라는 말이 전해 내려오고 있다. 이것은 우주가 인간에 의해 인식되고 인간은 우주를 통해 알려진다는 것을 의미한다.[265] 그렇다면 우주와 인간은 어떻게 서로 소통할 수 있을까?

우주와 인간은 엄청나게 다르다. 무엇보다 우주는 인간에 비해 상상을 초월할 만큼 크고 넓다. 우리 은하계의 별은 10^{11}개 정도이고 우주에는 이러한 은하계가 10^{10}개 정도 존재하는 것으로 알려져 있다. 대부분의 우주 공간은 아무것도 없는 진공 상태이다. 우

---

265 미겔 니코렐리스, 김성훈 역 『뇌와 세계』(경기도: 김영사, 2021). 20-28쪽.

리가 우주를 여행한다면 광활한 공간을 이동하는 동안에 우주선의 움직임을 느끼지 못하다가 이따금 창가를 스치는 먼지들을 만날 때 비로소 이동 중이라는 사실을 알게 될 것이다.

이와 달리 인간의 몸은 상상을 초월할 만큼 작은 것들로 빈틈없이 가득 차 있다. 인간의 몸은 수십조 개에 달하는 살아있는 세포들로 구성되어 있고 각각의 세포는 수십만 종의 단백질로 이루어져 있으며 단백질 분자를 구성하는 원자들의 거리는 0.1-0.2나노미터에 불과하다.[266] 우리 몸에 빽빽이 들어차 있는 원자와 분자들은 끊임없이 서로 충돌하면서 화학 반응을 일으켜 자신의 구조와 성질을 바꾸고 있다.[267]

인간과 우주가 소통할 수 있는 것은 어떤 유사성을 공유하고 있기 때문이다. 현대 과학은 그것이 원자의 존재 방식과 밀접하게 관련된다고 생각하기 시작하였다. 원자의 존재 방식은 우주, 인간, 자아가 어떻게 서로 관계 맺고 있는지 설명해 주는 해설서와 같다. 원자 → 분자 → 생명 물질 → 인간 → 뇌 신경망 → 정신 현상 → 자아로 이어지는 현상은 원자를 구성하는 전자의 이중성과 밀접하게 관련된다.[268]

---

266 1나노미터는 10^{-9}m.
267 프란시스 크릭, 김명남 역 『생명 그 자체』(경기도: 김영사, 2015). 25-28쪽.
268 한스 크리스천 폰 베이어, 전대호 역 『과학의 새로운 언어, 정보』(서울: 승산, 2009). 38쪽.

사람들은 자신의 신체가 원자로 구성되어 있다는 사실을 망각하고 살아가지만 우리 몸을 빈틈없이 채우고 있는 것은 원자이다. 인간의 몸은 30조 개에 달하는 세포로 구성되어 있는데 체세포 1개에만 4,000만 개의 단백질 분자가 들어 있다. 대략적으로 30조 개×4,000만 개의 단백질 분자가 신체 구조를 형성함과 동시에 생명 현상을 통제하고 있다고 볼 수 있다.

그러나 단백질 분자의 종류는 단지 3만여 가지이고 우리 몸을 구성하고 있는 원자는 25가지 정도에 불과하다.[269] 결국 25가지의 원자가 거의 무한한 개수의 복사본을 만들어 우리 몸을 채우고 있다고 볼 수 있다. 이것은 생명 현상이 아무리 복잡해도 이면에 원자의 존재 방식이라는 단순하고 추상적인 원리가 작용하고 있음을 시사한다.

원자는 이온, 입자, 파동의 형태로 모든 생명 현상의 배후에서 보이지 않게 작용하고 있다. 예를 들면 사물을 본다는 것은 시각세포의 전자가 광자를 만난다는 것을 의미한다.

시신경세포에 있는 레티날이라는 화학 물질은 팔처럼 구부러져 있다가 빛 에너지를 받으면 기지개를 펴듯 팔을 쭉 펼치게 된다. 이것은 원자가 빛을 만나 세포의 화학 구조가 바뀌면서 인식 활동

---

[269] 팀 콜슨, 이진구 역 『존재의 역사』(전북: 하움출판사, 2024). 19-21쪽.

이 시작됨을 의미한다.[270]

2004년 노벨 물리학상 수상자인 미국의 프랭크 윌첵(1951-)은 인간의 신체가 대체로 10^{28}개의 원자로 이루어져 있으며 이것은 관측할 수 있는 우주의 별들을 합한 것보다 많다고 한다. 그는 원자들이 화학적으로 반응하거나 서로 결합하여 생명 물질을 만들기 때문에 생명 현상은 양자 역학과 전자기 법칙에서 예외가 될 수 없다고 말한다.[271]

특히 인간의 두개골이라는 좁은 공간에서 천문학적인 개수의 원자들이 입자인 동시에 파동의 모습으로 무한 충돌하는 모습은 우리의 상상력을 자극하기에 충분한 조건이라고 말할 수 있을 것이다.

제2절. 양자 역학적인 정신 현상

자연 현상 중에는 실재하지만 감각할 수 없는 것들이 무수히 많은데 대표적인 예가 파동적인 전자기 현상이다. 전자기장은 실험과 관측에 의해 실체가 확인되지만 인간은 그것을 감각할 수 없다. 빛은 전자기장 안에서 전기력과 자기력이 짝을 이루어 서로를

---

[270] 김성근 외 9인, 『빛(Light)』(서울: 휴머니스트 출판그룹, 2016). 47-50쪽.
[271] 프랭크 윌첵, 김희봉 역 『이토록 풍부하고 단순한 세계』(경기도: 김영사, 2022). 193-195쪽.

밀어주기 때문에 절대 속도로 이동할 수 있다.

　전기와 짝을 이루고 있는 자기는 전기와 동일한 에너지를 표현하고 있지만 전기와 달리 실체가 정확하게 알려져 있지 않다. 맥스웰의 전자기 방정식에서도 전기의 속성인 전하만을 언급하고 자하는 단지 수학적으로 추정될 뿐이다.[272] 자기의 속성인 자하는 존재하지만 그것은 실체로 규정되지 않는다.[273]

　양자 역학의 코펜하겐 해석[274]에 따르면 전자기 현상의 주체인 원자는 인간의 관찰 이전에는 파동 에너지로 존재하기 때문에 그것의 실재 여부에 대해 말할 수 없다고 한다. 이러한 양자 현상이 무엇을 의미하는지와 관련하여 그동안 다양한 학설들이 제기되어 왔는데 그중에 학계의 주목을 받는 장회익 교수(1938-)[275]의 '서울 해석'이 있다.

　서울 해석은 양자 역학을 물리적인 현상으로 한정하지 않고 인간의 인식과 관련짓는다. 인간이 미지의 세계를 인식하려면 상응하는 관념과 인식 장치들이 전제되어야 하는데 서울 해석은 인간의 인식 과정을 양자 역학적으로 분석하다 보면 관찰과 정보의 문

---

272 마이클 다인, 이한음 역 『우주로 가는 물리학』(서울: 은행나무, 2022). 259-260쪽.
273 양자 역학은 이를 '자하의 홀극은 존재하지 않는다'라고 표현한다.
274 코펜하겐 해석은 양자 역학의 통설로 받아들여지고 있는데 핵심 내용은 원자의 불확정성 원리와 상보성 원리이다.
275 서울대 물리학 교수를 역임하고 명예교수로 활동. 과학과 철학, 과학과 환경의 접목을 시도하는 사상가로 평가받고 있다.

제로 귀결된다고 주장한다.[276]

원자의 존재 방식이 관찰자 의존적이라는 말은 원자의 상태와 관찰자의 정신 현상이 불가분적인 관계를 맺고 있음을 시사한다.

현대 물리학자들도 양자 역학이 모든 것의 배후에서 보편적인 원리로 작용하고 있기 때문에 정신 현상도 언젠가는 양자 역학의 범주 안에서 해결될 수 있을 것으로 보고 있다.[277] 양자 역학의 거장들인 슈뢰딩거, 보어, 델브릭, 하이젠베르그, 위그너, 폴라니, 엘자서와 같은 물리학자들은 양자 역학과 생명 과학은 서로 무관하지 않다고 생각하였다.[278]

미국의 심리학자인 아놀드 민델(1940-)은 『양자 심리학』에서 심리적인 간섭 현상을 양자 역학과 관련지어 설명함으로써 물리학과 심리학의 통합을 시도하였다. 그는 심리적인 간섭이란 2개의 서로 다른 심리 작용에 의해 생기는 현상을 말하는데 그것들이 입자적으로 서로 충돌하여 심리적인 장애를 일으키거나 또는 파동적으로 조화를 이루어 더 큰 에너지와 행복을 가져다줄 수 있다고 주장한다.[279]

---

276   장회익 외 9인 『양자, 정보, 생명』(경기도: 한울엠플러스, 2016). 79-86쪽.
277   브라이언 그린, 박병철 역 『엔드 오브 타임』(서울: 미래엔, 2021). 207-211쪽.
278   조앤 베이커, 배지은 역 『일상적이지만 절대적인 양자 역학지식 50』(서울: 반니, 2016). 267쪽.
279   아놀드 민델, 양명숙 · 이규환 역 『양자 심리학』(서울: 학지사, 2011). 255-257쪽.

양자 역학에서 '슈뢰딩거의 고양이'는 원자의 존재 방식과 관찰자와의 관계를 설명하는 일종의 사유 실험에 해당한다.

상자 안에는 고양이와 독가스병과 입자적인 원자를 생산하는 장치가 들어 있다. 입자적인 원자가 언제 어떻게 만들어질 것인지는 자연의 확률을 따른다. 만약 입자가 만들어지면 충돌로 병이 깨져 독가스에 의해 고양이가 사망하게끔 설계되어 있다. 외부의 관측 행위는 원자의 존재 방식에 영향을 주기 때문에 상시 관찰자는 없는 것으로 가정한다.

그렇다면 상자 속의 고양이는 어떤 상태일까? 고전 물리학에 의하면 확률적인 사건이 일어난 어느 순간부터 고양이는 확정적으로 죽어 있거나 아니면 살아있어야 한다. 그러나 양자 역학에 따르면 상자를 열어 관찰하기 전까지 고양이는 살아있는 것도 죽어 있는 것도 아닌 상태이며 상자를 열어 관측할 때 비로소 고양이의 상태가 확정된다.

슈뢰딩거는 원래 양자 역학의 해석에 무언가 불완전한 점이 있음을 강조하기 위해 이러한 사유 실험을 제시했지만 오히려 양자 역학을 정확하게 이해시키는 결과를 초래하였다. 거시적인 고전 물리학의 관점을 취하면 고양이의 생사는 확정적이지만 미시적인 양자 역학의 관점을 따르면 고양이의 삶과 죽음은 공존하는 상태가 된다.

슈뢰딩거의 고양이를 어떻게 받아들여야 할까? 물리적으로는 도저히 이해될 수 없는 현상이지만 정보의 주체인 인간의 정신이 양자 역학적임을 받아들이면 정보적인 확률에 의존하는 고양이 상태는 지극히 당연한 것이 된다.

동일한 맥락에서 닐스 보어는 궁극적인 실재란 사물 자체가 아니라 사물에 관한 지식, 곧 확률로 수량화된 정보의 총합이라고 말하였다. 이러한 닐스 보어의 관점은 존 휠러에게 계승되었고 안톤 차일링거에게 영감을 주었다. 그들의 일관된 입장은 '과학이 다루는 것은 언제나 정보이다'라는 말로 요약된다.[280]

양자 역학의 신비는 한마디로 미시적인 세상에서 모든 물질은 무작위적으로 입자 또는 파동이 될 수 있다는 것으로 요약될 수 있다.

양자 물리학 실험실의 빛살 가르개는 빛의 입자성과 파동성을 가르는 물리적인 장치이다. 빛살 가르개를 통해 빛의 입자성을 관찰하게 되면 탐지 장치가 딸깍 소리를 내면서 빛의 이중성은 파괴되고 입자가 된다. 반대로 딸깍 소리가 나지 않으면 파동적인 상태로 남게 된다.

실험에 의하면 이러한 빛의 이중성은 모든 물질 입자에서 동일하게 적용된다. 단단한 물질에 빛을 입사시키고 빛살 가르개의 탐지 장치를 적당히 개조하면 입자인 동시에 파동인 빛과 동일한 결

---

[280] 한스 크리스천 폰 베이어, 전대호 역 『과학의 새로운 언어 정보』(서울: 승산, 2009). 101-103쪽.

과를 얻을 수 있다.

우리는 단단한 고체의 간섭과 중첩 현상을 도무지 이해할 수 없지만 자연 속에서는 흔히 일어나는 현상이다. 그렇다면 왜 우리는 일상 생활에서 중첩 현상을 인지하지 못할까? 그것은 원자가 너무 작기 때문이다. 그럼에도 미시 세계의 간섭과 중첩 현상은 일상적이고 실재적이다.

슈뢰딩거의 파동 함수는 양자적인 현상을 기술하는 수학적인 도구로서 확률의 도움으로 입자에 관한 모든 것을 설명해내고 있다.[281] 여기서 주목할 점은 파동 함수가 슈뢰딩거라는 물리학자의 정신적인 산물이라는 사실이다. 이것은 궁극적으로 자연의 모든 것은 인간의 파동적인 정신에 의해 확정되기를 기다리는 정보의 상태로 존재한다는 것을 시사하는 것처럼 보인다.

제3절. 큐비트와 비트

양자 역학에 따르면 원자는 한정된 장소에 확실하게 존재하는 것이 아니라 단지 '존재하려는 확률적인 경향성'만을 보여준

---

[281] 한스 크리스천 폰 베이어, 전대호 역 『과학의 새로운 언어 정보』(서울: 승산, 2009). 244쪽.

다.[282] 파동적인 자아와 정신 현상의 배후에는 이러한 양자 역학적인 속성이 작용하고 있다고 볼 수 있다.

2022년에 노벨 물리학상을 수상한 안톤 차일링거(1945-)[283]는 1990년대부터 양자의 공간 이동과 관련한 실험에 몰두하였다. 그는 철학적 과제인 존재의 문제가 어떤 방식으로든 양자의 수수께끼와 관련되어 있다는 확신을 갖고 있었고 그것이 인간의 본성을 드러내 줄 것이라고 믿었다.

차일링거는 1996년에 양자 역학의 거장들이 쓴 편지글을 총괄적으로 논평하는 작업을 거쳐 '양자 역학의 해석과 철학적인 토대에 관하여'라는 제목의 논문을 발표하였다. 그리고 3년 후인 1999년에 '양자 역학의 근본 원리'라는 과감한 제목의 논문을 발표하였는데 핵심 내용은 '기본적인 계는 1비트의 정보를 운반한다'는 것이었다.

에너지 보존법칙, 상대성 원리처럼 매우 단순한 메시지를 담고 있는 차일링거의 원리는 '물리학은 세계 자체가 아니라 다만 세계에 대하여 말할 수 있는 것만을 기술한다'라는 보어의 주장을 기반으로 하고 있다.

차일링거는 만약 양자 역학의 뿌리가 정보라면 필연적으로 정

---

282 프리초프 카프라, 이성범 · 김용정 역 『현대 물리학과 동양사상』(서울: 범양사, 1998). 83쪽.
283 오스트리아의 양자 물리학자. 양자 기술의 핵심 원리를 증명해냄으로써 노벨 물리학상을 수상하였다.

보의 근본 단위는 가장 단순한 명제인 '예 또는 아니오'가 될 것이며 여기에는 반드시 '예 또는 아니오'로 답할 수 있게 구성된 질문이 선행되어야 한다고 생각하였다.

우리는 현실에서 대체로 '무엇'에 대해 묻는 경향이 있지만 그러한 질문은 정보로 답할 수 없는 복합적인 질문이다. 차일링거에 의하면 복합적인 질문은 '예/아니오'를 묻는 질문으로 환원되어야 한다. 차일링거는 질문에 대한 답이 정보적인 확률로 주어질 것이라고 주장하였다.[284] 오늘날 원자의 이중성은 관찰자인 인간에 의해 정보의 세상에서 1과 0이라는 정보의 단위가 되어 기호 논리학의 기초를 이루고 있다.[285]

양자 역학에 의하면 우주의 가장 근원적인 상태는 '입자 또는 파동'이 아니라 '입자 그리고 파동'이다. 정보 단위로는 큐비트이며 논리 기호로는 AND로 표기된다. AND가 OR로 바뀌는 현상은 인간의 관찰, 곧 정신이 개입할 때 생긴다.

인간의 개입에 의해 자연은 입자 또는 파동의 상태로 전환되고 정보 단위는 큐비트에서 0 또는 1이라는 확정적인 비트로 바뀌며 논리 기호로는 OR로 표기된다. 다시 말하면 정보는 '1 그리고 0'의 상태로 존재하다가 인간의 관찰이 이루어지면 무작위적으로 0 또

---

[284] 한스 크리스천 폰 베이어, 전대호 역 『과학의 새로운 언어 정보』(서울: 승산, 2009). 310-313쪽.
[285] 한스 크리스천 폰 베이어, 전대호 역 『과학의 새로운 언어 정보』(서울: 승산, 2009). 254쪽.

는 1의 형태로 확정되어 1비트의 정보가 만들어진다.

이것은 물리계의 불확정적인 큐비트 상태가 인간의 정신 안에서 1비트라는 확실한 정보 단위로 전환됨을 의미한다.

파동적 자아는 물질계의 큐비트 상태에 대응하는 정신 현상의 주체라고 말할 수 있다. 파동적 자아의 큐비트 상태는 무한한 가능성의 원천이다. 궁극적으로 불확정적이고 예측 불가능한 방식으로 큐비트 속에 비트가 내포되어 있기 때문이다.[286]

파동적 자아의 큐비트와 정신 현상인 비트는 자아의 객관성과 주관성의 원천이다. 큐비트는 물질적인 원자의 상태를 말하고 비트는 인간의 정신 안에서 논리와 추론의 도구로 사용되기 때문이다.

정신 안에 큐비트 상태로 불확정적이고 모호하게 중첩되어 있던 물리계의 정보는 새로운 정보가 입력되면 1 또는 0의 비트로 확정되어 논리와 추론을 통해 질서적인 개념, 곧 다양한 정신 현상을 만들어낸다.

물질계의 원자와 정신계의 파동적 자아가 큐비트 상태이고, 큐비트와 비트가 일대일 대응을 이루어야 한다는 것은 매우 단순하면서도 심오한 통찰이다. 차일링거는 큐비트란 인간 앞에 놓여진 알 수 없는 실재를 구성하는 궁극적인 요소이고, 비트는 인간의 정

---

[286] 한스 크리스천 폰 베이어, 전대호 역 『과학의 새로운 언어 정보』(서울: 승산, 2009). 320-321쪽.

신 안에서 앎을 구성하는 궁극적인 요소라고 말한다.

파동적 자아와 정신 현상이 양자적이라는 말은 모든 인간이 이미 양자적인 세상을 이해할 수 있는 가능성 속에 있음을 의미한다. 단지 양자 현상을 언어적으로 개념화하는 데 어려움을 겪을 뿐이다. 인간의 정신은 양자적이기 때문에 언제나 불확정적이고 과거, 현재, 미래가 공존하고 있다.

양자 컴퓨터는 파동적 자아와 정신 현상이 큐비트와 비트의 관계라는 점에 착안하여 비트가 아닌 큐비트를 정보 단위로 삼기 위해 개발 중인 새로운 개념의 컴퓨터이다.

양자 컴퓨터가 상용화되기 위해서는 새로운 개념의 큐비트 소자를 찾아내고 이를 구현할 수 있는 알고리즘, 소프트웨어, 하드웨어 개발이라는 험난한 과정이 기다리고 있다.

• 제4장 •

파동적 자아의 구성

우리는 양자 역학의 도움으로 과거에 관념적으로 말해지던 것들을 입자 현상과 파동 현상으로 구분하여 표현할 수 있게 되었다. 인간은 물질의 근본 단위인 원자와 분자적인 세포, 그리고 파동적인 정신으로 구성되어 있으며, 우리는 자신 안에서 물질, 생명, 정신 현상이 불가분적으로 얽혀 있음을 직관적으로 느끼며 살아가고 있다.

인력과 척력(물질 현상), 선호와 기피(생명 현상), 옳음과 그름(정보 현상)은 서로의 영향 속에 있고 기억, 생각, 감정, 행동은 서로 뒤죽박죽인 채로 경험되기도 한다. 이것을 어떻게 설명할 수 있을까?

현대 과학은 뇌 신경망이 만든 파동적 자아에 주목하고 있다.

파동적 자아는 관념이 아닌 파동 에너지를 갖는 물리적인 실체이다. 인지 과학의 관점을 따르게 되면 정보 현상의 주체인 파동적 자아는 뇌 신경망에 의해 출현하는 ① 원자가 만든 물질적인 정보 신호 ② 신경 전달 물질이라는 분자가 만드는 생물학적인 정보 신호 ③ 뇌 신경망의 이항적인 작동 방식이 만든 기호 논리적인 정보 신호로 구성된다고 말할 수 있다.

뇌 신경망의 파동적인 정보 신호들은 상시적인 중첩과 간섭의 상태에서 물질적인 정보 신호 → 생물학적인 정보 신호 → 기호 논리적인 정보 신호의 연속적인 복합체로 존재한다.

정신 현상은 파동적 자아의 물질적, 생물학적 정보 신호를 토대로 저장된 정보 신호와 새로운 정보 신호의 기호 논리적인 비교와 연산을 통해 출현한다고 볼 수 있다. 파동적 자아의 복합체를 구성하는 정보 신호들은 파동이기 때문에 각자 자신의 물리적 성질을 갖고 파동적 자아에 참여하게 된다.

제1절. 물질적인 정보 신호

뇌세포의 막은 평상시에는 이온화된 나트륨(Na)과 칼륨(K) 원자에 의해 내부는 (-), 외부는 (+)의 분극 상태를 유지하고 있다.[287] 그러나 세포가 자극을 받으면 이온 농도의 삼투 현상을 통

---

287 이러한 인위적인 질서는 나트륨-칼륨 펌프(Na^+-K^+)에 의해 강제적으로 유지되는데, 이때 생명

해 세포막의 내부는 (+), 외부는 (-)로 탈분극화되고 이러한 탈분극 현상에 의해 전기적인 파동이 만들어진다.[288] 뇌세포의 전기적인 발화는 초당 400번가량 일어나고 시속 160km 정도로 전달된다.[289]

신체 내부와 외부의 자극에 의해 생기는 전기 신호는 뇌 신경망 전체에 골고루 전달되지만 자극과 관련된 영역은 활성화되고 그렇지 않은 영역은 비활성화된다.[290]

원자는 동일한 에너지를 갖는 입자와 파동으로 존재하지만 입자와 파동의 존재 방식은 근본적으로 다르다.

입자는 질량의 형태로 에너지를 표현하기 때문에 서로 만나면 충돌하여 방향이나 성질이 변하게 된다. 반면에 파동은 흐르는 에너지와 같아서 서로 만나면 중첩과 간섭을 일으켜 새로운 파동을 만들어낸다. 이때 원래의 파동은 소멸한 것처럼 보이지만 중첩과 간섭 현상이 사라지면 다시 자신의 파형을 회복하게 된다.

뇌 신경망 안에는 뇌세포의 개수만큼이나 무수히 많은 파동들이 존재하고 중첩과 간섭을 통해 끊임없이 새로운 파동들을 만들

에너지가 사용된다.
288 평상시 휴지기의 막전위는 -70mV인데, 역치값인 -50mV를 넘는 자극이 주어지면 35mV 정도의 활동 전위가 되고 자극이 약하면 활동 전위가 만들어지지 않는다.
289 강봉균 외 8인 『뇌(Brain)』(서울: 휴머니스트, 2016). 55-57쪽.
290 앨런 재서노프, 권경준 역 『생물학적 마음』(경기도: 김영사, 2021). 193-194쪽.

어내고 있다. 파동들은 중첩과 간섭에 의해 파동 에너지가 강화되거나 약화될 수 있고 강화된 파동은 뇌 신경망의 변형을 초래하여 입자적인 기억의 형태로 저장된다.

파동의 원인인 자극은 신체 내부의 것과 외부의 것으로 구분되지만 일단 파동이 만들어지면 중첩과 간섭에 의해 통합된 상태를 지향하게 된다.

뇌 신경망의 전기 신호는 자극의 유무 또는 자극의 전달 여부에 따라 존재 여부가 결정되기 때문에 궁극적으로 ON/OFF라는 디지털적인 속성을 갖게 된다.[291]

제2절. 생물학적인 정보 신호

원자가 만든 물리적인 전기 신호는 뇌세포의 말단에서 분비되는 신경 전달 물질이라는 분자 물질에 의해 생물학적으로 의미 있는 정보 신호로 전환된다.[292]

세포막의 전기 신호는 축삭을 타고 말단까지 내려와 시냅스를 거쳐 다음 세포로 전달되는데 이때 말단 소포에 들어 있는 신경 전달 물질을 터뜨리게 된다. 시냅스 공간으로 배출된 신경 전달

---

291 미겔 니코렐리스, 김성훈 역 『뇌와 세계』(경기도: 김영사, 2021). 67-68쪽.
292 미겔 니코렐리스, 김성훈 역 『뇌와 세계』(경기도: 김영사, 2021). 86쪽.

물질은 이어지는 세포의 수용체와 결합함으로써 전기 신호가 연속적으로 이어지게 한다.

축삭은 말단에서 여러 가닥으로 갈라지므로 전기 신호는 여러 세포들에게 동시다발적으로 전달된다. 이러한 현상을 정보 신호의 발산이라고 부른다. 그러나 신경 전달 물질의 양이 충분하지 않으면 발산이 이루어지지 않는다. 전기 신호가 이어지려면 0.001초 내외로 시냅스에 폭격을 가하듯이 신경 전달 물질이 거의 동시적으로 충분하게 분비되어야 한다.[293]

이에 따라 전기 신호는 축삭의 전기적 파동 → 시냅스의 화학적 진동 → 축삭의 전기적 파동을 반복하면서 흐르게 된다. 미국의 신경 과학자인 조제프 르두(1949-)는 『시냅스와 자아』에서 이를 다음과 같이 표현하고 있다.

뉴런들 사이의 의사소통 과정은 대체로 전기적-화학적-전기적이다. 전기적 신호가 축삭을 타고 내려와 화학적 신호로 바뀌고, 이 화학적 신호가 다음 세포에서 전기적 신호를 만들도록 도와준다. 따라서 뇌가 하는 대부분의 일들은 경험을 전기적-화학적-전기적으로 부호화함으로써 이루어진다고 보면 된다. 상상하기조차 어렵겠지만 뉴런들 사이에서 벌어지는 전기 화학적인 수다

---

[293] 조지프 르두, 강봉균 역 『시냅스와 자아』(경기도: 동녘사이언스, 2022). 92쪽.

(talkative)에 의해 경이로운 정신 현상들이 만들어진다.[294]

    뇌세포들이 신경 회로를 구성하려면 발화를 돕는 '글루타메이트'라는 신경 전달 물질이 필요하다. 이와 함께 발화된 세포를 원래의 상태로 되돌리는 기능도 있어야 하는데 이것이 '가바'라는 또 다른 신경 전달 물질이 수행한다. 결국 뇌 신경망 전체의 활동 전위가 만들어질 수 있는지 여부는 글루타메이트와 가바 사이의 균형에 달려 있다고 볼 수 있다.[295]
    글루타메이트와 가바는 뇌 신경망의 활동 방식을 이해할 수 있는 매우 중요한 키워드이지만 다른 화학 물질들의 영향 속에 있는데 그것이 바로 신경 조절 물질이다.

    신경 전달 물질과 조절 물질은 시냅스에서 전기 신호 연결을 돕는다는 점에서 구분이 모호하지만 가장 큰 차이점은 시간과 관련된다. 글루타메이트와 가바는 신속히 작용하고 빠르게 소멸하기 때문에 순식간에 전기적 변화를 일으키고 소멸한다. 반면 신경 조절 물질은 상대적으로 작용이 느리지만 오래 지속되는 효과를 내기 때문에 뒤따라 분비되는 신경 전달 물질의 작용을 증폭시키거나 억제하는 효과를 낸다.

---

294 조지프 르두, 강봉균 역 『시냅스와 자아』(경기도: 동녘사이언스, 2022). 93쪽.
295 조지프 르두, 강봉균 역 『시냅스와 자아』(경기도: 동녘사이언스, 2022). 99-111쪽.

뇌 신경망에는 50여 종류의 신경 조절 물질이 있는 것으로 알려져 있다. 펩타이드계[296], 아민계[297], 호르몬계[298] 등이 대표적인 신경 조절 물질이다. 이들은 어떤 회로에 참여하느냐에 따라 흥분성 효과를 내기도 하고 억제성 효과를 내기도 한다. 모든 정신 현상의 이면에는 흥분성 글루타메이트와 억제성 가바가 있고, 여기에 펩타이드, 아민, 호르몬과 같은 신경 조절 물질들이 관여하여 전기 신호의 강도를 조절하고 있다.

이것은 생물학적 정보 신호가 물질적인 정보 신호와 마찬가지로 자연의 보편법칙인 이항성의 형식에 의존하고 있음을 시사한다.

생물학적인 정보 신호는 마치 통신선과 같은 수많은 신경 회로를 통해 전달되는데 신경 회로들은 위계 구조를 형성하여 정보를 처리하고 있다. 예를 들면 시각의 망막 회로가 광선을 탐지하여 시각 시상에 보내면 또 다른 회로가 이를 받아 지각 현상을 만들어낸다. 대표적인 예로 보상 회로(Reward Circuit)를 들 수 있

---

[296] 가장 널리 알려진 것은 펩타이드는 아편성 펩타이드인 엔돌핀과 엔케팔린이다. 이들은 통증과 스트레스에 의해 분비가 유발되며 특수한 수용체들에 달라붙어 통증 감각과 기분을 변화시킨다.

[297] 세로토닌, 도파민, 에피네프린 등이 아민계에 포함된다. 주로 뇌간에서 만들어지지만 이 세포들의 축삭은 뇌 전체에 두루 퍼져 있기 때문에 뇌의 여러 영역에 영향을 미친다. 정신질환 치료에 쓰이는 상당수의 약들이 모노아민에 변화를 가함으로써 효과를 발휘한다.

[298] 부신, 뇌하수체, 생식선 등에서 분비되어 혈액순환계를 타고 뇌까지 전달된다. 다른 조절 물질들과 마찬가지로 글루타메이트나 가바의 전달 과정의 효율성을 변화시킨다. 남성 호르몬인 테스토스테론과 여성 호르몬인 에스트로겐도 신경 전달을 비롯한 뇌 기능에 깊은 영향을 미친다.

다.[299]

　사람들이 즐거움을 느끼면 신경 조절 물질인 도파민이 분비되어 정보 회로를 형성한다. 도파민 신호는 기억을 담당하는 해마체와 감정을 담당하는 편도체로 전달되어 즐거운 행동을 기억하게 만든다. 도파민 신호는 전두엽에도 전달되는데 전두엽의 판단에 의해 그 행동을 계속할 것인지가 결정된다. 전두엽이 즐거움을 억누르기로 판단하면 또 다른 신경 조절 물질을 분비하여 억제 기능을 수행하게 한다. 이 때문에 전두엽의 판단력이 부족하면 즐거움만을 지속적으로 추구함으로써 중독 현상에 빠진다.

　새로운 도파민 경로의 생성은 기존 경로의 소멸보다 어렵다. 이 때문에 한번 즐거움을 추구하면 중간에 멈추는 것이 쉽지 않다. 청소년들의 올바른 습관이 무엇보다 중요한 이유는 뇌 신경망 안에서 도파민 경로의 생성과 소멸이 성인보다 쉽기 때문이다.

제3절. 기호 논리적인 정보 신호

　물질적, 생물학적인 정보 신호는 뇌 신경망을 전체적으로 흥분과 억제의 방식으로 반응하게 만들고 이러한 뇌 신경망의 작동 방식은 정보 형식인 기호가 된다. 기호적인 정보 신호는 기호 논리

---

[299] 뇌에서 보상 회로를 관장하는 중요 부위는 복측피개 영역 중격측좌핵, 전전두엽 피질로 알려져 있다. 복측피개 영역은 보상 회로를 통해 중격측좌핵과 전전두엽 피질에 도파민 신호 정보를 보낸다.

에 의해 생각과 감정으로 표현되고, 생각과 감정은 기호를 통해 다시 뇌 신경망에 저장된다.

뇌 신경망에 입자적으로 저장된 정보 신호는 다름 아닌 기억을 말한다. 새로운 정보가 입력되면 파동적 자아는 기억을 소환하여 새롭게 자신을 구성하고 다시 정보 신호를 처리하고 저장하는 과정을 반복하게 된다.

파동적 자아가 입자적으로 저장된 기억을 파동적으로 소환할 수 있는 것은 뇌 신경망-파동적 자아-저장된 정보 신호가 추상적인 정보 형식을 공유하고 있기 때문이다. 컴퓨터의 메모리 장치는 전기적인 자극과 자기적인 반응의 호환성에 토대를 두고 있는데 뇌 신경망의 기억 현상을 이해함에 있어서 시사하는 바가 크다고 볼 수 있다.

정보 신호들은 중첩과 간섭에 의해 파동 에너지가 강화되는 방향으로 진행되면 뇌 신경망의 변형을 일으켜 기억이라는 입자적인 형태로 새겨지게 된다. 기억 현상은 해마의 시냅스에 가해지는 전기적 자극의 강도와 밀접하게 관련되는데 해마에서 기억을 강화시키는 전기적 강도를 '강화된 자극(LTP)'[300]이라고 부른다.

인간의 뇌 신경망은 마치 가시처럼 생긴 대략 1,000조 개의 시냅스들로 구성되어 있다. 시냅스의 가시는 학습과 경험에 의해 커

---

300 Long Term Potentiation. 1-2초 동안 폭발적으로 반복하는 전기 자극을 말한다.

지기도 하고 작아지기도 하는데 이를 시냅스의 가소성이라고 부른다. 시냅스의 가소성은 새로운 자극이나 기억 현상과 밀접하게 관련되고, 신체적인 노화가 진행되면 가소성을 따라갈 수 없게 되면서 새로운 정보처리와 기억에 문제를 일으키게 된다.

기억과 무의식 연구로 노벨상을 수상한 오스트리아 신경학자 에릭 캔들(1929-)은 경험과 학습이 뇌세포로 하여금 특정 단백질(CREB)을 분비하게 만들고 그것이 시냅스 연결을 강화시키는 방식으로 뇌 신경망에 미세한 흔적을 남긴다는 사실을 확인하였다. 에릭 켄들은 『기억의 비밀』 서문에서 저장된 정보 신호에 대해 다음과 같이 말하고 있다.

모든 생각, 말과 행동은 우리의 경험을 기록하고 저장하는 뇌의 능력 곧 기억 덕분에 가능하다. 기억은 우리의 정신적인 삶을 하나로 결합하는 접착제요 개인적인 역사를 지탱하고 그 역사가 성장하고 변화할 수 있게 해주는 버팀목이다.[301]

정보의 형식은 뇌 신경망의 작동 방식에서 오지만 정보적인 의미는 기억에 의해 주어진다. 노벨상 수상자인 미국의 생물학자 제럴드 에델만(1929-2014)[302]은 뇌의 기능을 지각의 범주화, 기억,

---

301 에릭 켄델 · 래리 스콰이어, 전대호 역 『기억의 비밀』(서울: 북하우스 퍼블리셔스, 2016). 9-10쪽.
302 미국 신경과학연구소 소장을 역임하였고 1972년에 면역 연구로 노벨 생리의학상을 수상하였다.

학습으로 요약하면서 기억이 중추적인 역할을 수행하고 있다고 말한다.[303] 기억이 없다면 인지 활동은 물론 감정도 표현할 수 없고 일상적인 행동조차 불가능하다. 무의식적인 행동들도 대부분 학습을 통해 기억된 것들이다.

뇌 신경망은 생물학적으로 의미 있는 경험들을 정보 신호의 형태로 대뇌 피질에 저장해 두었다가 필요시 소환하여 새로운 신호와 결합함으로써 생각과 감정을 만들어낸다.

인간의 기억은 뇌의 여러 영역에 저장되어 있다. 예를 들면 할머니에 관한 기억은 주름진 얼굴, 흰머리, 목소리, 체형, 옷차림, 어린 시절의 추억과 같이 다양한 정보로 쪼개져 요소별로 뇌 전체에 분산되어 있다. 할머니를 회상할 경우 뇌 신경망은 분산된 정보들을 모아 통합된 기억을 만들어낸다.

뇌 기억 시스템은 정보를 차례 차례 저장한다.[304] 예를 들면 펭귄을 학습할 경우 '날지 못하는 새'와 '헤엄칠 수 있는 새'라는 사실을 한꺼번에 주입시키는 것보다는 '날지 못하는 새'를 학습시킨 후 '헤엄치는 새'를 인식시켰을 때 학습 효과가 훨씬 크다. 이것을 연결주의 모델 또는 삽입식 학습이라고 부른다.

기억은 감각 기억, 단기 기억, 장기 기억으로 나누어진다. 먼저

---

303 제럴드 에델만, 황희숙 역 『신경 과학과 마음의 세계』(경기도: 범양사, 2010). 154-162쪽.
304 기억 상실은 오래된 기억보다 최근의 기억이 훨씬 더 심각하게 진행되는데 이러한 현상을 '리보 법칙(Ribot's law)'이라고 부른다.

감각 기억은 아주 짧은 순간의 기억으로서 감각 세포의 전기 신호가 정보 신호로 전환되어 처리 여부가 결정되기까지 존재하는 기억을 말한다. 시각 정보의 경우 이미지로 부호화되어 약 1초 정도 기억되고, 청각 정보는 소리 패턴으로 부호화되어 약 4-5초 정도 유지된다고 한다.

한편 단기 기억은 말단의 감각 세포 차원을 넘어 두뇌의 즉각적인 자각에 의해 일시적으로 존재하는 기억을 말한다. 단기 기억 중에는 컴퓨터의 CPU처럼 감각 기억에 대해 단기간의 작업이 이루어지는 정신 현상이 포함된다. 단기 기억은 일반적으로 20-30초 정도 유지되고, 기억 용량은 7unit으로 대단히 작기 때문에 반복을 통해 장기 기억으로 전환되지 않으면 빠르게 소멸한다.[305]

마지막으로 개개인의 자아 형성에 결정적인 역할을 수행하고 있는 장기 기억은 대뇌 피질의 대부분을 사용하기 때문에 용량과 유지 기간에 거의 제한이 없다. 장기 기억은 대뇌 피질에 분산 저장되는데 예를 들면 시각 정보는 시각처리 영역에서, 청각 정보는 청각처리 영역에서, 언어나 공간 정보는 언어 및 공간처리 영역에 저장된다.[306] 해마체의 단기 기억은 수면 중에 기억의 경화 현상이 일어나 장기 기억으로 전환된다. 이때 대뇌 피질은 장기 기억

---

[305] 미국의 인지 심리학자인 조지 밀러(1920-2012)는 "마법의 수 7±2: 정보처리 용량의 한계"라는 논문을 통해 사람들은 다섯 개에서 아홉 개 사이의 제한된 수의 항목만을 단기 기억의 상태로 유지할 수 있다고 주장하였다.
[306] 대뇌의 해마체가 대뇌 피질의 장기 기억을 관리하고 있는 것으로 알려져 있다.

의 저장소인 새로운 단백질을 만들어낸다.

기억된 신호가 파동적인 신호로 소환되려면 반드시 새로운 정보 신호의 자극이 선행되어야 한다. 뇌 신경망의 정보 신호는 뇌 신경세포와 시냅스의 상호 작용에 의해 디지털적으로 저장되었다가 생물학적인 아날로그 신호로 재생될 수 있고 다시 디지털 신호로 저장될 수 있다.[307]

뇌 과학자인 미겔 니코렐리스(1961-)[308]는 뇌 신경망의 정보 신호가 디지털과 아날로그 방식이 결합된 하이브리드적인 신호라고 말한다. 파동적 자아는 하이브리드적인 정보 신호로 세상을 해석하고 다시 저장과 해석을 반복하면서 자신을 끊임없이 업데이트하고 있다고 볼 수 있다.

아우구스티누스(354-430)는 『고백록』에서 기억이 곧 영혼이고 자아라고 말한다. 아우구스티누스는 『고백록』 제10권을 할애하여 기억에 관해 자세히 전하고 있다.

드디어 기억의 널찍한 궁전인 대평원에 이르게 되었습니다. 여기야말로 감각 기관을 통해 들어온 헤아릴 수 없이 많은 영상을

---

[307] 미겔 니코렐리스, 김성훈 역 『뇌와 세계』(경기도: 김영사, 2021). 152-153쪽.
[308] 브라질의 뇌 신경 과학자이자 의사. 듀크대 신경생물학 교수이며 뇌-컴퓨터 인터페이스 기술 연구의 선구자로 평가받고 있다.

간직하고 있는 보고인 것입니다. 여기에서 '나'라는 자아가 마음 내키는 대로 무엇이든 내놓으라고 청하면 어떤 것은 당장 나오고, 어떤 것은 깊숙한 구석에 숨어 있었던 것처럼 한참 찾은 뒤에야 나오며 또 어떤 것은 무더기로 나오는 수도 있습니다.[309] 이 기억이라는 곳에는 온갖 것이 저마다 오감이라는 감각 기관을 통해 들어와서 그 종류에 따라 따로 따로 영상의 형태로 간직되어 있어 필요할 때마다 꺼내어 쓰는 것입니다.[310]

---

[309] 아우구스티누스, 최민순 역 『고백록』(서울: 바로로 딸, 2014). 396-398쪽.
[310] 아우구스티누스, 최민순 역 『고백록』(서울: 바로로 딸, 2014). 398-400쪽.

• 제5장 •

파동적 자아의 존재 방식

파동적 자아는 언어적으로 개념화하기가 쉽지 않지만 그럼에도 사람들은 직관적으로 파동적 자아라고 해석할 수 있는 정신 현상을 다양하게 표현해왔다.

펜로즈의 삼각형, 게슈탈트 심리학, 칼 융의 분석 심리학은 파동적 자아의 존재 방식을 이해하는 데 도움을 준다.

제1절. 펜로즈의 삼각형

양자 역학은 원자의 존재 방식을 3가지 상태 함수로 설명하고 있다. 슈뢰딩거의 파동 함수는 파동의 상태를, 하이젠베르그의 행렬 함수는 입자적인 상태를, 리처드 파인만의 경로 적분 함수는 두 함수 간의 에너지적인 관계를 표현하고 있다.

각각의 함수는 서로 무관해 보이지만 마치 삼위가 일체인 것처럼 결합되어 있다. 이것을 영국의 물리학자 펜로즈(1931-)는 불가능한 방식으로 조화를 이루고 있는 삼각형을 닮았다고 표현하였다. 펜로즈의 삼각형은 마치 원천 존재-파생 존재-관계적인 에너지가 불가사의한 방식으로 전체적인 단일성을 이루고 있는 것처럼 보인다.

〈펜로즈의 삼각형〉

펜로즈의 삼각형은 뇌 신경망-파동적인 자아-추상적인 정신 현상이 어떻게 서로 관계 맺고 있는지 설명해 주는 도구가 될 수 있다. 특히 언어의 삼원적 모형은 펜로즈의 삼각형을 닮은 정신 현상의 좋은 예가 될 수 있을 것이다.

20세기 초 소쉬르의 기호학은 언어를 기표(형식)와 기의(의미)라는 이원적인 구도로 보았지만 미국의 언어학자인 퍼스는 기호학이 언어뿐 아니라 인간의 사유 방식을 설명할 수 있는 일반 이론이 되어야 한다고 생각하였다. 그는 전통적인 기표와 기의 외에 의미를 해석해내는 주체를 덧붙임으로써 삼원적 모형을 만들어냈다. 당시 퍼스의 해석체 개념은 불투명하고 일관적이지 못하다는 비판을 면치 못하였지만 훗날 언어의 본질에 좀 더 접근하였다는 평가를 받게 된다. 그는 초기 저작에서 해석체를 일종의 관념으로 규정하였고 때로는 해석체를 어떤 효과라고 표현하기도 하였다.[311]

펜로즈의 삼각형은 원자와 파동적 자아의 존재 방식뿐 아니라 서로 불가사의한 방식으로 얽혀 있는 우주-생명-정신의 관계를 이해하는 데에도 도움을 준다.

현대 과학의 눈부신 발전에도 불구하고 과학에 의해 설명되지 않는 자연의 근원점들이 있다. 인과 법칙 또는 진화 현상만으로 해석되지 않는 그곳은 마치 새롭게 한계지어진 세상이 시작되는 지점처럼 보인다. 오늘날 경험 과학으로 설명하지 못하는 3개의 근원점을 꼽는다면 바로 우주, 생명, 정신이 시작되는 지점이라고 말할 수 있다.

우주에도 의식이 있을까? 인간의 정신은 본질적으로 뇌 신경망의 물리적인 파동 현상이다. 우주에는 입자 물질과 함께 수많은 파동들이 공존하면서 새로운 파동 현상들을 만들어내고 있기 때

---

[311] 노양진 『기호적 인간』(서울: 서광사, 2021). 167-186쪽.

문에 우주에 의식이 존재하는지 여부는 의식을 어떻게 개념화하느냐에 달려 있다고 볼 수 있다.

제2절. 게슈탈트 심리학의 전경과 배경

파동적 자아의 존재 방식은 게슈탈트 심리학의 형태론과 유사한 면이 있다. 1910년대에 독일에서 출현한 게슈탈트 심리학은 미국의 행동주의 심리학에 밀려 관심에서 멀어졌다가 1970년대 인지 심리학의 등장으로 다시 주목을 받기 시작하였다.

독일어 게슈탈트(gestalt)는 '형태'로 번역된다. 심리학자들의 관점이 조금씩 다르기 때문에 '게슈탈트'를 보편적으로 정의하는 것이 쉽지 않지만 게슈탈트의 개념 속에는 전체로서의 통합된 체계, 곧 창조적인 정신의 산물이라는 의미가 포함되어 있다.[312]

게슈탈트 심리학은 뇌가 빛의 개별적인 자극에 반응하도록 만들어진 것이 아니라 형태에 직접 반응하도록 고안되어 있다고 주장한다. 시각 세포는 빛을 매개 삼아 들어오는 대상에 단지 반응만 할 뿐 그것이 어떠하다고 결정하지 않는다. 빛이 전달하는 대상은 뇌 신경망 안에서 전체적인 사건이 되어 외부의 대상을 추상

---

312 김경희 『게슈탈트 심리학』(서울: 학지사, 2002). 38-40쪽.

적인 동형(同形)으로 존재시킨다.[313]

게슈탈트 심리학의 창시자인 독일의 쿠르트 코프카(1886-1941)는 뇌가 새로운 자극을 받으면 전혀 새로운 심리 현상을 만들어낸다고 믿었다. 예를 들어 촛불을 처음 만져보고 뒤로 물러서는 아동의 반응을 설명할 때 기존의 심리학은 시각 반응 → 통증 반응 → 운동 반응이 연속적으로 생겨난다고 보았지만 코프카는 뇌 신경망 안에서 자극과 반응만으로 설명할 수 없는 질적인 변화가 일어난다고 주장하였다. 그는 이를 '지각장의 변화'라고 불렀다.

심리적인 지각장은 물리적인 힘과 정신적인 힘의 상호 작용에 의해 만들어지는데 여기에는 현재의 지각뿐 아니라 과거의 기억, 미래의 계획, 욕망과 환상 등이 포함된다. 이렇게 만들어진 전체로서의 지각장은 구성 요소들로 환원되지 않는다는 점에서 창발적인 변화의 산물로 볼 수 있다.[314]

인간이 외부 세상과 관계 맺는 행위는 반드시 지각장의 물리적인 요소를 통해 실현된다. 이 때문에 외부 세상이 주관적인 마음의 영향을 받기도 하는데 예를 들면 마음이 따뜻하면 물리적인 온도와 관계없이 날씨가 춥지 않게 느껴지고 기분이 좋으면 달이 더

---

313 김경희 『게슈탈트 심리학』(서울: 학지사, 2002). 84쪽.
314 송송라오한, 홍민경 역 『심리학 산책』(서울: 시그마북스, 2010). 176-177쪽.

밝고 둥글게 보인다.[315]

게슈탈트 심리학은 주관적인 심리와 객관적인 세계가 서로 밀접하게 관계 맺고 있기 때문에 인간의 심리는 자연의 섭리에 어긋날 경우 불안해하며 이를 견디지 못한다고 말한다.[316]

게슈탈트 심리학에 따르면 뇌 신경망은 대상을 완결성, 근접성, 유사성의 원리에 입각하여 하나의 의미 있는 전체, 곧 게슈탈트로 조직화하여 지각하게 된다.

예를 들면 사람들은 책상을 마주할 때 먼저 전체적인 형태를 보고 나서 구성 요소를 하나씩 살펴보게 된다. 이 때문에 뇌 신경망이 만들어내는 정신 현상은 전체 안에서 전경과 배경의 관계로 출현한다. 어느 한순간에 관심의 초점이 되는 부분은 전경(前景, figure), 관심 밖으로 물러나는 부분은 배경(背景, ground)이 된다. 데이트 중인 남자에게는 여자 친구가 전경이고 수많은 주변 사람들은 배경으로 물러나 보이지 않는다. 사람들은 하루 동안 다양한 일들을 하였지만 의미 있는 전체로서 하루를 지각하는 경향이 있다. 예를 들면 하루 동안 많은 일을 하였음에도 말해지는 상황에 따라 '오늘은 그동안 밀렸던 집안일을 했다'라고 표현한다.[317]

---

[315] 송송라오한, 홍민경 역 『심리학 산책』(서울: 시그마북스, 2010). 178쪽.
[316] 김경희 『게슈탈트 심리학』(서울: 학지사, 2002). 43-47쪽.
[317] 김정규 『게슈탈트 심리치료』(서울: 학지사, 2015). 21-22쪽.

전경으로 떠올렸던 게슈탈트는 완결되고 나면 배경으로 물러나고 새로운 게슈탈트가 형성되어 전경으로 떠오르기 때문에 게슈탈트의 형성과 해소 또는 전경과 배경의 순환은 매 순간마다 자연스럽게 일어난다. 이러한 전경과 배경의 관계는 의식이 어떤 것에 집중하는지에 따라 서로 도치되기도 한다.

〈전경과 배경〉

현대 물리학의 장(field) 이론에 의하면 모든 물리적 현상은 고립된 채로 존재할 수 없고 전체적인 장 속에서 서로 영향을 주고받으면서 함께 변화한다. 게슈탈트 심리학은 이러한 장 이론이 인간의 행동이나 심리 현상에 그대로 적용될 수 있다고 믿었다. 즉 모든 개체는 유기체와 환경을 내포하는 전체적인 장의 관계성 안에 존재한다는 것이다.

제3절. 칼 융의 의식과 무의식

게슈탈트 심리학과 마찬가지로 칼 융의 의식과 무의식의 관계는 '과정적 실체'로 존재하는 파동적 자아를 함의하는 것으로 해석될 수 있다.

프로이드는 무의식을 억압된 성적 충동, 곧 억제된 의식으로 보았지만 제자인 칼 융은 의식에 속하지 않으면서도 자아와 관계 맺기를 기다리는 모든 심리적인 경향성을 통틀어 무의식이라고 불렀다.

융은 개인적 무의식과 집단적 무의식을 구분하였는데 개인적 무의식은 영향력이 미미해서 의식되지 못하는 것, 단순히 잊혀진 것, 무슨 이유로 억압되어 의식되지 못하는 것 등을 말하고, 집단적 무의식은 정신 작용에 여러 가지 영향을 주는 선천적인 무의식을 의미한다.

개인적 무의식은 태어나서 경험한 것들이기 때문에 사람들마다 서로 다르지만 집단적 무의식은 모든 인간에게 선천적으로 주어져 보편적으로 존재한다.[318]

융은 개인적 무의식의 배후에 집단적 무의식이 있고 집단적 무의식의 심연에 다양한 심리적 원형들이 존재한다고 주장하였다.

---

[318] 이부영 『분석 심리학 – C. G. 융의 인간 심성론』(서울: 일조각, 2014). 74쪽.

심리적 원형은 모든 인간에게 보편적으로 존재하는 정신의 핵과 같은 것으로서 정서적 반응을 일으키는 엄청난 에너지를 갖고 있다. 이 때문에 심리적 원형이 만드는 감정은 신성함, 감동, 공포로 다가온다.

융은 심리적 원형이란 인간이 태어날 때부터 갖게 된 선험적 조건으로서 인류가 출현한 이후 오늘날까지 수없이 반복되었고 앞으로도 반복될 근원적인 것이라고 말한다. 융에 따르면 삶과 죽음, 사랑과 미움, 남성과 여성, 빛과 어둠, 창조주와 피조물, 현자와 우둔한 자 등은 인류 탄생 이후 사람들이 느끼고 생각하며 행동해온 모든 경험의 침전물이며 이것들은 무의식의 심리적 원형과 맞닿아 있다.

그러나 융은 선천적인 심리적 원형이 구체적으로 무엇인지 묻는 것은 형이상학적인 질문에 해당한다고 주장하였다. 심리적 원형이란 정신을 구조화하는 원리로 이미 정신 안에 존재하고 있으며 상황에 따라 그때 그때 현상화될 뿐이라는 것이다.

융은 신체 구조가 물리적인 환경과 관계 맺고 있듯이 심리적인 원형 또한 자연의 물리적인 조건과 관계 맺고 있고, 자연의 물리적인 과정은 정신 안에서 심리적인 원형에 의해 비슷한 상으로 재생된다고 생각하였다. 다시 말하자면 정신은 사실을 기록하는 것이 아니라 심리적인 원형을 통해 물리적 사실의 환상을 기록한다는

것이다.[319]

    융은 심리적 원형 자체가 무엇인지는 알 수 없다고 말한다. 그것은 형태상으로는 비어 있는 어떤 요소이고 내용상으로는 선험적으로 주어진 여러 관념을 산출할 수 있는 가능성일 뿐이다. 이 때문에 융은 심리적 원형들을 관념으로 보지 않고 추상적인 형식으로 보았으며 형식이 의식화되어 경험으로 채워질 때 비로소 심리적 원형의 내용이 결정된다고 주장하였다.[320]

---

[319] 이부영 『분석 심리학 – C. G. 융의 인간 심성론』(서울: 일조각, 2014). 113-117쪽.
[320] 이부영 『분석 심리학 – C. G. 융의 인간 심성론』(서울: 일조각, 2014). 118-119쪽.

• 제6장 •

파동적 자아의 활동성

　파동적 자아의 실체는 파동 에너지이다. 이 때문에 우리는 파동적 자아를 감각할 수 없고 단지 그것의 활동성을 통해 그것의 존재성을 확인할 뿐이다.
　파동적 자아는 이항적인 생각과 감정, 언어, 다양한 심리 현상, 연산 기능 등을 통해 자신의 존재성을 표현하고 있다.

제1절. 이항적인 논리

　파동적 자아의 활동성이 갖는 가장 중요한 특징은 그것이 이항적이라는 점이다. 파동적 자아의 이항성은 흥분과 억제의 방식으로 작동하는 뇌 신경망에서 온다.

신체적인 자극이 만드는 전기 신호는 자극의 강도 또는 신경 전달 물질의 작용에 따라 활성화되거나 활성화되지 않을 수 있다. 뇌 신경망은 이렇게 만들어진 정보 신호의 강도에 따라 전체적으로 흥분과 억제의 방식으로 반응함으로써 기호 논리의 토대인 이항성을 만들어낸다.

뇌 신경망이 정보 신호를 만들고 처리하는 방식은 정교한 타이밍과 강도를 따른다.[321] 미겔 니코렐리스는 이러한 인간의 뇌를 유기적인 컴퓨터라고 불렀지만 정보 신호를 처리하는 방식은 순수하게 디지털적인 컴퓨터와 본질적으로 다르다고 말한다.

컴퓨터와 달리 뇌 신경망은 시간의 흐름에 따라 강도가 달라지는 아날로그적인 속성을 갖고 있다. 뇌 신경망의 아날로그적인 속성은 에너지 세상의 전압, 전류, 온도, 압력, 전자기장과 같은 연속적인 물리적 변수의 영향을 반영하고 있다.

물리적 실체인 파동적 자아는 뇌 신경망의 이항적인 기호로 자신을 드러내고 기호 논리적으로 생각과 감정을 만들어낸다. 다시 말하자면 파동적인 자아는 기호의 형식으로 저장된 정보 신호, 곧 기억을 소환하여 이를 다시 기호 논리적으로 처리하는 과정을 반복함으로써 자신을 질서 있게 현상화한다.

---

[321] 미겔 니코렐리스, 김성훈 역 『뇌와 세계』(경기도: 김영사, 2021). 149-150쪽.

이항적인 자아에 의해 해석된 세상은 이분법적이 된다. 고생물학자이자 구조 인류학의 창시자인 프랑스의 레비스트로스(1908-2009)는 인류가 이분법에 대한 믿음을 갖고 있다고 말한다.[322] 이분법적인 사유란 사물, 사건이나 현상을 크게 둘로 나누어 대비시키는 사고 방식을 말하는데 파동적 자아의 내적 속성을 반영하는 것으로 볼 수 있다.[323]

파동적 자아가 '이항성'을 토대로 논리적인 진술을 만들어내는 과정은 컴퓨터와 유사한 면이 있다. 단지 뇌 신경망은 이항적인 정보 신호를 '흥분/억제'로, 컴퓨터는 '예/아니오'로 표현하고 있을 뿐이다.[324]

컴퓨터 논리는 영국의 수학자이자 논리학자인 조지 불(1815-1864)의 기호 논리학에서 비롯되었다. 1854년에 발표된 '논리와 수학적 기초를 이루는 사고의 법칙 연구'라는 논문 제목이 시사하듯이 그는 정신 현상이 YES/NO를 구성요소로 하는 기호 논리에서 시작된다고 믿었다. 이러한 조지 불의 기호 논리는 컴퓨터 동작의 원리가 되었다.

컴퓨터가 논리를 만드는 과정은 전기 신호인 'ON/OFF'를 '예/

---

322 로버트 M. 헤이즌, 고문주 역『제네시스: 생명의 기원을 찾아서』(경기도: 한승, 2008). 60쪽.
323 장회익 · 최종덕『이분법을 넘어서』(경기도: 한길사, 2007). 320-321쪽.
324 컴퓨터가 1초당 처리할 수 있는 비트의 크기를 컴퓨터 워드(word)라고 부르는데 8비트(2^8), 16비트(2^{16}), 32비트(2^{32}), 64비트(2^{64}) 등으로 표현된다.

아니오'라는 의미 신호로 전환하는 것에서 출발한다. '예/아니오' 만을 기억하는 소자를 플립플롭이라고 부르는데 플립플롭을 조합 하면 6개의 기본적인 논리 회로를 만들 수 있다.³²⁵ 컴퓨터는 다시 6개의 논리 회로를 여러 가지 형태로 복잡하게 조합함으로써 모든 논리적인 진술을 담아내고 있다.

컴퓨터의 클럭(clock)은 중앙처리 장치(CPU)를 일정한 속도로 동작시키는 전기적인 진동 곧 타임 생성기를 말한다. 클럭은 컴퓨터의 정보처리 속도와 관련되는데 메가(10^6), 기가(10^9), 테라(10^{12}) 등으로 표현된다. 마찬가지로 뇌 과학에 따르면 뇌 신경망도 전기 신호의 생성 속도를 결정하는 타임 생성기를 갖고 있다.

제2절. 인지 활동과 꿈

정보 현상의 주체인 파동적 자아의 활동성은 인지 활동과 꿈으로 나타난다. '인지'라는 용어는 일반적으로 사물을 개념화하거나 어떤 명제를 진리로 조건 지우는 원리를 의미하지만 인지 심리학의 인지는 감각, 지각, 기억, 사유, 언어, 의미 형성들을 포함하는 매우 포괄적인 뜻으로 사용된다.³²⁶

인지 심리학에 따르면 인간의 인지 활동은 대부분 무의식적이

---

325 AND, OR, NOT, NAND, NOR, XOR.
326 G. 레이코프 · M. 존슨, 임지룡 외 3인 역 『몸의 철학』(서울: 박이정, 2002). 38쪽.

다. 인지 심리학은 파동적 자아가 정보 신호에 빛의 속도로 반응함으로써 인지를 형성하기 때문에 사람들은 그렇게 형성된 인지 내용을 의식할 수 없다고 주장한다. 따라서 인지 심리학의 무의식은 실제로는 의식 현상이지만 그것이 마치 빛의 속도처럼 너무나 빠르기 때문에 인간이 집중할 수 없는 방식으로 존재한다는 점에서 무의식이다.

예를 들어 대화하는 상황을 상상해 보면 우리는 대화 과정에서 기억된 것을 꺼내어 조작한 후 다시 기억하고, 상대방의 소리를 언어로 이해하는 동시에 문장으로 구조화한다. 상대방과 대화하면서 추론을 통해 마음의 상을 만들고 다른 한편으로는 상대방의 몸동작을 주시하면서 참과 거짓을 판단한다. 대화 진행 상황을 예상하면서 답변을 계획하는 동시에 주변의 상황을 감지하거나 대화와 무관한 엉뚱한 심상이 떠올랐다가 사라지기도 한다. 때로는 이러한 과정들이 중첩되어 있는 것처럼 느껴지기도 할 것이다.

인간의 정신은 이 모든 흐름들을 포착할 수 없기 때문에 정신은 빛의 속도로 흘러가는 의식 속에서 지극히 단편적인 일부와 관계 맺을 수밖에 없고 나머지는 모두 무의식의 영역에 배경으로 남아 있게 된다.

인지적인 의식과 무의식의 관계는 마치 무엇에 주의를 집중하면 그것이 의식의 전면에 떠오르고 그렇지 않으면 의식의 배경으로 물러난다는 점에서 전경(前景)과 배경(背景)을 이루고 있다고 볼 수 있다. 인지 심리학자들은 빛의 속도로 명멸하는 무의식이 모든 사고의 95% 이상을 차지한다고 말하면서도 그것조차 과소평가되어 있다고 생각하는 경향이 있다.[327]

한편 꿈은 파동적 자아가 모호한 정보 신호에 질서를 부여하고 저장하는 과정과 밀접하게 관련된다. 사람들은 평균적으로 인생의 1/3을 수면으로 보낸다고 한다. 수면 시간을 결정하는 요소는 2가지로서 하나는 뇌 신경망의 파동적인 변화이고 다른 하나는 수면을 취하도록 압력을 가하는 뇌의 화학 물질이다.[328] 몸은 24시간을 주기로 오르고 내림을 반복하는 생체 리듬과 관련되어 있기 때문에 수면의 최고점과 최저점을 찍는 시간은 사람들마다 다르다.

프로이드는 꿈이란 무의식적인 소망이나 억압된 욕망을 표현하는 것이라고 주장하였지만 뇌 과학자들은 영상 장비의 도움으로 프로이드의 꿈 이론이 비과학적임을 밝혀냈다.

뇌 과학에 따르면 수면 상태는 잠이 깊이 들어 꿈을 꾸지 않는 비렘 수면과 꿈을 꾸는 렘수면으로 구분되는데 비렘 수면을 거쳐

---

[327] G. 레이코프 · M. 존슨, 임지룡 외 3인 역 『몸의 철학』(서울: 박이정, 2002). 40쪽.
[328] 수면을 취하도록 압력을 가하는 물질은 뇌 속의 아데노신이라는 화학 물질이며 깨어 있는 시간이 길수록 점점 더 쌓여간다. 카페인은 아데노신의 수면 신호를 인위적으로 차단하는 기능을 한다. 매슈 워커, 이한음 역 『우리는 왜 잠을 자야 할까』(경기도: 열린책들, 2020). 25-50쪽.

렘수면으로 진입하게 된다. 꿈을 꾸는 렘 수면은 비렘 수면과 달리 뇌의 많은 영역들이 활성화되는 모습을 보여주었다. 특히 시공간, 운동 영역과 기억을 형성하는 영역의 활성화가 두드러졌고 이에 비해 논리적인 판단과 지시를 내리는 전전두엽의 피질은 상대적으로 활성화 상태가 낮았다.

뇌 영상은 렘수면 상태에서 해마의 기억 영역이 활성화되는 모습을 보여줌으로써 최근 경험한 것들이 꿈의 원천임을 확인할 수 있었다. 그러나 기억이 꿈에 기여하는 정도는 1-2%에 불과하였고 이미 저장된 기억보다는 신체가 깨어 있을 때 경험한 감정들이 35-55%를 차지하고 있었다.[329] 결국 꿈이란 저장을 기다리는 뇌 신경망의 모호한 정보 신호들을 대상으로 파동적 자아가 질서를 부여하고 저장하는 과정이었던 것이다.

뇌 과학에 따르면 기억을 강화하고 저장하는 기능은 렘수면이 담당하지만 새로운 방식으로 기억들을 뒤섞어 창의적인 상태를 만드는 것은 렘수면의 전 단계인 비렘 수면이라고 한다.

뇌 영상은 꿈을 꾸지 않는 비렘 수면의 상태에서 뇌가 엄청난 양의 기억들을 두루두루 살펴 인간에게 필요한 가장 중요한 규칙들을 추출해내고 있음을 보여주었다.[330]

---

[329] 매슈 워커, 이한음 역 『우리는 왜 잠을 자야 할까』(경기도: 열린책들, 2020). 277-293쪽.
[330] 매슈 워커, 이한음 역 『우리는 왜 잠을 자야 할까』(경기도: 열린책들, 2020). 313쪽.

제3절. 생각과 감정

파동적 자아는 뇌 신경망에 새로운 정보 신호가 입력되면 저장된 정보 신호를 소환하여 생각과 감정을 만들어낸다. 생각과 감정이 만들어지려면 반드시 새로운 자극이 범주화되어야 한다. 뇌 신경망 안에는 범주화되지 않은 수많은 정보 신호들과 범주화된 정보 신호들이 공존하고 있다.

파동적 자아가 만들어내는 생각과 감정은 다시 기억되었다가 소환되는 과정을 반복하고 이 과정에서 새롭게 파동적 자아를 구성하기 때문에 파동적 자아와 정신 현상은 서로 재귀적인 관계를 형성한다.

뇌 신경망의 파동은 어떻게 '생각'이라는 질감을 갖게 될까?

오늘날 뇌 과학자들은 생각과 감정이 만들어지는 과정을 대체로 뇌 신경회로의 동조 현상으로 보고 있다. 뇌 신경망의 정보 신호는 폐루프 형태의 회로[331] 안에서 수없이 반복되면서 점차 범주화된 후 해마와 편도체 회로를 거쳐 대뇌 피질로 보내진다. 대뇌는 생물학적으로 의미가 있다고 판단되면 정보 신호를 기억의 형태로 저장한다.[332] 유사한 정보 신호는 뇌 신경망 안에서 폐루

---

331 폐루프는 제어 시스템의 개루프(Open Loop System)와 폐루프(Closed Loop System) 개념에서 왔다. 폐루프는 출력 신호가 다시 입력 신호로 피드백되는 시스템을 말한다.
332 기억은 대뇌의 전두엽, 두정엽, 측두엽의 상호 작용에 의해 출현한다. 전두엽은 비교, 예측, 판

프를 통해 반복적으로 피드백되면서 범주화되는데 대표적인 예로 기억을 형성하는 파페츠 회로를 들 수 있다.[333]

노벨상 수상자인 미국의 생물학자 제럴드 에덜먼(1929-2014)은 지각된 정보 신호가 2차례의 범주화 과정을 거쳐 구체적인 생각으로 표현된다고 말한다.[334]

먼저 지각적인 차원의 1차적인 범주화가 있다. 수많은 감각 세포에 의해 제각각 받아들여진 정보 신호들은 대뇌 피질의 연합 세포를 통해 1차적으로 단일한 형태의 느낌으로 범주화된다. 1차적인 범주화는 모든 포유동물에게 공통적으로 해당되는 지각 차원의 단계이고 언어와 무관하게 개념적으로 '무엇을 느낀다'라고 말할 수 있는 정도의 범주화이다.

1차적으로 범주화된 느낌은 대뇌의 고차원적인 판단 활동을 거쳐 2차적으로 범주화된다. 2차적인 범주화는 1차적인 느낌이 대뇌의 전두엽, 두정엽, 측두엽 특히 언어 영역을 거치면서 고유한 생각과 감정으로 표현되는 단계이다.

감정의 경우 물리적이고 원형적인 감정이 있는가 하면 생각

단 활동을, 두정엽은 공간 지각을, 측두엽은 주로 사물과 인간의 얼굴을 기억하는 기능을 수행한다.
[333] 대뇌 피질의 해마에서 시작하여 간뇌의 유두체-유두 시상로-간뇌의 시상전핵-시상 피질방사-대상 다발-대뇌 피질의 내후각 뇌피질을 거쳐 다시 해마로 간다.
[334] 제럴드 에덜먼, 황희수 역 『신경 과학과 마음의 세계』. 150-166쪽.

과 마찬가지로 대뇌의 판단을 거쳐 개념적으로 표현되는 감정이 있다.

원형적 감정은 대뇌의 개입이 없는 신체적인 반응을 말한다. 예를 들면 어떤 것이 돌진해오면 순간적으로 동공이 커지고 심장 박동이 빨라지면서 급히 몸을 피하고 나서야 그것이 위험한 상황이었음을 알아차리고 두려움을 느낀다. 심장 박동, 동공 확대, 식은땀의 분비는 원형적인 감정이고 나중에 생기는 두려움은 기억의 소환과 뇌의 판단에 의해 개념적으로 표현된 감정이다.

사람들은 감정을 다양하게 표현하고 있지만 동공 확대, 혈류 변화와 같은 자율 신경의 반응은 거의 유사하다. 유사한 신체 변화를 다양하게 표현할 수 있는 것은 대뇌의 범주화된 기억 때문이다. 이 때문에 동일한 상황 속에서 누구는 슬퍼하고 누구는 고독에 빠진다.

대뇌의 판단을 거치지 않은 원형적인 감정은 정도의 차이만 있을 뿐 몸 근육의 움직임으로 표현되므로 인간이든 동물이든 동일하다. 인간과 동물은 서로의 표정을 보면서 서로의 감정 상태를 이해하고 있다.

변연계의 감정 회로는 대뇌와 페루프를 형성하고 있기 때문에 대뇌의 판단과 결합하게 된다. 이것은 대뇌의 판단 활동이 언제나 감정의 영향 속에 있음을 의미한다. 이 때문에 감정이 격해지면 상황을 이성적으로 판단하기가 쉽지 않다. 또한 감정은 기억과 동일한 신경회로를 사용하기 때문에 기억을 강화시키거나 기억의 인출을 돕기도 한다.

미국의 신경학자인 안토니오 다마지오(1944-)[335]는 생리적인 항상성 유지와 관련된 정보 신호가 통증과 쾌락이라는 원형적인 감정을 만들어낸다고 주장하였다. 항상성을 유지하는 과정에서 신체는 통증과 쾌락의 형태로 끊임없이 생리적인 파동을 만들어 내고 있으며, 통증과 쾌락이라는 이항적인 파동 현상이 뇌 신경 회로와 상호 작용함으로써 다양한 정서들이 만들어진다고 말한다.

생각과 감정은 정보 현상이므로 그 자체만으로 옳고 그름을 따질 수 있는 윤리적인 판단의 대상이 아니다. 그러나 생각과 감정이 말과 행동으로 외부에 표현되면 연속적인 에너지 세상의 인과 법칙을 따르게 된다. 이 때문에 전통적인 종교와 철학은 말과 행동의 뿌리인 생각과 감정을 언제나 성찰의 대상으로 삼고 있다.

제4절. 언어의 생성

파동적 자아의 이항적인 존재 방식은 언어를 만들어내는 원리로 작용한다. 인간의 언어가 갖고 있는 특징을 세 가지로 요약한

---

[335] 미국 아이오와 대학교 신경과 학장을 20년 동안 역임. 인지 활동과 감정 사이의 관계에 관하여 연구하였고 면역 반응, 기본 반사, 물질대사를 생리적인 항상성 유지의 3요소로 보았다.

다면 첫째, 이항적인 기호 논리로 기본적인 개념들을 만들어내고 둘째, 논리적인 연산을 통해 상위와 하위의 개념 체계를 결합하고 있으며 셋째, 음성과 기호로 내적 의미와 외적인 의미를 연계함으로써 문장을 만들어낸다는 점을 들 수 있다.[336]

언어는 자아가 아니지만 언어가 자아의 활동성을 표현하고 있음을 부정하기란 쉽지 않다. 인간이 사용하는 언어를 살펴보면 그 사람의 마음 상태와 성품을 알 수 있기 때문이다.

해부학적으로도 언어 기능을 담당하는 뇌 부위는 매우 넓은 영역에 걸쳐 있다. 일반적으로 좌뇌의 전두엽, 측두엽, 두정엽이 언어를 담당하는 것으로 알려져 있지만 언어는 외부에 표현되기 위해 소뇌와 대뇌의 도움을 받고 있기 때문에 실제적으로 뇌 전체가 언어와 직접 또는 간접적으로 연관되어 있다. 문자를 단순히 보거나 듣기만 하면 대뇌의 시각 피질과 청각 피질이 반응하는 정도에 그치지만 언어적으로 접근하면 뇌 시스템 전체가 활성화된다.

일종의 기호 체계인 언어는 자연의 보편 규칙을 따라 만들어진다.[337] 모든 언어의 보편적인 규칙은 신체 기관인 뇌의 작동 방식에서 오기 때문에 언어학은 뇌 과학의 영역에 속한다고 볼 수 있다.

---

336 로버트 C. 버윅 · 노엄 촘스키 『왜 우리만이 언어를 사용하는가』(경기도: 한울 엠플러스, 2018). 34쪽. 76-94쪽.
337 사카이 구니요시, 이현숙 · 고도흥 역 『언어의 뇌 과학』(서울: 한국문화사, 2012). 9-22쪽.

동물들도 각자의 언어가 있지만 중요한 것은 언어의 유무가 아니라 언어를 만드는 규칙이다. 신체적인 기호에 의존하는 침팬지와 달리 인간의 언어는 추상적인 자연의 보편 법칙을 따른다는 점에서 동물과 질적으로 다르다.[338]

언어의 과학화를 방해하는 것은 언어의 형식이 아니라 주관적인 언어의 의미에 있다. 화자의 주관적인 심리 상태는 외부로 표현될 때 비로소 유추할 수 있을 뿐이며 더군다나 과연 화자의 말과 행동이 심리 상태와 일치하는지도 의문이다.[339]

언어학은 19세기까지 민족의 이동과 같은 역사적 사건을 중심으로 연구되어 오다가 20세기 들어서면서 자연 과학의 방법론을 채용하게 되었다. 20세기 언어학은 대체로 전반부의 구조주의 언어학과 후반부의 생성 언어학으로 구분된다.

구조주의 언어학의 창시자인 소쉬르(1857-1913)는 언어가 이항적인 기호를 통해 의미를 갖는다고 주장하였다. 소쉬르가 말하는 이항성은 순수하게 언어적인 것으로서 서로 대립되는 용어나 개념의 쌍을 뜻한다. 선/악, 하늘/땅, 음/양, 높음/낮음 등을 예로 들 수 있다. 소쉬르는 악을 모르면 선을 이해할 수 없듯이 이항적인 요소는 서로의 의미를 규정하는 상보적 관계를 맺고 있다고 말한

---

[338] 사카이 구니요시, 이현숙·고도흥 역 『언어의 뇌 과학』(서울: 한국문화사, 2012). 37-42쪽.
[339] 로버트 로빈스, 강범모 역 『언어학의 역사』(서울: 한국문화사, 2007). 355-356쪽.

다.[340]

언어학자들은 대체로 노암 촘스키(1928-)[341]의 『통사 구조(Syntactic structure)』가 출판된 1957년을 20세기 언어학의 전환점으로 보고 있다. 소쉬르가 언어의 특성을 분석하고 기술하는 귀납법적인 방법론을 채용하였다면 생성 언어학자인 촘스키는 보다 근본적으로 언어가 어떻게 만들어지는지에 관심을 가졌다. 그는 언어가 인간의 뇌와 정신을 이해할 수 있는 열쇠라고 믿었다.[342]

촘스키에 의하면 인간의 정신 또는 뇌는 외부의 자극과 데이터가 써지기를 기다리는 백지와 같은 것이 아니다. 인간의 뇌는 감각으로부터 주어지는 무작위적인 정보를 수용하고 해석하여 저장하고 사용할 수 있는 시스템을 유전적으로 갖고 있다. 갓 태어난 아기가 모국어를 습득하는 과정은 신생아의 뇌가 소음처럼 들리는 주변의 소리를 무작위로 경험하면서 내면의 생득적인 문법을 통해 정보를 처리하는 것과 같다. 이 때문에 갓난아기의 모국어 습득은 이후에 학습을 통해 이루어지는 제2외국어 습득과 근본적으로 성격이 다르다. 모국어 습득은 신생아가 소리에 반응하면서 언어를 생성하는 과정이고 외국어 학습은 언어와 언어의 만남

---

340 페르디낭 드 소쉬르, 김현권 역 『일반 언어학 강의』(서울: 지식을 만드는 지식, 2012). 33-34쪽.
341 미국의 언어학자, 철학자, 인지과학자, 역사가, 사회비평가, 정치운동가이며 현대 언어학의 아버지라고 불린다.
342 로버트 로빈스, 강범모 역 『언어학의 역사』(서울: 한국문화사, 2007). 386쪽.

이기 때문이다.[343]

언어는 규칙과 의미라는 2가지 요소로 구성되어 있다.[344] 촘스키는 언어의 규칙 가운데 가장 근원적인 것을 뇌 신경망의 존재 방식으로 보았다. 그는 이를 생성 문법 또는 보편 문법이라고 불렀다. 보편 문법은 0과 1의 이진법과 같은 이항 대립의 형식에 토대를 두고 있기 때문에 불연속적이다. 그러나 생물학적인 경험과 기억을 토대로 연속적인 의미를 확보함으로써 비로소 문장을 구성할 수 있는 언어가 된다.[345]

촘스키는 언어적인 기호 체계의 배후에 3단계의 규칙이 있다고 주장하였다. 가장 상위에는 튜링 머신의 0, 1과 같은 이항성이 있고 가장 하위에는 다양한 모국어에서 볼 수 있는 인위적인 규칙이 있으며 그 중간에 자연 언어의 규칙이 있다. 여기서 자연 언어는 규칙의 형식에 경험적이고 문화적인 의미가 부가된 것을 말한다.[346] 자연 언어 규칙은 다양한 모국어로 발전함으로써 오늘날 지구상의 언어는 6,500여 개에 달한다.

---

343 로버트 로빈스, 강범모 역 『언어학의 역사』(서울: 한국문화사, 2007). 386-387쪽.
344 규칙과 의미는 형식과 내용을 뜻하는데 언어학에서 통사론(syntax)과 의미론(semantics)의 대상이 되는 것을 말한다.
345 사카이 구니요시, 이현숙·고도홍 역 『언어의 뇌 과학』(서울: 한국문화사, 2012). 59-61쪽.
346 사카이 구니요시, 이현숙·고도홍 역 『언어의 뇌 과학』(서울: 한국문화사, 2012). 179-180쪽.

제5절. 수학과의 관계

우주의 관찰자인 파동적 자아는 추상적인 수학의 탄생과 밀접하게 관련된다. 고대 수학자들은 우주가 원처럼 완전하게 대칭적인 형태이며 등속도로 움직인다고 생각하였다. 중세의 갈릴레오(1564-1642)는 그러한 우주를 탐구의 대상으로 삼았고 이슬람 제국과 인도에서 발달한 방정식 또한 알고 있는 것과 모르는 것을 미지수(x)와 등호(=)로 대칭화시켜 답을 구하는 과정이다.

아인슈타인은 추상적인 수학이 물리적인 실체를 정확하게 표현하는 것을 불가사의한 현상으로 보았다. 심지어 영국의 물리학자 제임스 진스(1877-1946)는 수학자가 우주를 설계하였을 것이라고 말하였고,[347] 영국의 로저 펜로즈(1931-)는 수학이 물질계, 이데아계, 인지의 세계 모두를 연결하고 있다고 주장하였다.

이러한 수학의 불가사의와 관련한 2가지 관점이 있는데 하나는 우주가 수학적으로 존재하고 있으며 인간은 단지 자연에 실재하는 수학적 원리를 발견할 뿐이라고 주장하는 관점이다.[348] 다른 하나는 주로 심리학자, 생물학자들이 선호하는 관점으로서 인간의 정신 안에 수에 관한 직관이 자리 잡고 있으며 인간이 일상적

---

[347] 마리오 리비오, 김정은 역 『신은 수학자인가?』(서울: 열린과학, 2009). 11-16쪽.
[348] 제임스 프랭클린, 박우석 역 『아리스텔레스주의 실재론과 수학 철학』(서울: 경문사, 2022). 1-9쪽.

인 경험을 토대로 수학적인 원리를 사유해낸다고 말한다.

20세기 최고의 수학자 중 한 명으로 꼽히는 영국의 마이클 이타야(1929-2019)는 서로 대립적인 것처럼 보이는 2가지 관점을 통합적으로 설명하였다. 자연 현상과 수학, 그리고 인간의 마음은 서로 밀접하게 관련되어 있으며 인간의 뇌는 물리적인 세상을 잘 다루는 방향으로 진화해왔기 때문에 정신 안에서 자연스럽게 언어와 수학이 개발되었다는 것이다.[349]

수학의 본질 문제는 과학 철학의 영역에서도 논쟁이 활발하게 전개된 바 있었는데 대체로 3가지 관점으로 요약된다.

첫 번째 관점은 논리주의로서 수학의 세계는 '이것 아니면 저것'이라는 배중률이 지배하고 있고 궁극적으로 수학적인 모든 것은 이항적인 논리로 환원된다고 말한다. 대표적인 학자로 프레게, 러셀, 카르납을 들 수 있다.[350]

두 번째 관점은 직관주의로서 가장 이상적으로 활동하는 정신의 산물이 수학이라고 주장하였다. 수학은 세상의 온전한 실재를 드러낼 수 있기 때문에 '이것 아니면 저것'이라는 이항적인 배중률은 배제된다.[351]

마지막 세 번째 관점은 형식주의이다. 형식주의에 의하면 수학

---

349 마리오 리비오, 김정은 역 『신은 수학자인가?』(서울: 열린과학, 2009). 360-362쪽.
350 STEWART SHAPIRD, 이기돈 역 『수학에 관해 생각하기』(서울: 교우, 2022). 162쪽.
351 STEWART SHAPIRD, 이기돈 역 『수학에 관해 생각하기』(서울: 교우, 2022). 219쪽.

이란 단지 언어의 형식적인 조작일 뿐이다. 문자와 문자들의 형식적인 규칙이 곧 수학이라는 것이다. 오늘날 형식주의를 분명하게 지지하는 과학 철학자는 드문 편이다.[352]

수학의 본질 논쟁은 결국 정신의 본질 문제로 귀결될 수밖에 없다. 인간의 정신은 이분법적인 논리로 작동되지만 파동적 자아는 그러한 이분법적인 논리 체계를 넘어설 수 있는 능력을 갖추고 있기 때문이다.

오늘날 이항적인 정신의 속성을 가장 잘 드러내는 것은 바로 이산 수학(Discrete Mathematics)이다. 이산 수학은 온전한 세상을 불연속적인 객체로 간주하여 실체에 접근하려는 수학의 한 분야를 말한다. 이산 수학은 20세기 후반 디지털 컴퓨터가 개발되면서 관심을 끌기 시작하였는데 논리와 추론, 개체들의 조합, 불연속적인 대상들의 관계, 알고리즘의 이해를 내용으로 삼고 있다.[353] 이산 수학이 다루는 불연속적인 개념과 기호들은 컴퓨터 알고리즘, 프로그래밍 언어, 암호 등을 이해하는 데 매우 유용하다.

오늘날 이산 수학은 불연속적인 디지털 정보를 다루는 컴퓨터 과학뿐 아니라 화학, 생물학, 언어학, 지리학, 경영학을 비롯하여 거의 모든 학문 분야에 응용되고 있다.

---

352 STEWART SHAPIRD, 이기돈 역 『수학에 관해 생각하기』(서울: 교우, 2022). 206쪽.
353 Kenneth H. Rosen, 공은배 외 6인 역 『이산 수학』(서울: 맥그로힐 에듀케이션코리아, 2019). 머리말.

제6절. 인공지능(AI)과의 관계

인공지능(AI)은 뇌 신경망의 작동 방식과 파동적 자아의 활동성을 모태로 삼고 있다. 인간의 뇌가 정보를 처리하는 방식은 인공지능이 흉내낼 수 없는 특별함이 있다.

인공지능은 연산 속도가 빠르지만 상황 인식에 있어서 엄청난 양의 축적된 데이터와 오랜 학습 시간을 필요로 한다. 그러나 뇌는 연산 속도가 느리지만 상황 인식에 있어서 하등 동물마저도 놀라울 정도로 빠르게 학습하고 반응한다.

이것은 뇌가 진화 과정에서 정보적인 우주와 소통하면서 에너지 세상을 이해할 수 있는 선험적인 감각 체계를 형성해 두었기 때문이다.[354]

인공지능의 출발점은 1920년대에 뇌가 전기 자극에 반응한다는 것을 알게 되면서 비롯되었다. 미국의 생리학자인 월터 캐넌(1871-1945)은 인간의 정서가 자율 신경이 아니라 전반적인 뇌의 활동성에서 온다는 사실을 밝혀냈다. 나아가 노벨 생리의학상을 수상한 스위스의 발터 헤스(1881-1973)는 고양이의 뇌 시상하부에 전기 자극을 가하면 고양이가 침을 뱉고 털을 곤두세우며 동공이 확장되고 위협이 없음에도 앞발로 공격한다는 사실을 확인하

---

354 매튜 코브, 이한나 역 『뇌 과학의 모든 역사』(경기도: 푸른 숲, 2021). 376-377쪽.

였다.[355]

본격적으로 뇌 신경계를 시뮬레이션하려는 초기의 시도는 1956년 IBM 연구진이 주도하였다. 512개의 단위 세포로 구성된 연결망은 처음에는 각각 따로 놀다가 얼마 지나지 않아 자발적으로 동기화되는 현상을 보여주었다. 이는 신경계 회로의 동기화 현상이 매우 단순하고 기초적인 규칙에 의해 발생한다는 점을 시사하였다.

인공지능의 초기 개척자로 알려진 미국의 수학자 올리버 셀프리지(1926-2008)는 기계 장치가 패턴을 어떻게 인식하는지에 대해 탐구한 후 팬더모니엄이라는 정보처리 체계를 발표하였다. 그동안 사람들은 감각처리 과정을 데이터 인식 → 데이터 연산 → 데이터 비교 → 데이터 선택의 단계적인 과정으로 보았는데 팬더모니엄은 여기에 입체적인 계층 개념을 도입함으로써 컴퓨터의 학습 기능을 이끌어냈다. 이것은 선형성에 비선형성이 가미되었음을 의미한다. 컴퓨터는 선택된 데이터들을 비교하여 자신이 사물을 얼마나 정확하게 분류하였는지 알아차렸고 정확한 분류만을 선택함으로써 스스로 시스템의 정확성을 높일 수 있었다.

이 시기에 또 다른 미국의 신경 생물학자인 프랭크 로젠블랫(1928-1971)은 컴퓨터가 뇌처럼 다양한 계산들을 동시적으로 수

---

[355] 매튜 코브, 이한나 역 『뇌 과학의 모든 역사』(경기도: 푸른 숲, 2021). 389–390쪽.

행하는 병렬처리 방식의 모형을 발표하였다. 그는 뇌와 컴퓨터가 공통적인 논리 규칙을 토대로 의사 결정과 통제라는 기능을 수행한다고 주장하였다. 이와 동시에 그는 컴퓨터와 뇌의 근본적인 차이점에 대해서도 분명하게 인식하고 있었다. 그는 인간의 뇌가 기계적인 의사 결정과 통제 외에 환경을 해석하고 예측하는 두 가지 기능을 더 수행하고 있으며 이에 반해 컴퓨터란 단지 인간의 뇌를 극단적으로 단순화한 것이라고 말하였다.[356]

1980년대 중반 이후 뇌 신경 과학자와 심리학자들은 새로운 병렬 분산처리(PDP)[357] 방식을 적용한 네트워크에 관심을 가졌다. PDP 네트워크는 뉴럴 네트워크와 딥러닝으로 이어져 인공지능의 판도를 바꾸었다. PDP 네트워크는 기본적으로 입력층, 중간층, 출력층으로 구성되어 있다. 네트워크의 핵심인 중간층은 2개 층을 상호 연결하는 시스템인 동시에 점차 연결성이 강화되는 알고리즘에 기반을 두고 있다. PDP 네트워크는 폐루프 방식으로 정보 신호가 층 사이를 양방향으로 오가는 피드백 개념에 기초하고 있고 이를 통해 인공지능은 스스로 행동을 개선하여 빠르고 정확하게 출력값을 내놓을 수 있었다.[358]

---

356 매튜 코브, 이한나 역 『뇌 과학의 모든 역사』(경기도: 푸른숲, 2021). 360-361쪽.
357 PDP: parallel distributed processing.
358 매튜 코브, 이한나 역 『뇌 과학의 모든 역사』(경기도: 푸른숲, 2021). 371-372쪽.

뇌 신경망은 복잡한 생리 과정을 거쳐 흥분과 억제라는 이항성의 정보 형식을 갖게 되지만 인공지능은 반도체를 이용하여 인위적으로 손쉽게 이항성을 만들어내고 있다.

뇌 신경망을 구성하고 있는 신경세포는 초당 400번가량의 전기적인 발화를 일으키지만 슈퍼컴퓨터 중앙처리장치(CPU)의 발화 속도는 초당 1,000억 번에 달한다. 뇌세포가 전기 신호를 전달하는 속도는 시속 160km 정도이지만 컴퓨터는 거의 빛의 속도에 가깝다.[359]

물리적인 면에서 인공지능의 연산 능력은 인간의 뇌 신경망과 비교할 수 없을 만큼 효율적이다. 그러나 파동적인 자아는 인공지능이 흉내낼 수 없는 특징이 있는데 그것은 뇌 신경망의 가소성을 토대로 적극적인 관찰을 통해 아날로그적인 우주와 소통할 수 있는 가능성 속에 있다는 점이다. 그것이 가능한 것은 뇌 신경망과 파동적 자아가 원자의 존재 방식을 모방하고 있기 때문이다.

양자 컴퓨터와 파동적 자아는 큐비트 상태에서 비트를 산출하고 있다는 점에서 유사한 면이 있다. 단지 양자 컴퓨터의 큐비트는 연산 속도가 목표이지만 파동적 자아는 큐비트에서 이항적인 생각과 감정을 만들어낸다는 점에서 다르다고 볼 수 있다.

일반적인 컴퓨터는 반도체 소자가 만드는 0 또는 1을 정보 비

---

[359] 강봉균 외 8인 『뇌(Brain)』(서울: 휴머니스트, 2016). 55-57쪽.

트로 사용하므로 연산 속도가 반도체 소자의 개수에 비례한다. 이 때문에 반도체 집적 기술이 필수적이다. 그러나 양자 컴퓨터의 큐비트 소자는 0과 1의 비트가 중첩되어 있고 큐비트 소자끼리도 서로 얽혀 있기 때문에 연산 속도가 지수적으로 빨라진다.

예를 들면 정보 소자를 4개씩 사용할 때 일반 컴퓨터의 정보처리 용량은 2×2×2×2=16비트가 되지만 양자 컴퓨터는 큐비트 사이의 얽힘에 의해 2의 제곱×제곱×제곱이 되어 256비트가 된다. 양자 컴퓨터는 1990년대부터 연구되기 시작하여 30여 년 만에 초보적인 상용화 단계를 앞두고 있다.

큐비트의 본질은 그것이 정보적인 도구라는 점에 있다. 확률 50%의 이항적인 상태를 구현할 수 있는 것은 이론적으로 모두 큐비트 소자가 될 수 있다.

이 때문에 원자뿐 아니라 초전도체, 광자, 이온과 같이 기술적으로 통제가 가능한 재료들을 큐비트 소자로 개발하기 위해 국가 또는 기업 간 치열한 각축전이 벌어지고 있다. 물질의 상태가 어떻게 정보의 소재가 될 수 있을까? 그것은 아마도 우주의 에너지, 빛, 전자, 뇌 신경망의 합작에 의해 이루어지는 창발적인 현상이라고 말할 수밖에 없을 것이다.

파동적 자아는 원자들의 집합체인 신체뿐 아니라 우주와도 긴밀하게 연결되어 있다. 인간은 우주에 비하면 점보다도 작은 존재이지만 그 점 안에는 헤아릴 수 없는 개수의 원자가 차리 잡고 있다.

내분비 의학을 전공한 디팩 초프라(1946-)는 우주-신체-마음의 상호 관계성을 강조하는 대체 의학에 관심을 가졌다. 그는 인간이 숨을 들이쉬고 내쉬며 먹고 마실 때마다 우주의 수백만 개 원자들이 따라 들어와 심장, 간, 뇌세포를 바꾸고 있다고 말한다. 방사성 동위원소 연구에 의하면 몸을 구성하고 있는 원자의 98%는 1년 안에 교체되고 위장 내벽은 5일, 간은 6주, 피부는 1달, 뼈는 3달 만에 새로워진다. DNA 유전자는 수억 년의 진화 과정을 정보의 형태로 저장하고 있지만 DNA 자체는 6주가 지나면 이미 이전의 것이 아니다.[360]

다른 동물들과 뚜렷하게 구분되는 인간의 자아 성찰 본성은 파동적 자아가 우주와 신체를 통해 자신의 참된 존재성을 확인하는 과정이라고 말할 수 있다.

---

360 디팩 초프라, 이현주 역 『우주 리듬을 타라』(서울: 상지사, 2013). 63쪽.

제3편

관찰자 심리학

제1부

관찰자의 의식 현상

제1장
내인적 의식과 외인적 의식

뇌 과학에서 의식은 정신이 각성되어 통합되어 있는 상태를 말한다. 뇌 과학은 1970년대부터 의식의 문제를 본격적으로 살펴보기 시작하였는데 노벨 생리의학상을 수상한 제럴드 에덜먼은 의식이란 정신의 통합적인 지향성을 의미한다고 말하였다. 그는 이러한 의식이 출현하기 위해서는 고도로 발달된 대뇌 시스템, 범주화된 기억, 이들 사이의 긴밀한 상호 작용이 있어야 한다고 주장하였다.[361]

오늘날 뇌 과학은 통합적인 의식이 어떻게 출현하는지에 관해 대체로 2가지 관점으로 접근하고 있다. 하나는 의식이 뇌 신경망

---

[361] 제럴드 에덜먼, 황희숙 역『신경 과학과 마음의 세계』. 150-166쪽.

안에서 스스로 통합 상태를 이루어낸다고 보는 관점이고 다른 하나는 의식을 우주의 파동 현상과 연관 짓는 관점이다.

의식의 통합을 내인적으로 바라보는 관점은 뇌 시스템의 기능을 강조하고 있는데 대표적인 인물로 분자 생물학의 거장인 프랜시스 크릭(1916-2004)[362]과 크리스토퍼 코흐(1956-)[363]를 들 수 있다.[364]

뇌 과학은 좌뇌와 우뇌가 각자의 영역을 중심으로 정신 현상을 통합하고 있다고 말한다. 이 때문에 좌뇌와 우뇌의 연결 부위를 제거하면 두 개의 의식이 나타나고 피실험자는 자신의 몸 안에 서로 다른 두 사람이 들어와 있는 듯한 이질감을 느끼게 된다.

뇌 신경망은 영역별로 통합된 후 순차적으로 전체적인 통합을 스스로 이루어내는 기능이 있다. 예를 들면 시각, 청각, 촉각과 같은 감각 기관의 정보들은 각자의 영역으로 모아진 후 보다 고차원적인 통합 상태로 이행한다. 시각의 경우 대뇌에서 사물의 윤곽, 밝기와 같은 기본적인 특징들이 인식된 후 관계, 동작과 같은 복잡한 특징들로 통합된다. 나아가 소리, 냄새와 같은 다른 감각 기관의 정보들과도 연결되고 기억된 정보와도 통합된다. 뇌 신경 과학

---

[362] 영국의 생물학자. DNA 이중 나선 구조에 관한 연구로 1962년 노벨 생리의학상을 수상하였다.
[363] 미국의 뇌신경 과학자이자 철학자. 의식의 문제를 본격적인 뇌 과학의 연구 대상으로 끌어들였다는 평가를 받고 있다.
[364] 크리스토프 코흐, 김미선 역 『의식의 탐구』, (서울: 시그마프레스, 2006). 181-184쪽.

자들은 이러한 통합을 뇌세포들이 동시에 발화하는 '동조 현상'으로 설명한다.

그러나 감각 회로 차원에서 이루어지는 낮은 단계의 동조 현상은 실험에 의해 확인되지만 광범위하고 전체적인 고차원적인 통합에 대해서는 여전히 논란이 지속되고 있다.

미국의 신경 과학자인 다마지오(1944-)는 의식을 몸 전체의 느낌과 동일시하였다. 여기서 느낌이란 몸 전체의 항상성이 모호하게나마 심적으로 의식되는 현상을 의미한다.

생명 현상은 대부분 무의식적으로 이루어지는 항상성에 의해 유지되는데 뇌 활동의 95%가 항상성을 지원하고 있다고 한다. 사람들은 주변에 주의를 빼앗겨 평상시 마음에서 일어나는 온갖 느낌(feeling)을 망각하고 살아가지만 그럼에도 느낌은 가장 보편적인 내면의 선율로 작용하고 있다는 것이다. 단지 다마지오는 느낌이 어떻게 다양한 감각과 방대한 정보들을 통합하는지에 대해서는 아직 구체적으로 설명할 수 없다고 말한다.[365]

---

365 안토니오 다마지오, 임지원 역 『스피노자의 뇌』(서울: 사이언스북스, 2007). 7-13쪽.

• 제2장 •
인간의 의식과 전자기장

　의식의 통합 현상과 관련한 또 다른 관점은 의식을 우주의 파동 현상과 관련짓는다. 미국의 양자 물리학자인 카파토스(1945-)[366]는 의식이 스스로 진화하는 우주를 닮았다고 주장하였으며 동일한 맥락에서 미국의 저명한 명상가인 켄 윌버(1941-)는 의식을 우주의 파동 에너지와 관련지었다.[367]

　우주는 결코 정적이지 않다. 우주는 쉬지 않고 진동하면서 파동을 만들어내고 있고, 우주가 만든 수많은 파동들은 중첩과 간섭을

---

[366] 물리학자, 철학자이며 양자 역학과 기후 변화의 전문가. 국내 번역서 『당신이 우주다』의 저자로서 우주의 의식에 대해 소개.
[367] 이차크 벤토프, 유시화·이상무 역 『우주심과 정신 물리학』(서울: 정신세계사, 1987). 70-76쪽. 페니 피어스, 김우중 역 『감응력』(서울: 정신세계사, 2010). 27-35쪽.

통해 끊임없이 새로운 파동들을 출현시키고 있다.

파동의 본질은 원 운동이다. 인간의 생체 리듬은 지구의 자전과 공전이라는 원 운동과 공진되어 있다. 과학자들은 인간의 신체 안에 시간을 읽는 자동 장치가 있다는 사실을 발견해냈는데 그것은 밤에 생성되고 낮에는 사라지는 특수한 단백질이었다.[368] 이것은 생명 현상이 우주의 보이지 않는 파동 현상과 무관하지 않다는 것을 시사한다.

138억 년 전의 빅뱅은 우주를 존재시킨 거대하고 원초적인 진동이다. 이때 생긴 파동을 '우주 배경복사'라고 부른다.

우주 전역에서 발견되는 배경복사는 전자기파로서 우주의 모든 방향에 대하여 균질적이고 거의 등방적이며, 계절의 변화에 영향 받지 않고 전체적으로 골고루 퍼져 있다. 모든 은하와 항성의 빛 에너지를 합하더라도 복사 에너지의 크기를 넘어서지 못한다. 우주 어느 곳에서 온도가 한없이 내려가더라도 배경복사의 온도인 3K보다 더 내려갈 수는 없다.

우주의 배경복사는 160GHz의 주파수를 갖는 고에너지 형태의 초단파이고 뇌 신경망이 만드는 파동은 대체로 1-100Hz대역의 제한된 파동이다.[369] 인간의 뇌 신경망은 우주에 충만한 배경복사

---

[368] 제프리오 홀, 마이클 로스배시, 마이클 영은 생체시계 연구로 2017년에 노벨 생리의학상을 수상.
[369] 1GHz=10^9Hz.

의 영향력 안에서 최소의 에너지로 최대의 정보 신호를 처리할 수 있도록 진화해왔다고 볼 수 있을 것이다.

동물들은 근육 수축 시 미세한 전자기장을 만들어내는데 세균에서 포유류에 이르기까지 수많은 생명체들은 전자기장을 감지할 수 있는 신체 능력을 갖고 있다.

예를 들면 오리너구리는 부리에 있는 수용체를 통해 동물들의 전자기장을 탐지하여 먹이를 찾아내는 능력이 있다. 이때 부리의 촉각과 전자기적인 자극은 대뇌 피질의 동일한 영역에서 처리된다. 촉각과 전자기 신호를 한꺼번에 느끼는 대뇌 피질 덕분에 오리너구리는 먹이가 움직일 때마다 내보내는 미세한 전자기파와 압력, 맥박과 같은 기계적인 자극을 모두 포착하게 된다. 오리너구리가 먹이 사냥을 하는 동안에는 시각과 후각은 필요 없기 때문에 자맥질을 할 때마다 눈과 콧구멍을 닫고 오로지 주둥이의 감각에만 의존한다.

이것은 모든 생명체들이 잠재적으로 전자기장을 탐지하는 능력을 갖고 있음을 시사한다.[370] 공통 조상을 둔 인간과 오리너구리는 포괄적 잠재 능력 면에서 근본적으로 동일하고 단지 진화의 방향성만 다를 뿐이다.

---

[370] 미겔 니코렐리스, 김성훈 역 『뇌와 세계』(경기도: 김영사, 2021). 158-159쪽.

뇌 신경망은 파동적인 정보 신호를 감지하고 처리하는 과정에서 전자기장의 원리를 이용하고 있다.[371] 일부 동물들이 전자기장을 감지하는 신체 능력을 통해 생존 능력을 높여왔다면 인간의 경우 뇌 신경망의 특화된 구조를 통해 전자기장을 추상적인 우주와 교감하는 데 활용하여 왔다고 볼 수 있다.

외인적 관점의 문제점은 전자기장 안에서 이루어지는 파동적인 정신 현상을 관찰과 실험을 통해 경험적으로 검증할 수 없다는 점에 있다. 그럼에도 우리는 이상하게 가슴이 두근거리면서 이유를 알 수 없는 불안감을 느끼는 경우가 있고 그 순간 정말로 좋지 못한 일이 일어났던 한두 번의 경험들을 갖고 있다. 이것은 인간의 몸이 알 수 없는 방식으로 시공간의 사건들과 교감하고 있음을 시사하는 것처럼 보인다.

---

371 미겔 니코렐리스, 김성훈 역 『뇌와 세계』(경기도: 김영사, 2021). 169-172쪽.

제2부

관찰자의 심리

• 제1장 •

심리적 원형

제1절. 심리적 원형론

우주는 에너지로 충만해 있지만 사람들은 신체와 정신을 에너지 현상으로 바라보는 것이 낯설기만 하다. 더욱이 사유 활동이나 좋음, 싫음, 욕심, 공상, 고민과 같은 심리 현상은 에너지와 관계없이 저절로 생겨나는 것 같다.

그러나 신체 작용뿐 아니라 심리 현상은 자연과 마찬가지로 에너지에 의해 만들어지는 현상들이다. 생명 에너지는 생명체가 스스로 만든 것이기 때문에 우주 에너지와 단절된 것처럼 생각되지만 동일한 에너지의 특별한 존재 방식일 뿐이다.

생명 에너지는 우주 에너지와 마찬가지로 입자 에너지와 파동 에너지로 구분된다. 칼 융은 파동적인 정신 에너지를 신체 에너지와 구분하여 리비도(libido)라고 불렀다.

융에 의하면 무의식의 심연에는 정신 에너지가 만들어내는 심리적 원형이라고 부를 수 있는 실체가 있다. 그는 정신적 실체인 심리적 원형이 무엇이라고 구체적으로 설명할 수는 없지만 그것이 인간의 내면에 보편적으로 존재하면서 자연 현상을 마음 안에 기록한다고 말하였다.

물질계의 에너지가 임계점 이상으로 커지면 창발적으로 새로운 질서를 만들어내듯이 뇌의 파동도 임계점 이상으로 강화되면 심리적 성질이라는 새로운 질서를 만들어낼 수 있을 것이다. 복잡계에 속하는 뇌파가 창발적으로 심리적인 질서를 만들어내는 과정은 비평형의 혼돈 상태로부터 새로운 질서가 생겨나는 것으로 설명될 수 있다.

열역학의 권위자인 일리야 프리고진(1917-2003)[372]은 생명 질서가 출현할 수 있는 조건을 효소 단백질이 만드는 비평형 조건에서 찾았다.[373] 그는 효소 단백질의 다양하고 복잡한 촉매 작용에 의해 불안정적인 토대가 미시적인 두개골 안에 마련됨으로써 새로운 질서가 탄생할 수 있음을 시사하면서 이렇게 말한다.

---

[372] 일리야 로마노비치 프리고진은 러시아 모스크바 태생의 벨기에 화학자. 복잡계, 비가역성 연구의 권위자로 1977년 노벨 화학상을 수상.
[373] 일리야 프리고진 · 이사벨 스텐저스, 신국조 역 『혼돈으로부터의 질서』(경기도: 자유아카데미, 2011). 217-218쪽.

우리는 평형으로부터 멀리 떨어진 조건들 하에서는 여러 가지 형태의 자생적 조직화의 과정들이 일어날 수 있음을 보았다. 이들은 화학적 진동의 발생이나 공간적인 구조들에 이르게 할 수 있다. 우리는 이러한 현상들이 나타나기 위한 기본적 조건이 촉매 효과들의 존재임을 보았다.[374]

인간의 심리 현상이란 궁극적으로 우주와 생명체의 물리적 성질이 생물학적으로 표현된 것이라고 말할 수 있다. 파동적 자아의 물리적 성질은 파동 에너지를 갖는 물질적, 생물학적, 기호 논리적인 정보 신호의 성질로 구성되어 있다. 물질적인 정보 신호와 생물학적인 정보 신호는 원자와 분자의 물리적인 성질을 표현하고, 기호적인 정보 신호는 뇌 신경망의 이항성에서 오는 논리적인 성질을 갖는다. 이러한 물리적 성질은 뇌 신경망이 정보를 처리하는 과정에서 창발적으로 심리적 성질로 표현됨으로써 심리적 원형을 구성한다고 볼 수 있다.

생명 현상은 대체로 세포의 물리 화학 반응, 환경 적응과 진화, 정보처리 활동으로 요약되는데[375] 이러한 생명 활동은 각각 인력과 척력, 선호와 기피, 유사성과 차이라는 물리적이고 논리적인 성질과 결합되어 있다.

---

[374] 일리야 프리고진 · 이사벨 스텐저스, 신국조 역 『혼돈으로부터의 질서』(경기도: 자유아카데미, 2011). 216-217쪽.
[375] 폴 너스, 이한음 역 『생명이란 무엇인가』(서울: 까치글방, 2023). 9-14쪽.

각각의 성질들은 뇌 신경망에 의해 창발적으로 심리적 성질로 전환되는데 인력과 척력은 심리적인 고독과 불안, 선호와 기피는 집착과 탐욕, 유사성과 차이는 망상과 허영이라는 심리적 원형을 구성하게 된다.

심리적 원형들은 연속적인 복합체의 형태로 파동적 자아의 심리 상태를 이루고 있으며, 파동의 속성에 의해 각자 고유한 성질을 유지한 채 중첩과 간섭의 상태에 있게 된다.

심리적 원형은 정보 현상과 관련된 반응이기 때문에 신체 반응인 분노, 공포의 감정과 구분된다. 분노와 공포 감정은 정신이 아닌 신체 에너지에서 나오므로 심리적 원형을 압도할 만큼 강력하다. 흔히 분노가 폭발한다거나 공포로 몸이 마비되었다는 식으로 표현된다.

심리 현상의 기저에는 정보 신호의 물리적 성질인 인력과 척력, 선호와 기피, 유사성과 차이가 있고 심리적 원형인 고독과 불안, 집착과 탐욕, 망상과 허영이 있다. 여기에 신체적 감정인 분노, 공포가 복합적으로 작용함으로써 복잡하고 다양한 2차적인 심리 현상들을 만들어낸다고 볼 수 있다.

심리적 원형은 단순한 관념이 아니라 에너지 현상이기 때문에 외부의 자극에 의해 증폭되는 경향이 있다. 사람들은 흔히 고독과 불안, 집착과 탐욕, 망상과 허영을 윤리적인 문제로 보고 회피와 억제의 대상으로 바라보는 경향이 있다.

그러나 물리적 실체와 결합해 있는 심리적 원형은 회피 또는 억제의 대상이 아니라 직시하고 관리해야 할 대상이다. 모든 인간의 마음 깊은 곳에 고독과 불안, 집착과 탐욕, 망상과 허영이라는 심리적 원형이 보편적으로 내재해 있음을 받아들이는 것은 자아 성찰의 시작점이고 진솔한 인간 관계의 출발점이라고 말할 수 있다.

파동적 자아는 생명 현상에서 오는 자기 중심적인 심리적 원형 외에 또 하나의 보다 근원적인 본성을 갖고 있다. 그것은 '끝없는 지향성'이다. 끝없는 지향성은 생명체가 아닌 관찰자의 지위에서 오는 심리적 원형으로써 파동들의 근원인 우주 에너지와의 합일을 향해 있다. 파동적 자아는 끝없는 지향성을 통해 자기 중심성을 넘어 우주와 하나 되는 심리 상태를 맛볼 수 있다.

우주의 관찰자인 파동적 자아는 생명 현상과 불가분의 관계에 있기 때문에 끝없는 지향성이 때로는 생물학적인 욕구 또는 동기와 결합하게 된다. 끝없는 지향성과 결합한 생물학적인 욕구와 동기는 스스로 통제할 수 없는 상태로 발전하게 된다.

제2절. 고독과 불안

세포 생명체의 물리 화학 반응은 원자의 입자적 속성인 인력과 척력에 토대를 두고 있고, 물리 화학 반응에 의해 만들어지는 물질적인 정보 신호는 세포막의 나트륨(Na), 칼륨(K) 원자가 만든 파동적인 전기 신호에서 비롯된다. 이 때문에 물질적인 정보 신호는 원자의 존재 방식인 불확정성에서 오는 존재론적인 성질을 갖게 된다. 원자의 불확정적이고 선택적인 존재 방식은 물질적 정보 신호의 또 다른 성질인 고독과 불안이라는 심리 상태로 표현될 수 있을 것이다.

프로이드는 생명체의 물질성을 생존 본능과 죽음 본능으로 표현하였다. 그는 인간의 심리 안에는 쾌락을 추구하는 생존 본능과 죽음의 본능이 공존한다고 말한다. 쾌락 본능은 '살아있음'에서 오고, 죽음 본능은 생물이 자신의 근원인 물질로 회귀하려는 원초적인 현상과 밀접하게 관련된다는 것이다.

프로이드는 외부 자극에 반응하는 소포(小包) 형태의 물질을 생명체의 시초로 보았고, 소포의 외피층이 외부의 에너지로부터 생명을 보호하는 감각 기관이 되었다고 주장하였다.[376]

물리 화학적인 구조를 따르는 초기 생명체의 단순한 삶은 마치 하루살이처럼 매우 짧았을 것이고 죽음이 살아있는 것보다 쉬웠을 것이다. 프로이드는 이 때문에 생명체의 죽음 본능이 생겼다고 말한다. 생명체의 죽음에 이르는 길은 생명체가 진화하면서 우회

---

[376] 지그문트 프로이드, 박찬부 역『쾌락 원칙을 넘어서』(서울: 열린책들, 1998). 36-38쪽.

적이 되어 훨씬 복잡해졌지만 그럼에도 죽음 본능은 언제나 생존 본능과 함께한다.[377]

파동적 자아의 고독과 불안은 모든 인간에게 원초적이고 보편적인 심리 현상으로 작용하고 있다. 20세기 실존주의 철학은 인간의 자유와 고독, 불안의 문제를 핵심 주제로 다루었으며, 대부분의 종교는 고독을 자신의 존재성과 대면할 수 있는 중요한 영적 수련의 수단으로 삼아왔다.

석가모니는 고독과 모진 수행을 통해 삶과 죽음의 경계선을 맛봄으로써 깨달음을 얻을 수 있었다. 불교가 전하는 바에 의하면 석가모니가 식사량을 쌀 한 톨에서 삼씨 한 톨로 줄이자 피부 색깔이 바래어 죽은 잿빛 같았고, 호흡은 마침내 아주 멈추는 단계에까지 이르렀다. 천상의 어떤 신은 석가모니가 죽었다고 하고 어떤 신은 아직 살아있다고 말했다.[378]

카톨릭 사제로서 예일대와 하버드대 심리학 교수를 역임한 헨리 나우웬(1932-1996)은 영적인 삶을 고독에서 찾았다. 고독은 회피하거나 망각의 대상이 아니라 자아실현의 생산적인 도구라는 것이다. 그는 내면의 민감성을 개발하는 것이 영적인 삶이라면서

---

377 지그문트 프로이드, 박찬부 역 『쾌락 원칙을 넘어서』(서울: 열린책들, 1998). 53-54쪽.
378 와타나베 쇼코, 법정 역 『불타 석가모니』(서울: 동쪽나라, 2002). 146-150쪽.

이렇게 말한다.

마음의 고독이 없으면 우정, 결혼, 공동체 생활의 친밀감은 창조될 수 없습니다. 마음의 고독이 없으면 우리가 이웃과 맺는 관계는 쉽사리 빈곤해지고 욕심을 내어 무엇인가를 바라게 되며, 집착하고 매달리게 되며, 의존하고 감상에 빠지게 되며, 상대방을 이용하려 하고 상대방에게 지나치게 의존하게 됩니다. 왜냐하면 마음의 고독이 없이는 다른 사람을 자신과 다른 존재로 경험할 수 없고 자신의 욕구를 충족시키기 위한 수단으로만 사람들을 경험하는 경우가 많기 때문입니다.[379]

제3절. 집착과 탐욕

파동적 자아를 구성하고 있는 생물학적 정보 신호의 선호와 기피는 심리적 성질인 집착과 탐욕으로 표현될 수 있다. 집착과 탐욕은 원시 지구의 환경에서 태어나 수억 년에 걸쳐 자연 선택의 진화 과정을 견디면서 모질게 살아온 생명체의 본성, 곧 이기적인 유전자의 속성을 담고 있다.

---

[379] 헨리 나우웬, 이상미 역 『영적 발돋움』(서울: 두란노서원, 2013). 47쪽.

집착과 탐욕은 물리적 성질의 또 다른 측면이라는 점에서 가치 판단의 대상은 아니지만 타자와의 관계에서 언제나 악덕으로 표현된다. 이 때문에 종교와 철학은 집착과 탐욕을 악덕 또는 죄의 근원이라고 가르친다.

그리스도교의 7가지 근원적인 죄는 교만, 질투, 분노, 나태, 탐욕, 식탐, 색욕을 말하는데 모두 생물학적 본성인 집착과 탐욕에 뿌리내리고 있다. 불교의 10가지 악덕 또한 마찬가지이다. 10악은 살생, 도둑질, 음행이라는 행동으로 짓는 3가지 죄, 거짓말, 꾸미는 말, 험담, 이간질이라는 말로 짓는 4가지 죄와 그리고 탐욕, 분노, 인과에 어긋나는 생각이라는 마음으로 짓는 3가지 죄를 말한다.

현대 심리학의 자아실현 욕구는 인간의 잠재력을 최대한 현실화하려는 심리적인 경향성을 의미하는데 이것은 생명체의 자기 중심성과 관련된다.

미국의 심리학자 매슬로(1908-1970)는 인간의 욕구와 동기를 자아실현의 관점으로 바라보았다. 그는 인간이란 통합적인 유기체이기 때문에 부분적인 욕구가 전체적인 심리 상태로 출현한다고 주장하였다. 예를 들면 배고픔은 소화 기관만이 아닌 전체적인 느낌으로 작용한다.[380] 매슬로는 인간의 심리 상태를 5가지로 구

---

[380] 에이브러햄 매슬로, 소슬기 역 『동기 이론』(부산: 유엑스리뷰, 2018). 9-24쪽.

분한 후 5가지 욕구가 단계적으로 충족되는 과정을 자아실현으로 보았다.

첫 번째 욕구는 생명 질서를 유지하고 연장하려는 생리적인 욕구이다. 이것은 모든 생명체들이 갖고 있는 기본적인 생존 욕구를 의미한다. 두 번째 욕구는 편안하고 안전한 삶에 대한 욕구이다. 의식주를 안정적으로 해결하고 환경의 변화와 위협으로부터 심신의 안전함을 추구하는 욕구를 말한다. 세 번째는 다른 사람들과의 관계 속에서 자기 자신을 확인하려는 사회적 욕구로서 공동체적인 소속감과 유대감을 의미한다. 네 번째는 자기 존중 또는 자존심 충족의 욕구로서 단지 사회적 유대감에 머무는 것이 아니라 좀 더 높은 지위에 오르고자 하는 욕구를 말한다.

매슬로는 여기에 더해 마지막 단계인 다섯 번째 욕구를 전 단계의 생물학적인 욕구들과 구분하여 참된 자아실현을 성취하고자 하는 욕구로 보았다. 마지막 단계의 욕구는 자기 중심성을 넘어 자신이 세상에 존재하는 참된 의미를 깨달음으로써 얻게 되는 행복을 의미한다. 매슬로는 참된 자아실현을 위해서는 뚜렷한 삶의 철학이 요구되고 세상의 통념적 가치의 굴레에서 벗어나려는 도전 의식이 필요하다고 말하였다.

제4절. 망상과 허영

파동적 자아를 구성하고 있는 기호적인 정보 신호는 새로운 자극과 저장된 정보 신호의 일치와 차이를 비교하면서 기호적으로 '옳음/그름'이나 '예/아니오'로 반응한다. 기호 논리는 언제나 정신과 세상 사이의 간극을 만들어 망상과 허영의 씨앗이 된다. 이러한 망상과 허영은 파동적 자아의 본성인 심리적 원형이 되어 모든 인간의 내면에 보편적으로 자리 잡고 있다.

사람들은 생각이 깊어질수록 비현실적인 내용을 계속 주장하거나 주관적 확신을 고집하면서 자신의 잘못을 인정하지 않으려는 경향이 있다. 심리적 원형인 망상은 일반적으로 이치에 맞지 않는 생각에 집착하는 심리 상태를 말하는데 상대방이 망상에 빠졌을 때 진위 여부를 따지는 논쟁은 오히려 상대방의 주관적인 믿음을 강화시킨다.

망상은 자기 또는 세상과 관계 맺는 2가지 방식의 충돌에서 온다. 인간은 의식적이든 무의식적이든 자신을 2가지 관점으로 바라보는데 하나는 외부와 연속적인 관계 속에 있다고 보는 유기체적인 관점이고(일치) 다른 하나는 오로지 개체적이고 생물학적인 관점으로 자신을 바라보는 관점이다(차이).[381]

---

[381] 로널드 랭, 신장근 역 『분열된 자기』(서울: 문예출판사, 2018). 21-33쪽.

유기체적인 관점이 지나치면 삶의 주체로 살아갈 수 없고 개체적인 관점에 치우치면 타자와의 관계 형성에 어려움을 겪게 된다. 사람들은 본능적으로 2가지 관점의 균형을 지향하지만 언제나 현실은 순간 순간의 선택을 강요하기 때문에 모든 사람은 어느 정도 망상 속에서 살아간다고 볼 수 있다.

망상의 상태가 극단으로 흐르면 정신질환의 일종인 조현병이 된다. 조현병은 세상과의 관계 또는 자신과의 관계에 심각한 균열이 생긴 심리 상태를 말하는데 대부분 극단적인 망상 증상을 보이고 현실과 괴리된 관계적 표현에 집착하게 된다.

프랑스의 정신 분석학자이자 의사인 자크 라캉(1902-1981)은 정신질환을 기호적인 관점으로 바라보았다. 그는 프로이드의 정신 분석학과 소쉬르의 언어 기호학을 결합하여 정신질환을 설명하였다. 기호는 형식인 기표와 의미인 기의로 구성되는데 라캉은 기표와 기의의 단절과 상호 간의 억압, 배제를 정신질환의 원인으로 지목하였다.[382]

한편 망상과 짝을 이루는 허영은 타인으로부터 관심과 인정, 찬사받는 일에 집착하는 정신 현상을 말한다. 이는 자신이 모든 것의 중심이 되려는 잘못된 욕망에서 비롯된다.

---

[382] 마츠모토 타쿠야, 임창석 역 『모든 인간은 망상한다』(경기도: 서커스출판상회, 2023). 136-140쪽.

그리스도교는 전통적으로 하느님의 영광을 자신의 것으로 치환하려는 것을 '헛되고 공허한 영광'이라고 불렀다.[383] 아우구스티누스의 『고백록』은 허영이라는 악과 싸우는 자신의 모습을 빈번하게 기술하고 있는데 예를 들면 다음과 같다.

예나 지금이나 거만하고 미신스럽고 헛되기는 어디서나 매한가지로 학예에서 하잘 것 없는 민중의 인기를 얻고자 하고 극장의 박수갈채, 시문의 백일장, 금방 시들어 버리는 풀꽃으로 만든 웅변상, 쑥스러운 무대 경연, 절제 없는 탐욕으로 치닫는가 하면 부정한 것에서 몸을 깨끗이 씻고자 교회에 먹을 것을 가져다주면서 구원해 달라고 비는 것이었습니다.[384]

망상과 허영의 본질은 관계성에 있다. 인지 심리학에 의하면 외부의 대상은 지각되는 과정에서 철저하게 주관적이 된다. 모든 인간은 각자의 주관성 안에 유폐되어 있으며 이러한 유폐성을 벗어나는 유일한 통로가 추상적인 기호와 은유의 형식으로 전개되는 사유 활동이다.

인간은 은유적인 사유를 통해 타자와 소통하고 생명체의 물리적 한계를 뛰어넘어 무한한 상상의 나래를 펼칠 수 있게 되었지만

---

[383] 레베카 드영, 김요한 역 『허영』(서울: 두란노서원, 2015). 57-59쪽.
[384] A. 아우구스티누스, 최민순 역 『고백록』(서울: 바오로딸, 2014). 131-132쪽.

이와 동시에 물리적인 실재로부터 점차 멀어지는 망상과 허영에 빠지게 된다.[385]

제5절. 끝없는 지향성

파동적 자아는 생명체의 자기 중심성을 넘어 완전한 무언가를 끝없이 지향하는 또 다른 심리적 원형이 있다. '끝없는 지향성'은 생명체가 아닌 우주 관찰자의 지위에서 오는 파동적 자아의 본성이라고 말할 수 있다.

대중 심리학에서 말하는 욕구와 동기는 생물학적인 심리 현상이라는 점에서 파동적 자아의 '끝없는 지향성'과 구분된다. 파동적 자아는 '끝없는 지향성'이라는 또 하나의 심리적 원형을 통해 우주와 소통함으로써 자아 초월을 경험할 수 있게 된다.

칼 융의 의식과 무의식의 관계는 끝없는 지향성을 함의하는 것으로 해석될 수 있다. 융은 정신을 의식과 무의식으로 구분한 후 무의식이 의식의 뿌리라고 말하였다. 만약 자아가 일방적으로 의식만을 고집하게 되면 결국 정신은 두 개로 분열되고 인간은 알 수 없는 불안과 고통에 빠지게 된다.

---

[385] 노양진 『기호적 인간』(서울: 서광사, 2021). 18-38쪽.

융은 자아가 또 다른 정신 세계인 무의식을 보지 못하면 무의식은 스스로 의식에 포함되어 전체를 실현하려는 상보적인 기능을 발휘하게 된다고 주장하였다.[386,387] 자기실현이란 갇혀 있는 자아가 의식의 울타리를 넘어 무의식적인 것들을 하나씩 깨우쳐 나감으로써 전체적인 인격을 실현하는 것을 의미한다. 그러나 융은 무의식의 영역이란 진정으로 그 깊이를 알 수 없기 때문에 완전한 자기실현은 사실상 불가능하고 자기실현이란 완전함이 아니라 완전함을 지향하는 것을 의미한다고 주장하였다.[388]

20세기 초에 등장한 현상학의 핵심 주제는 끝없는 지향성이다. 현상주의 창시자인 후설(1859-1938)의 관심은 마음이 지향성을 통해 어떻게 객관적인 실재를 구성하는지에 있었는데 후설이 말하는 의식의 지향성이란 경험 너머의 참된 실재를 향한 마음의 움직임을 말한다. 참된 실재는 지속적인 지향성 속에서 드러내지기를 기다리고 있다. 후설은 인간의 내면에 경험과 구분되는 직관적인 본질이 있고 직관적인 본질 안에 끝없는 지향성의 뿌리가 있다고 말하였다.

---

386 융은 이를 심적 원형의 일종인 '자기 원형'으로 표현하였다. 여기서 자기(Self, 自己)란 의식과 무의식을 통합하여 전체적인 하나로 존재함으로써 전체적인 인격을 이루려는 심적인 경향성을 말한다.
387 이부영 『분석 심리학 – C. G. 융의 인간 심성론』(서울: 일조각, 2014). 125쪽.
388 이부영 『분석 심리학 – C. G. 융의 인간 심성론』(서울: 일조각, 2014). 75쪽.

파동적 자아의 끝없는 지향성은 인간이 창조력을 발휘할 수 있는 원천으로 작용한다고 볼 수 있다. 창조력은 의식적인 숙고가 아니라 모호하고 직관적인 느낌에서 온다.

창조를 위해서는 먼저 이해하려는 욕구가 있어야 하고 그것이 정서적인 느낌과 어우러져야 하며 최종적으로 지성과 통합되어야 한다. 뇌 과학자 안토니오 다마지오는 『데카르트의 오류』에서 신체와 정신을 이원론적으로 구분한 데카르트를 반박하고 있다. 다마지오는 신체적인 느낌과 직관은 합리적인 사고를 방해하는 것이 아니라 오히려 합리적 사고의 원천이자 기반이라고 말한다.[389]

직관적인 느낌은 언어로 설명되지 않는다. 아인슈타인은 수학적인 사고 이전에 직관적으로 본질이라고 할 수 있는 심상이 먼저 나타난다고 말하였고, 리처드 파인먼은 수학적인 난제를 해결하기 이전에 어떤 그림 같은 것이 눈앞에 계속 나타나서 시간이 흐를수록 정교해진다고 표현하였다. 노벨상 수상자인 생물학자 바버라 매클린턱(1902-1992)은 어떤 문제를 풀다가 어느 순간 답이라고 할 만한 것이 갑자기 떠오를 때가 있는데 그때가 바로 무의식 속에서 답이 구해지는 순간이었다고 회상하였다.[390]

---

389 안토니오 다마지오, 김린 역 『데카르트의 오류』(경기도: 눈출판그룹, 2017). 360-367쪽.
390 로버트 루트번스타인 · 미쉘 루트번스타인, 박종성 역 『생각의 탄생』(서울: 에코의 서재, 2016). 21-32쪽.

직관적인 느낌은 새로운 생각의 원천이지만 직관만으로는 아무것도 증명할 수 없다. 우리는 그것이 그저 비언어적이고 비수학적이며 비기호적이라는 것만 알 수 있을 뿐이다.

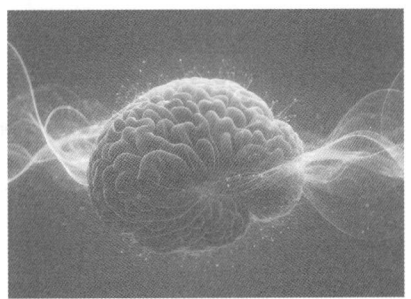

• 제2장 •

심리적 태도

사람들이 성격에 관심을 갖는 이유는 타자의 행동에 대해 일관성이나 연속성의 느낌을 갖고 싶어 하기 때문이다. 사람들은 누구나 다른 사람의 성격을 추론하면서 살아가기 때문에 모든 인간은 심리 전문가라고 말해도 과언이 아니다. 심리학자는 단지 인간에게 보편적으로 내재해 있는 심리적 태도에 초점을 맞추고 있을 뿐이다.

성격 심리학은 표현의 차이가 있지만 대체로 인간의 성격 유형을 5가지로 범주화하는 경향이 있다. 이는 사회 적응, 정서적 통제, 순응성, 성취 의지, 지적 탐구를 말하는데 외향성, 우호성, 성실성, 정서성, 지성과 관련되고 대체로 양극적인 형용사로 표현되는 경우가 많다. 예를 들면 대담한/소심한, 친절한/불친절한, 신중한/경솔한, 불안한/차분한, 생각이 깊은/생각이 얕은 등의 표현이

있다.[391]

심리적 원형이 자아의 본성이라면 심리적 태도, 곧 성격은 타자에 의해 규정되는 심리적인 방향성을 의미한다. 심리적 태도의 개념 속에는 타자의 존재와 관계성이 내포되어 있다.

심리적 원형의 관찰자는 자기 자신이고 심리적 태도의 관찰자는 타자이다. 이 때문에 심리적 태도는 타자의 시선만큼이나 다양하게 표현될 수 있으며 대중 심리학의 관심인 성격과 맞닿아 있다. 심리적 태도는 타자가 만든 관념이기 때문에 자아 성찰의 대상은 아니지만 사회 관계를 감안하여 적절하게 관리될 필요가 있다.

심리적 태도가 비정상적인지 여부는 사회와 문화의 척도에 의해 결정된다. 심리학자들은 성격 장애란 일반적인 사람들의 기대로부터 벗어난 지속적인 패턴이라고 정의하는 경향이 있다.[392]

심리적 태도의 특징은 통합적으로 존재하는 심리 현상이 타자의 관찰에 의해 선택적으로 끄집어내진다는 점이다. 심리적 태도는 타자에 의해 선택적으로 관찰되고 이항 대립적으로 규정되어

---

391 Charles S. Carver · Michael F. Soheier, 김교현 역 『성격 심리학』(서울: 학지사, 2015). 111-116쪽.

392 Gorkan Ahmetoglu · Tomas Chamorro-premuzic, 정이경 외 1인 역 『성격 심리학 101』(서울: 시그마프레스, 2016). 45-51쪽.

고착화된다.

　이 때문에 심리적 원형과 달리 심리적 태도는 관찰자인 타자의 심리를 반영하게 된다. 만약 내가 상대방을 관찰한 후 이기적이라고 판단한다면 나의 이기심과 비교하여 상대방이 더 이기적이라고 생각되기 때문이다. 마찬가지로 상대방의 소심함은 나의 소심함에 견주어 그렇다는 것이다. 따라서 타자는 내 마음의 그림자이고 거울이라고 말할 수 있을 것이다.

　심리적 태도는 그것이 자아의 본질과 무관하고 차이의 정도를 의미하기 때문에 상대적이고 역설적인 표현이 가능하다. 예를 들면 똑똑하지만 바보 같다, 소심하면서 대담한 척한다 등의 표현을 들 수 있다.

　타자에 의해 규정되는 다양한 심리적 태도 가운데 파동적인 자아의 본성과 관련되는 것으로 외향성과 내향성, 보수와 진보, 남성성과 여성성을 들 수 있다.

제1절. 외향적 vs 내향적 태도

　칼 융은 모든 인간의 마음에 보편적으로 자리 잡고 있는 보다 근본적인 심리적 태도에 관심을 가졌다. 그는 사람들이 동서고금을 막론하고 심리적 태도를 다양하게 표현해왔지만 외향성과 내향성으로 요약할 수 있다면서 심리적 태도의 탐구 과정을 이렇게 전한다.

이 책(저서 『심리 유형』)은 내가 실용 심리학 분야에서 20년 가까이 연구하면서 얻은 결실이다. 그 기간에 나의 생각 속에서 조금씩 성장하면서 맺어진 결실이 바로 이 책인 것이다. 정신과 의사로서 신경증 환자들을 치료하면서 얻은 무수한 경험과 인상, 모든 사회 계층의 남녀들과의 교류, 친구들과 반대자들을 접한 개인적 경험, 마지막으로 심리학자로서 나 자신의 비판적 안목 등이 조금씩 축적되어 한 권의 책으로 엮어지게 되었다.[393]

융은 외향성과 내향성이란 일종의 생명 현상이기 때문에 규칙적으로 교차되어야 하지만 복잡한 삶에서 오는 심리적인 반응에 의해 한쪽으로 치우칠 수밖에 없으며, 편향된 심리적 태도는 어느 정도 일관성을 갖고 그 사람의 운명을 좌우하게 된다고 주장하였다. 융은 외향성 또는 내향성의 심리가 억압받거나 자신에게 맞지 않는 심리 유형을 지속적으로 강요당할 경우 심리적인 부조화 속에 놓여 육체적으로나 정신적으로 힘든 삶을 살게 된다고 말한다.

외향적인 태도는 정신적인 에너지가 외부 세계를 향해 있고, 자

---

[393] 칼 구스타프 융, 정명진 역 『심리 유형』(서울: 부글북스, 2005). 4쪽.

신의 주관적인 관점보다는 외부의 조건에 보다 많은 가치를 부여한다. 그의 관심은 주변에서 일어나는 일들을 향해 있으며, 사회적으로 합의된 도덕법이 그의 행동을 좌우하고, 외부의 영향을 받은 자신의 판단을 주변 사람들을 판단하는 척도로 삼는다. 판단의 척도는 비교적 객관적이지만 주변 사람들까지 자신의 척도 안에 강제로 집어넣으려 하기 때문에 주변 사람들은 그러한 그의 지배적인 성향을 불편해한다.[394]

한편 내향적 태도는 정신 에너지가 자신의 내부를 향해 있다. 내향적인 사람들은 외부의 대상이나 객관적인 자료보다는 자신의 주관적인 요소들의 영향을 많이 받고, 외부 세계를 주관적으로 바라보기 때문에 때로는 객관적 상황에 맞추어 적절하게 행동하지 못하는 경우가 생긴다.

내향적인 사람들의 심리적 태도는 매우 다양하여 일관성 있게 설명되지 않는다. 대상에 대한 판단은 냉정하고 완고하며 때로는 자의적이고 무모하다. 내향적인 사람들은 자신의 주관성에 함몰되어 오히려 문제를 더욱 복잡하게 만들기도 하고 양심의 가책과 오해에 끊임없이 시달린다.[395]

파동적 자아의 관점으로 살펴보면 융의 심리적 태도는 파동적

---

[394] 칼 구스타프 융, 정명진 역 『심리 유형』(서울: 부글북스, 2005). 408-409쪽.
[395] 칼 구스타프 융, 정명진 역 『심리 유형』(서울: 부글북스, 2005). 470-471쪽.

자아를 구성하는 정보 신호의 강도를 반영하는 것처럼 보인다. 외향성은 외부 환경에 예민한 생물학적 정보 신호에 편향되어 있고, 내향성은 내면의 기호 논리적인 성격이 강하기 때문이다.

뇌 신경망은 신체 감각을 통해 외부의 정보 신호를 받아들여 기호 논리적인 조작을 통해 정신 현상을 만들어내기 때문에 파동적 자아에게 외향성과 내향성은 연속적인 과정을 이루고 있다.

그러나 외부의 관찰자는 자신의 심리적인 이항성을 척도로 상대방의 심리를 바라보게 된다. 만약 어떤 사람이 상대방을 외향적 또는 내향적이라고 판단한다면 그는 안과 밖을 경계 짓는 자신의 내면을 표현하고 있다고 볼 수 있다.

제2절. 보수적 vs 진보적 태도

오늘날 대부분의 민주 국가는 복지, 세제, 교육, 문화와 같은 사회 인프라를 둘러싸고 보수와 진보로 나뉘어 치열하게 서로 공격하면서 논쟁을 벌이고 있다.

보수주의는 프랑스 혁명 이후 급격한 사회 변화의 부작용을 경험한 에드먼드 버크(1729-1797)[396]에 의해 사상적으로 체계화되었다. 보수주의자들은 기존의 전통과 사회 질서를 중시하고 점진

---

[396] 영국의 정치인, 철학자. 『자연 사회의 옹호』, 『프랑스 혁명에 관한 성찰』을 저술함으로써 근대 보수주의의 아버지라고 불린다.

적인 변화를 선호한다. 또한 개인의 자율과 책임을 강조하고 작은 정부를 지향하며 자유 시장경제를 옹호한다.

반면에 진보주의는 근대 산업 혁명이 초래한 사회적인 불평등에 대한 반발에서 비롯되었다. 진보주의자들은 사회 질서의 변화를 통해 사회적, 경제적, 정치적 평등을 추구한다. 또한 큰 정부를 지향하며 사회 복지와 부의 재분배, 공공 서비스 확대, 부유층에 대한 세금 강화 등을 중시하는 경향이 있다.

그러나 이렇게 관념적으로 규정되는 이데올로기는 단지 명분일 뿐 현실적인 보수와 진보의 치열한 다툼은 권력을 향한 인간의 욕구를 반영하고 있다. 이것은 보수와 진보가 이념의 문제라기보다는 궁극적으로 인간의 본성에 뿌리내리고 있음을 시사한다.[397] 인지 언어학의 창시자인 조지 레이코프는 뇌가 세상을 바라보는 정신적인 구조물을 프레임이라고 불렀는데 그는 정치적인 영역에서의 프레임이 보수와 진보로 출현한다고 주장하였다.[398]

뇌 과학에 의하면 보수주의자들은 공포 감정을 담당하는 편도체가 발달한 반면 진보주의자들은 새로운 자극과 외부 정보에 민감하게 반응하는 피질 영역이 활성화되어 있다고 한다.[399]

---

[397] 유발 레임, 조미현 역 『에드먼트 버크와 토머스 페인의 위대한 논쟁 - 보수와 진보의 탄생』(서울: 에코리브르, 2016). 75-106쪽.
[398] 조지 레이코프, 유나영 역 『코끼리는 생각하지 마』(서울: 미래엔, 2024). 9-15쪽.
[399] 2011년 영국 유니버시티 칼리지 저레인트 리스 교수팀이 〈커런트 바이올로지(Current Biology)〉에 관련 논문을 발표.

뇌 과학자들은 이를 근거로 보수주의자들은 확증 편향이 강하여 자신의 생각과 일치하는 것은 잘 받아들이지만 그렇지 않은 것은 무시함으로써 자기 신념을 보호하려는 경향이 있다고 말한다. 자신의 신념을 지키려는 확증 편향은 진보주의자들에게도 나타나지만 그 정도와 빈도가 보수주의자에게서 좀 더 심하다는 것이다. 반면에 진보주의자들은 새로운 근거들이 제시되면 주장을 재검토하거나 바꾸는 확률이 더 높았다.[400]

정치적 성향이 뇌 구조와 관련이 깊다는 것은 공약, 정책, 비전과 같은 이념적인 청사진은 단지 표현의 도구일 뿐 이미 심리적인 태도가 선행적으로 어느 정도 결정되어 있음을 의미한다. 신경 정치학자들은 유권자의 의사 결정이 이성적이라기보다 정서적 차원에서 이루어지는 것 같다고 말한다.

정치 지지자에게 반응하는 뇌 영역은 사랑에 빠졌을 때나 마약 복용 시와 같은 감정적인 쾌락의 중추와 동일하다. 이 때문에 열렬한 지지자들은 후보의 잘잘못을 따지지 않고 열광하는 팬덤 정치에 쉽게 빠지게 된다.

그러나 정치적 성향이 뇌 기능의 차이를 만들었는지 아니면 뇌 기능의 차이로 인해 정치적 성향이 달라졌는지는 여전히 모호한 측면이 있다. 진보와 보수의 결정에는 유전적 요인, 성장 환경, 문

---

[400] 크리스 무니, 이지연 역 『똑똑한 바보들 - 틀린데 옳다고 믿는 보수주의자의 심리학』(서울: 동녘사이언스, 2012). 157-177쪽.

화적 상황과 같은 다양한 요인들이 개입하기 때문에 해부학적인 뇌의 구조나 기능만으로 보수성과 진보성을 판단하는 것은 성급한 일이 될 수 있을 것이다.

관찰자 심리학의 관점에서 살펴보면 보수와 진보는 궁극적으로 질서를 향한 파동적 자아의 통합적인 본성을 표현하는 것처럼 보인다. 뇌 신경망의 저장된 정보 신호는 새로운 정보 신호에 의해 소환되어 서로 비교됨으로써 파동적 자아라는 새로운 질서체를 만들어내기 때문이다. 결국 보수와 진보의 문제는 파동적 자아가 자신을 새롭게 질서화하는 과정과 관련지을 수 있다.

보수와 진보가 논쟁과 타협을 통해 합의된 질서를 향하지 않고 오로지 대립과 갈등을 지속하는 한 미래 사회는 보장되지 않는다고 말할 수 있을 것이다.

제3절. 남성적 vs 여성적 태도

구약의 창세기는 하느님께서 흙으로 빚은 자웅동체 인간을 아담과 이브로 분리한 후 서로 의지하고 협력케 함으로써 인간 사회를 이루게 하였다고 전한다.[401]

---

401 창세기 제2장 18-25절.

남성과 여성의 구분은 진화의 관점에서 보면 생명체의 생존 전략으로 해석될 수 있지만 사회적 동물인 인간의 관점에서 보면 사회 창조의 원리라는 보다 심오한 의미를 갖는다.

생명 물질인 아미노산의 요철 구조가 단백질을 만들고, 효소 단백질이 서로 짝을 찾아 활성화되듯이 남자와 여자의 구분과 결합은 인간 사회를 창조함에 있어서 필수 조건이라고 말할 수 있을 것이다.

그러나 생물학적인 남자와 여자의 구분과 달리 심리적인 남성성과 여성성이 천부적인 것인지는 여전히 논란의 대상이 되고 있다. 대체로 남성은 판단, 이념과 같은 추상적인 것을 추구하고, 외부 세상에 관심이 많으며 사회적 지위, 권위, 명예를 존중하는 경향이 있다.

반면에 여성은 분석 판단보다는 수용적이고 정서적으로 세상을 바라보는 경향이 있으며 사회와 국가보다는 가정을, 추상적인 이념보다는 개인의 구체적인 감정을 중요시한다.

뇌 과학에 의하면 남녀 간의 이러한 심리적인 특징은 뇌의 구조와 기능의 차이에서 온다고 한다. 뇌 영상에 의하면 남녀는 뇌의 크기와 발달 부위가 서로 다르다. 그러나 뇌 신경망의 가소성을 감안할 때 남녀 간의 두뇌 차이가 인류가 출현하기 이전부터 정해진 것인지 아니면 인류 문명의 구조화된 영향 탓인지는 여전히 불분명하다.

관찰자 심리학의 관점에서 보면 마치 남성은 선택의 방향성이 정해진 기호적인 정보 신호에 능숙하고 여성은 큐비트 상태의 생물학적 정보 신호에 익숙한 것처럼 보인다. 이항적인 기호 정보는 상황을 판단하고 해석하여 저장하는 일에 유리하고 아날로그적인 생물학적 정보 신호는 공감 능력과 상황에 맞는 행위 선택에 적합하기 때문이다.

'화성에서 온 남자와 금성에서 온 여자'의 비유에서 보듯이 남자와 여자는 공감적인 대화에 심각하게 어려움을 겪고 있는데 이것은 파동적 자아를 구성하는 저장된 정보 신호, 곧 기억의 차이에서 온다고 볼 수 있다. 남자와 여자는 태어나는 순간부터 서로 다른 정보 환경 속에서 성장하기 때문에 저장된 정보 신호가 다르다. 새로운 정보는 저장된 정보에 의해 해석되기 때문에 남녀 간의 대화는 종종 설명할 수 없는 정서적인 장벽에 부딪히게 된다.

분석 심리학자인 칼 융은 남성성과 여성성의 문제를 심리적인 태도로 보지 않고 자아실현의 관점에서 바라보았다. 융은 원래 남성과 여성의 뿌리가 하나인데 외적으로는 남자와 여자가 되었고 내면에서는 서로 도치되어 남자는 여성으로, 여자는 남성으로 존재한다고 주장하였다. 융은 남자의 내적인 여성성을 아니마(Anima)로, 여자의 내적인 남성성을 아니무스(Animus)라고 불렀다.

융에 의하면 외적인 남자와 내면의 여성성, 그리고 외적인 여자와 내면의 남성성은 상보적으로 작용하고 있다. 융은 인격의 완성이란 외적 인격이 무의식 안에 있는 짝을 찾아 인격적인 합일을 이루는 것이라고 주장한다.

내적인 아니마와 아니무스는 원형적인 심리에 해당되기 때문에 일상적인 감정보다 강력하다. 흔히 남자와 여자 사이의 감정은 이성적으로 제어되지 않을 만큼 강박적인 경우가 많은데 융은 이것이 아니마, 아니무스라는 자신 안에 있는 원형적인 심리가 상대방에게 투사되기 때문이라고 말한다.[402]

제4절. 선과 악의 문제

우리는 태어나면서부터 좋은 것과 나쁜 것, 곧 선과 악을 구분하도록 학습되어 왔다. 분쟁 중인 정치 집단과 국가들은 서로를 악의 축이라고 비난하면서 상대방에게 원인을 전가하고 심지어 사람들은 자신이 저지른 일조차 사탄의 꼬임에 빠졌다고 변명하기도 한다.

인류가 등장한 이후 사람들은 옳고 그름의 판단을 통해 선과 악의 문제를 끊임없이 제기해왔고 앞으로도 그러할 것이다. 그렇다면 선과 악은 무엇이고 어디에서 올까?

---

[402] 이부영 『분석 심리학 – C. G. 융의 인간 심성론』,(서울: 일조각, 2014). 101-103쪽.

생물 진화론의 관점에서 보면 인간과 동물은 본질적인 차이가 없기 때문에 살아남기 위해 다른 생명체를 공격하는 것은 가치 판단의 대상이 될 수 없다.

1960년대에 등장한 사회 생물학은 진화론의 관점에서 인간의 문화 현상을 바라보았는데 그 중심에 유전자가 있다. 이기적인 유전자는 필요하다면 선과 악의 가치 판단이나 심지어 종교 현상인 신의 존재마저도 생존 전략의 수단으로 삼는다. 생물 진화론과 사회 생물학의 관점을 따르게 되면 선과 악은 단지 '말해지는 선과 악'이 될 뿐 근원적인 규범성, 당위성과는 거리가 멀다.

이와 달리 정신 분석학의 관점을 따르게 되면 인간과 동물은 정신적인 면에서 질적으로 다르다. 인간에게 삶의 주체는 신체가 아닌 정신적인 자아이며, 선과 악은 단순한 생존 전략 차원의 문제가 아니라 자아실현과 관련된다.

정신 분석학을 창시한 프로이드는 신생아가 자아 형성의 초기 단계에서 경험하는 신체적인 쾌락을 정신적인 선악의 문제와 관련지었다. 인간은 쾌락을 향한 욕망을 억제해야 하는 상황 속에서 악을 경험한다는 것이다.

프로이드의 관점을 따르게 되면 선과 악의 뿌리는 정신적인 죄책감에 있고, 악이란 쾌락 욕구가 방해받는 것에 대한 공격과 파괴의 형태로 나타난다.[403]

---

[403] 안네마리 피터, 이재황 역 『선과 악』(서울: 이끌리오, 2002). 45-47쪽.

근대 철학자들은 선과 악의 문제를 공동선과 관련지어 윤리적인 차원에서 다루었다. 예를 들면 칸트는 인간의 천부적인 자유를 강조하면서 보편적인 공동선과 자기 중심적인 사고 사이에서 이루어지는 선택을 선과 악의 문제와 결부시켰다.

한편 종교의 영역에서는 선과 악의 문제를 인간 사회를 넘어 창조라는 보다 근원적인 현상과 관련지었다.

구약의 창세기에 의하면 모든 것은 유일신인 하느님에 의해 창조되었는데 하느님은 6일 동안 세상의 모든 것을 단계적으로 창조할 때마다 '보시니 참 좋았다'고 말함으로써 창조된 세상의 선함과 완전함을 강조하고 있다.

하느님은 마지막 날에 자신을 닮은 인간을 만들고 인간 곁에 금지된 선악과를 두었다. 이처럼 그리스도교는 선과 악의 뿌리를 창조주와 피조물의 관계에서 오는 실존적인 상황에 두었고 그것을 원죄라고 표현하였다.

불교 또한 번뇌의 뿌리가 자아의 분별심에 있음을 강조하면서 공(空)의 진리와 관련지어 선과 악을 설명하고 있다. 고대 철학자인 플라톤은 이데아와 현상계라는 이원론적인 창조관의 중심에 영혼을 위치시켰다. 영혼은 선과 악 사이에서 끝없이 방황하고 있으며 영혼이 영원불멸의 이데아를 향해 있으면 선이고 가변적인 현상계를 지향하면 악이다.

파동적 자아의 본성인 '끝없는 지향성'은 선과 악의 문제를 '우주의 질서와 해석된 질서 사이의 관계'로 설명할 수 있는 또 하나의 척도를 제공하고 있다.

물리적 실체인 파동들은 서로 결이 맞으면 에너지가 증폭되어 질서를 강화시키지만 결이 맞지 않으면 감쇄되어 무질서를 향하게 된다. 파동적 자아는 자신을 질서체로 현상화하는 '과정적 실체'이기 때문에 선과 악의 문제는 질서체인 파동적 자아의 상태와 밀접하게 관련된다. 파동적 자아가 우주의 질서를 향하면 선하고 생명체의 자기 중심성을 향하면 무질서라는 악을 경험하게 된다.

다만 파동적 자아는 감각의 대상이 될 수 없고 외적인 생각과 행동으로 표현될 수밖에 없기 때문에 선과 악의 해석을 둘러싼 논란은 쉽게 해결될 것 같지 않다.

• 제3장 •

어떻게 살 것인가?

　인간의 몸은 스스로 에너지를 만들어 자신을 복제함으로써 환경에 유연하게 적응할 수 있도록 설계되었고, 파동적인 정신은 생명 현상을 넘어 우주와의 합일을 지향하도록 만들어졌다.

　인간의 불행은 신의 축복인 파동적인 유연성과 지향성을 망각하고, 짧은 삶을 입자적인 편견과 고정 관념 속에서 살아가는 데서 시작된다고 볼 수 있다.

　사람들은 '내가 내 몸의 주인이다'라고 생각하는 경향이 있다. 이것은 몸의 주인인 세포 생명체와 생각하는 '나'를 구분하지 못하는 기호적인 망상에서 비롯된 현상이다.

　이 때문에 세포의 목소리에 귀를 기울이지 않음으로써 건강을 해치게 되고, 의미 있는 삶을 지향하기보다는 생물학적인 고정 관념 속에서 심리적인 어려움을 겪게 된다. 생각하는 '나'는 내 몸이 아니라 인지 활동과 심리 현상의 주인일 뿐이다.

피조된 이항적인 세상에서 확실한 신념이라고 말해지는 것들은 대부분 편견과 고정 관념에서 비롯된다. 행복이란 이항적인 세상의 확실한 신념에 머무르지 않고 다양하고 개방된 관점 속에서 머뭇거리고 주저하면서 이항적인 세상 너머의 확실함을 추구하는 것과 관련된다.

정보 현상의 주체인 '나'는 모태인 파동적 자아의 끝없는 지향성 속에서 자아 성찰을 통해 추상적인 행복을 맛볼 수 있는 가능성을 향해 열려 있다.

제1절. 행복의 양면성

우리는 종종 주변에서 행복하다고 말하는 사람들을 볼 수 있다. 그들은 대체로 좋은 가족과 친구, 직장, 재산이 있어서 편안하고 걱정이 없다고 말한다. 그러나 어쩌면 이러한 행복은 실제로는 삶의 비참함을 포장하고 있는 것인지도 모른다. 상황이 변하면 언제든지 사라질 수 있기 때문이다.

그동안 수많은 작가들이 '행복'을 주제로 책을 썼지만 사람들에게 가장 널리 읽혀진 책을 꼽는다면 카알 힐티, 알랭, 버트런트 러셀의 행복론을 들 수 있을 것이다.

카알 힐티(1833-1909)는 행복이란 인간이 입에 담는 순간 도망치고 곁에 없다고 말한다. 힐티에 따르면 육신과 달리 인간의 추상적인 정신은 편안함이 아니라 쉬지 않고 일하는 것을 추구하고 있으며 그러한 본성에 충실할 때 참된 기쁨을 성취할 수 있다고 말한다.

이 세상의 행복이란 일을 하지 않고는 얻어질 수 없다. 일을 한다는 것은 그 자체가 행복이다… 현명한 사람일수록 자기가 하는 일의 결점을 잘 알고 있다. 그날 할 일을 마치고 나서 '보라, 모든 일은 잘 되어 가고 있다'고 말할 수 있는 사람은 지금까지 한 사람도 없었다.[404]

알랭(1868-1951)에게 있어서 행복을 위해 가장 중요한 것은 질서에 대한 굳은 신앙심이다. 무질서한 세계에서는 잔인하고 엄격한 자연의 법칙으로 인해 약자들이 희생될 수밖에 없다.[405] 알랭은 『행복론』의 첫째 장에서 명마 부케팔로스에 관한 우화를 소개함으로써 행복에 앞서 먼저 불행의 원인인 무지, 곧 무질서의 상태를 정확하게 이해하는 것이 중요하다는 것을 강조한다.

---

404 카알 힐티, 박현석 역 『카알 힐티의 행복론』(경기도: 예림미디어, 2007). 280-285쪽.
405 알랭, 박별 역 『알랭 행복론』(경기도: 뜻이 있는 사람들, 2018). 286쪽.

명마 부케팔로스가 알렉산더 대왕에게 보내졌을 때 아무도 이 거친 말을 길들일 수 없었다. 젊은 알렉산더는 무엇이 진짜 원인인지 찾기 시작하였다. 알렉산더는 말이 자기 그림자에 깜짝 놀라고 있다는 것을 깨달았다. 말이 무서워서 난동을 부리면 그림자도 함께 난동을 부렸고 말은 그 모습에 더욱 난동을 피우는 악순환이 되풀이되었던 것이다. 알렉산더는 말의 고삐를 태양으로 향하게 하고 그 상태를 유지함으로써 말을 안정시켰다. 알렉산더는 스승인 아리스토텔레스의 교훈을 잊지 않았는데 그것은 진짜 원인을 알지 못하면 감정을 조절할 수 없다는 것이었다.[406]

버트런트 러셀(1872-1970)은 인간의 본성과 삶을 비관적으로 보았고 행복이란 저절로 얻어지는 것이 아니라 끊임없는 쟁취의 대상이라고 믿었다. 이 때문에 그는 『행복의 정복』이라는 제목으로 책을 출간하였다. 러셀에 따르면 사람들은 양극적인 2가지 유형의 행복 사이에서 각자 다양한 형태의 행복을 추구하면서 살아가고 있다. 러셀은 2가지 행복 중 하나는 평범하고 동물적이며 감정적인 것이고 다른 하나는 비범한 노력이 필요한 지성적인 것이라고 말함으로써 신체적인 것과 정신적인 것을 구분하였다.

사람들은 대체로 삶이 고통스럽고 불안하거나 주변의 환경이

---

406 알랭, 박별 역 『알랭 행복론』(경기도: 뜻이 있는 사람들, 2018). 17-18쪽.

혼란스러울 때 행복에 관심을 갖는 경향이 있다. 그러나 행복은 추상적이고 주관적인 심리 상태이기 때문에 그것이 무엇이라고 설명하기가 쉽지 않다.

행복은 일상적인 언어로 정의되는 순간 의미가 제한적이 되어 본질을 제대로 파악할 수 없다. 사람들은 대체로 욕망의 충족, 부와 권력, 신체의 편안함, 평정심, 본성의 실현, 절대자에 대한 신앙과 같은 다양한 요소들과 관련지어 행복을 말한다. 그러나 행복이란 그것들의 통합적인 느낌을 의미하기 때문에 보편적으로 정의하는 것이 불가능하다.[407] 행복은 마치 다양한 파동들이 중첩과 간섭을 통해 새로운 파동을 만들어내듯이 다양한 요소들의 일치에서 오는 새롭고 편안한 느낌과 같다고 볼 수 있다.

행복은 마음의 상태와 밀접하게 관련된다. 마음이라는 용어는 문화적인 토양과 사용자에 따라 다양한 의미를 갖는다. 종교에서는 영혼, 정신, 생각, 감정과 같은 심리 현상을 넘어 보다 근원적인 것을 의미하는 경향이 있다. 마음을 뜻하는 불교 용어 진여(眞如)는 산스크리트어 타타타(तथाता, tathātā)를 번역한 말인데 '있는 그대로' 또는 '꼭 그러한 것'을 의미한다. 불교는 영원한 진리가 무념, 무상, 무아의 마음 상태를 뜻하는 진여로부터 연기(緣起)되어 나온다고 말한다.

---

[407] 필립 반 덴 보슈, 김동윤 역 『행복에 관한 10가지 성찰』(서울: 자작나무, 1999). 17쪽.

그리스도교 복음에서도 "네 마음을 다하고 네 목숨을 다하고 네 정신을 다하여 주 너의 하느님을 사랑해야 한다"[408]고 표현함으로써 마음, 목숨, 정신을 구분하고 있다. 여기서 마음은 우주와 내 통하는 인간 내면의 가장 근원적이고 보편적인 어떤 것을 말하고 목숨은 생명 현상의 본질을, 정신은 뇌 기능을 의미하는 것으로 해석할 수 있다.

제2절. 참 행복과 자아실현

일찍이 인류의 선각자들은 참된 행복을 추상적인 자아실현과 관련지어 생각해왔다. 그들은 자아실현을 정신 안에 궁극적인 단일성을 정초시키는 것과 관련지었고 궁극적인 단일성은 종교적인 절대자, 철학적인 중용, 궁극적인 선, 자연법, 근본 원리 등으로 다양하게 표현되었다.

디팩 초프라는 인간이 행복을 추구하지만 진정으로 원하는 것은 행복을 넘어 자신의 존재적인 신비를 아는 것이라고 말한다. 여기서 존재적인 신비란 '나는 무엇이고 어디에서 왔으며 어디로 가고 있는가?'와 관련된다. 디팩 초프라는 마음 깊은 곳에 있는 자

---

[408] 마태복음 제22장 34-40절.

아는 다름 아닌 소우주를 의미하는데 그것은 흐르는 에너지 또는 정보의 강과 같으며 '비물질적인 지능의 장(場)'이라고 부를 수 있다고 말한다.

사람들은 세상을 구분하고 분절하는 일에 익숙하지만 모든 것은 동시적이고 유기적이며 같은 시간에 서로 연결되어 한꺼번에 일어난다. 만약 인간과 우주가 따로 존재한다면 인간은 우주와 사물의 본질을 도저히 이해할 수 없을 것이다.[409]

디팩 초프라는 파동적 자아가 내 몸과 마음을 도구 삼아 유일무이한 존재자(the One Being)와 소통하고 있다면서 다음과 같이 말한다.[410]

우주로 하여금 당신을 통하여 거침없이 자신을 드러내게 하라. 우주가 당신을 통하여 자신을 보게 하고, 자신을 생각하게 하고, 자신을 경험하게 하라. 우주와 소통하는 당신은 존재의 가장 깊은 차원에서 이미 자유롭고 무한한 힘이 있다.[411]

참된 행복을 경험한 사람들의 삶은 어떤 모습일까? 플라톤 학파의 플로티누스(205-270)는 일찍이 『엔네아드』에서 신과의 일치를 경험한 후 원래의 자신으로 돌아온 사람은 내면의 상태가 과거와

---

[409] 디팩 초프라, 이현주 역 『우주 리듬을 타라』(서울: 상지사, 2013). 12-48쪽.
[410] 디팩 초프라, 이현주 역 『우주 리듬을 타라』(서울: 상지사, 2013). 70-72쪽.
[411] 디팩 초프라, 이현주 역 『우주 리듬을 타라』(서울: 상지사, 2013). 220-221쪽.

다른 모습이 되어 있다고 말하였다.

동일한 맥락에서 중세 독일의 도미니칸 수사인 헨리 수소(1295-1366)는 현실을 초극한 사람들의 삶의 모습에 대해 이렇게 말한다.[412]

그는 일상적인 활동을 포기한 것이 아니라 수행하는 태도가 변한 사람이다. 그의 삶은 현재에 충실하고 사적인 의도가 없으며, 가장 사소한 것들에 대해서도 가장 중요한 것을 대하는 것처럼 행동함으로써 자신의 완전함을 표현한다. 그는 활동함에서 평화를 유지하며 자신의 활동에 집착하지 않는다.

그리스도교 신학은 참된 행복을 마음속의 삼위 하느님이 이끄는 역동적인 삶과 관련짓는 경향이 있다. 중세 후기 신학자인 루이부룩(1293-1381)[413]은 이를 누구보다 잘 표현한 인물로 평가받는다. 루이부룩에 의하면 한 분이신 하느님은 단일성 안에서 영원한 휴식을 즐기는 분이고, 창조주인 삼위 하느님은 영원히 활동하고 일하는 분으로서 마음의 심연에 자리 잡고 있다. 그는 이러한 내적 즐김과 외적 활동이라는 삼위적인 삶을 이렇게 표현하고 있

---

412 Bernard McGinn, 『THE HARVEST OF MYSTI CISM』(USA: The Crossroad Publishing Company, 2012). 220-221쪽.
413 Jan van Ruusbroec(1293-1381): 얀 반 루이부룩(네덜란드어), 잔 반 루이부룩크(영어식). 네덜란드 브뤼셀 인근에서 태어나 사제 서품을 받고 은둔 생활을 하였다.

다.⁴¹⁴

우리가 눈을 뜨고 본 후 다시 눈을 감을 때 너무 빨라 느끼지 못하는 것처럼 우리는 그렇게 빠른 속도로 하느님 안에서 죽고 하느님에 의해 살아나며, 하느님과 함께 언제나 하나가 된다. 그처럼 우리는 감각적인 삶으로 나아가지만 동시에 사랑으로 하느님을 붙잡고 하느님과 일치한다.

융은 자아실현을 무의식의 영역이 의식화되는 과정으로 설명하였다. 그는 인간의 정신 안에 서로 대치되는 양극성이 존재하지만 양극성은 서로 상충되는 것이 아니라 원래 뿌리가 같기 때문에 언제나 원래 상태인 합일을 지향한다고 믿었다.⁴¹⁵

융에 의하면 자기실현을 성취할수록 지극히 평범한 사람의 모습을 갖추게 된다고 한다. 그 사람은 평범하지만 분수를 아는 사람이고 세속적인 의미에서 무력해 보일 수 있지만 자기실현의 관점에서 가장 강한 사람이라고 말한다.⁴¹⁶

현대 심리학자인 매슬로는 인간이 추구하는 자기 중심적인 다양한 욕구들을 단계적으로 설명한 후 마지막 단계를 참 행복, 곧

---

414 Bernard McGinn, 『THE VARIETIES OF VERNACULAR MYSTICISM』(USA: The Crossroad Publishing Company, 2012). 8-10쪽.
415 이부영 『분석 심리학 – C. G. 융의 인간 심성론』(서울: 일조각, 2014). 147쪽.
416 이부영 『분석 심리학 – C. G. 융의 인간 심성론』(서울: 일조각, 2014). 135-139쪽.

참된 자아실현으로 보았다.[417] 매슬로는 자신이 보기에 참된 자아실현의 기준에 부합한다고 생각한 역사적인 인물 7명과 현존 인물 2명의 삶을 토대로 자아실현한 자들의 모습을 다음과 같이 묘사하였다.[418]

참된 자아를 실현한 사람들은 자신을 포함한 모든 인간을 결함 있는 존재로 바라보면서 삶의 모순을 유머와 관용으로 받아들인다. 자아실현한 사람은 자신의 경험과 판단을 믿고, 자발적이고 독립적이며 여론이나 문화적인 관점에 흔들리지 않는다. 자아실현을 추구하는 사람들은 자신의 삶을 감사하게 생각하면서 일상적인 것들을 매번 처음인 것처럼 강렬하게 경험하며 만족스러운 인간 관계에도 불구하고 고독을 가치 있게 생각하고 혼자 있는 것을 편하게 생각한다. 그들은 인류애와 사회적인 공감 능력이 뛰어나고 친밀한 소수와의 관계를 중시한다.

생물학적인 인간이 현실에서 맛볼 수 있는 행복은 제한적이다. 인간은 살아있는 동안 겪을 수밖에 없는 삶의 고통을 어찌할 수 없기 때문에 지속적인 참 행복은 사후의 문제가 될 수밖에 없다.

---

417 에이브러햄 매슬로, 소슬기 역 『동기 이론』(부산: 유엑스리뷰, 2018). 69-70쪽.
418 에이브러햄 매슬로, 오혜경 역 『동기와 성격』(경기도: 연암서가, 2021). 290-337쪽. (역사적 인물은 알베르토 아인슈타인, 엘리너 루즈벨트, 제인 아담스, 윌리엄 제임스, 알베르트 슈바이처, 올더스 헉슬리, 바뤼흐 스피노자를 말하고, 면담을 한 현존 인물은 말년의 링컨과 토마스 제퍼슨)

아우구스티누스는 하느님과의 일치를 경험한 후에도 온갖 종류의 수많은 유혹들로부터 고통을 받았던 상황에 대해 전하면서 결국에는 자신을 온전하게 하느님께 맡김으로써 유혹에서 벗어나 참 행복을 누릴 수 있게 되었다고 고백한다.

울어야 할 즐거움이 기뻐해야 할 슬픔과 겨루고 있으니 승리가 어느 쪽에 있을지 모를 일입니다… 지상의 인간 생활이 시련 아니면 무엇이겠습니까? 눈의 욕심, 몸의 욕심, 세속의 욕심을 억제하라심이 분명 당신의 명이십니다… 주여, 날이면 날마다 당하는 것이 이러한 유혹, 끊일 새 없이 우리는 꾐을 당하고 있사옵니다. 내가 두루 살피는 이 온갖 것에서 영혼의 안식처라곤 님 안에서 밖에 얻지 못합니다.[419]

제3절. 자유와 신비 체험

미국 실용주의 철학의 선구자인 윌리엄 제임스(1842-1910)는 모든 것이 자연 법칙에 의해 결정된다는 것을 알고 난 후 한때 심한 우울증에 시달렸다고 한다. 그는 훗날 인간이 자유 의지를 통해 삶에 의미를 부여할 수 있음을 깨닫고 우울증에서 빠져나올 수

---

[419] 아우구스티누스, 최민순 역 『고백록』(서울: 바로오딸, 2014). 431-470쪽.

있었다고 고백하였다.[420] 그러나 과연 인간에게 자유 의지가 있을까?

자유 의지(free will)는 외부 환경의 영향을 받지 않고 자발적으로 생각하고 행동할 수 있는 능력을 말한다. 철학자들은 지난 수천 년 동안 자유 의지가 무엇이고, 무엇으로부터의 자유를 말하는지에 대해 논쟁을 벌여왔다. 1980년대부터 뇌 과학자들도 논쟁에 뛰어들었지만 여전히 결론을 맺지 못하고 있다.

1983년 미국의 심리학자인 벤자민 리벳(1916-2007)은 자유 의지의 본질이 무엇인지 알기 위해 뇌 과학적으로 동작이 어떻게 실행되는지를 관찰하였다. 당시 뇌 과학자들은 동작이 실행되려면 동작하려는 의지 → 예비 뇌파 → 동작의 과정을 거치는 것으로 이해하고 있었다.

그러나 리벳의 실험에 따르면 동작의 과정은 예비 뇌파 → 동작하려는 의지 → 동작의 실행 순서로 관찰되었다. 이것은 동작하려는 자유 의지 이전에 이미 뇌의 예비적인 움직임이 진행되고 있음을 의미한다. 결국 인간의 자유란 동작을 착수하는 자유가 아니라 단지 착수된 동작을 수용할지 아니면 거부할지를 결정하는 반쪽짜리 자유에 불과하다는 결론이 도출된 것이다.

리벳의 실험은 과연 인간에게 자유 의지라는 것이 존재하는지

---

[420] 스벤 브링크만, 강경이 역 『철학이 필요한 순간』(경기도: 다산북스, 2019). 9쪽.

에 대한 논쟁을 촉발시켰고, 아직도 실험 결과를 어떻게 해석해야 할 것인지에 대한 논란이 이어지고 있다.[421]

인간은 자유와 죽음을 동일시할 만큼 자유를 천부적인 권리로 인식하는 경향이 있다. 이러한 자유의 천부성은 무엇에 근거할까? 리벳의 실험은 인간의 자유 의지 안에 근원적인 목적성이 선행하고 있음을 강하게 시사한다.

인간의 세속적인 자유는 유한한 세상에 속하지만 추상적인 정신의 자유는 자아 출현의 전제 조건으로 작용한다. 파동적인 자아는 구속받지 않는 이항적인 논리로 자신을 실존시켜야 한다. 이 때문에 파동적인 자아에게 자유는 선택의 문제가 아니라 자아 출현의 조건이 되어 '나에게 자유가 아니면 죽음을 달라'라는 명제가 성립하게 된다.

그러나 파동적인 자아의 존재성은 통합적인 의식의 출현에 의해 사후적으로 확인되기 때문에 자아-의식-자유가 구체적으로 어떻게 관계 맺고 있는지는 여전히 풀기 어려운 문제로 남을 수밖에 없을 것이다.

참된 자유를 경험하는 신비 체험은 신적인 존재를 만나는 순간이나 우주와의 합일을 의미하는데 이것은 순전히 주관적 느낌으

---

421 미겔 니코렐리스, 김성훈 역 『뇌와 세계』(경기도: 김영사, 2021). 93-96쪽.

로 주어진다. 대체로 신비 체험 시 시공간은 사라지고 직관이 논리적인 사고를 대체하는 것처럼 표현된다.

신비 체험자들은 동서고금을 막론하고 절정의 순간 물질을 뛰어넘어 영적으로 절대자와 하나 되는 강렬한 느낌을 경험하였다고 말한다. 이러한 신비 체험은 원치 않는 사람이나 그것이 무엇인지 모르는 사람에게도 찾아온다는 점에서 마치 자연 발생적인 것처럼 보이기도 한다.

사도 바오로(본명은 사울)는 원래 독실한 유대교 신자로 신흥 종교인 그리스도교 박해에 앞장섰던 인물이었다. 바오로의 개종은 전혀 예기치 않은 신비 체험 때문이었는데 사도 행전은 이를 다음과 같이 전한다.

사울은 여전히 주님의 제자들을 향하여 살기를 내뿜으며 대사제에게 가서, 다마스쿠스에 있는 회당들에 보내는 서한을 청하였다. 새로운 길을 따르는 이들을 찾아내기만 하면 남자든 여자든 결박하여 예루살렘으로 끌고 오겠다는 것이었다. 사울이 길을 떠나 다마스쿠스에 가까이 이르렀을 때, 갑자기 하늘에서 빛이 번쩍이며 그의 둘레를 비추었다. 그는 땅에 엎어졌다. 그리고 "사울아, 사울아, 왜 나를 박해하느냐?" 하고 자기에게 말하는 소리를 들었다.[422]

---

422 사도행전 제9장 1-9절.

과학은 검증할 수 없는 주관적인 신비 체험에 대해 부정적인 편이다. 특히 진화론자들은 신비 체험을 뇌 기능의 이상에서 오는 망상, 착각, 자기 최면과 같은 것이라고 폄훼하는 경향이 있다. 그들은 인간의 뇌가 실용적이고 근시안적인 방향으로 진화해왔기 때문에 신비 체험과 무관하다고 말한다. 대표적인 예로『이기적 유전자』의 저자인 리처드 도킨스는『만들어진 신』에서 신앙은 증거가 없기 때문에 가능한 믿음이라고 단정짓고 있다.

뇌 과학자들은 신비 체험 가능성을 열어두고 있지만 뇌가 어떻게 신비 체험에 반응하는지에 대해서는 이견이 분분하다.

대뇌 측두엽이 보여주는 특별한 활동성이라고 말하는가 하면 40개 이상의 뇌 영역들이 조화롭게 선별적으로 활성화되는 현상이라고 주장하기도 한다.[423]

미국 펜실베니아대 교수인 앤드루 뉴버그와 몇몇 동료 교수들은 종교인의 신비 체험이 뇌 안에서 어떤 생리학적인 반응을 일으키는지에 관심을 가졌다. 말하자면 위대한 종교인의 직관은 망상과 같은 일시적인 현상인지 아니면 일관성 있는 뇌의 반응인지 알고 싶었던 것이다.

뉴버그팀은 첨단 뇌 촬영기법[424]을 이용하여 처음에는 독실한

---

[423] 말콤 지브스, 홍종락 역『마음 뇌 영혼 신』(서울: 한국기독학생회출판부, 2015). 185-186쪽.
[424] SPECT(단광자방출 컴퓨터 단층촬영, single photon emission computed tomography).

불교 신자의 명상 수행 시 뇌의 상태가 어떤 반응을 보이는지 관찰하였다. 그 결과 명상 초기에는 감각 신호를 처리하는 뇌의 영역들이 격렬하게 움직이다가 절정 단계에 이르렀을 때 뇌의 활동성이 급격히 감소하였다. 연구팀은 티베트 명상 수행자들과 카톨릭 수녀들을 대상으로 추가 관찰을 진행하였지만 결과는 유사하였다. 단지 불교 신자들은 절정에 이르는 순간 만물과 일체화되는 느낌을 받았다고 주장한 반면 수녀들은 하느님과 하나가 되는 느낌을 강하게 받았다고 말하였다.

앤드루팀은 이러한 현상에 당혹감을 느꼈다. 관찰의 대상인 뇌 영역은 결코 쉬는 법이 없었기 때문이다. 앤드루팀은 뇌 영역이 전과 다름없이 열심히 활동하고 있지만 개별적인 감각 신호가 알 수 없는 어떤 경로를 통해 차단된다고 보았다. 그리고 이러한 현상은 신경계가 신체적인 감각을 체험하는 것처럼 영적인 체험에 반응하는 것이라고 추정하였다. 만약 절대적인 것이 인간 앞에 나타난다면 뇌 신경계의 반응과 해석 외에는 그것을 체험할 수 있는 다른 방법이 없다고 보았기 때문이다.

앤드루팀은 종교 의식(儀式)이 신과의 직관적인 일체화를 촉진하는 기능을 수행하고 있으며 그것이 신의 존재를 결정적으로 증명하는 것은 아니지만 물질적이고 감각적인 존재 너머에 무엇이 있다는 것을 강하게 뒷받침해 준다고 주장하였다.[425]

---

[425] 앤드루 뉴버그 외 2인, 이충호 역 『신은 왜 우리 곁을 떠나지 않는가』(서울: 한울림, 2001).

참 행복은 윤리적인 삶에서 보듯이 주관적인 느낌뿐만 아니라 객관적인 세상의 척도와도 관련되는 것처럼 보인다. 실험과 관찰에 따르면 명상 중 강렬하고 지속적인 행복감을 느낄 때면 뇌파, 혈류량과 같은 뇌의 반응이 일반적인 상황과 뚜렷하게 구분된다. 특히 긍정적인 감정을 주관하는 좌측 전두엽의 활동성이 지속적으로 강하게 나타났다.[426]

그렇다면 좌측 전두엽을 인위적으로 자극하여 얻은 동일한 느낌을 행복이라고 말할 수 있을까? 아무도 환상, 착각, 최면에 빠져 행복해하는 사람들을 부러워하지는 않을 것이다. 이것은 참 행복이 주관적인 세상과 객관적인 세상의 일치를 동반하는 느낌과 관련된다는 것을 시사한다. 참 행복은 인간의 전반적인 활동성과 필연적으로 결합하기 때문에 행복과 인간의 삶은 동전의 양면처럼 불가분의 관계를 맺게 된다.

제4절. 생물학적 인간의 삶

죽음과 고통

종교와 철학은 대체로 생물학적인 삶의 본질을 죽음과 고통으

13-24쪽.
426 시셀라 복, 노상미 역 『행복학 개론』(서울: 이매진, 2012). 29-30쪽.

로 바라보는 경향이 있다. 예수는 짧은 삶을 가난하고 약한 자와 함께 보냈고, 석가모니가 구도의 길을 걷게 된 계기는 어린 시절에 알게 된 삶의 비참함 때문이었다.

성 밖으로 한 걸음만 나서면 거기에는 생존을 위한 참혹한 현실이 펼쳐져 있었다… 태자의 명상은 인간의 모든 고뇌를 대상으로 삼았고, 질병과 늙음과 죽음이 인간에게 필연적으로 따르는 것임을 깨닫게 되었다. 그러면서도 이 세상의 사람들이 이렇듯 엄연한 사실을 돌이켜 보려고 하지 않는다는 것이 현실임을 통감한다.[427]

생물학적인 인간의 삶은 언제나 죽음과 공존하기 때문에 고통스럽다. 사람들은 숙명적인 죽음을 일상의 습관과 상상력에 의존하여 애써 외면함으로써 스스로 권태, 불안, 허무의 삶을 선택한다. 요절한 천재 수학자인 파스칼(1623-1662)은 죽음으로부터 도피하기 위해 사람들이 무언가에 몰두하고 허풍떠는 것을 기이한 현상으로 보면서 인간이 죽음을 피할 수 없다는 사실을 마주 대할 때 비로소 참된 삶을 살아갈 수 있다고 말하였다.[428]

---

427 와타나베 쇼코, 법정 역 『불타 석가모니』(서울: 동쪽나라, 2002). 89-90쪽.
428 블레즈 파스칼, 이환 역 『팡세』(서울: 민음사, 2019). 68-73쪽.

프로이드는 인간의 본성 안에 무의식적인 자기 파괴 내지는 자기 처벌적인 경향성이 있다고 주장하였다. 인간의 본능 안에 죽음의 유혹이 있다는 것이다.[429] 그는 죽음이란 생명체가 자신의 근원 상태로 회귀하려는 원초적인 본능이며, 이러한 죽음 본능은 생존 본능과 대립되는 것처럼 보이지만 생존 본능이란 궁극적으로 생명체가 유기체적인 방식으로 서서히 죽음에 이르도록 안내할 뿐이라고 말하였다.[430]

프로이드에 따르면 삶의 욕망은 고통이고 물질로 회귀하려는 것은 권태이기 때문에 생물학적인 인간은 고통과 권태 사이에서 방황하는 존재이다. 생물학적 인간은 만사가 순조로우면 방향성을 상실함으로써 필연적으로 권태를 맛보게 되는데 권태는 욕망에서 오는 고통보다 더 끔찍하다.

구약의 코헬렛은 삶의 방향성을 잃은 인간의 실존적인 상황에 대해 다음과 같이 전한다.

허무로다, 허무! 코헬렛이 말한다. 허무로다, 허무! 모든 것이 허무로다. 태양 아래에서 애쓰는 모든 노고가 사람에게 무슨 보람이 있으랴?[431] "이걸 보아라, 새로운 것이다." 사람들이 이렇게

---

429 프로이드는 인간의 충동을 삶의 에너지인 에로스(Eros)와 죽음의 유혹인 타나토스(thanatos)로 구분하고, 타나토스의 충동 없이 에로스만으로 살아갈 수 없다고 말한다.
430 지그문트 프로이드, 박찬부 역 『쾌락 원칙을 넘어서』(서울: 열린책들, 1998). 51-54쪽.
431 코헬렛 제1장 1-3절.

말하는 것이 있더라도 그것은 우리 이전 옛 시대에 이미 있던 것이다. 아무도 옛날 일을 기억하지 않듯 장차 일어날 일도 마찬가지. 그 일도 기억되지 않으니 그 후에 일어나는 일도 매한가지다.[432]

인간의 불완전성

톨스토이(1828-1910)는 심리 분석을 통해 작품 속에 등장하는 인물들의 가식적이고 기만적인 모습을 사실적으로 표현하는 것으로 유명하다.[433] 그는 『인생론』에서 생물학적인 인간의 자기 중심성에 대해 이렇게 말한다.

사람들은 모두 자신의 생활만을 위해서, 자신의 행복만을 위해서 살아간다. 따라서 자신의 행복에 대한 갈망이 없는 사람은 자신이 살아있다는 사실조차 느끼지 못하게 된다… 사람은 자신 이외의 존재에 대해서는 그 생활만을 관찰할 뿐이고 그것은 그 존재가 살아있다는 사실을 아는 데 불과하다. 즉 모든 사람들에게 있어서 참된 생명은 오직 각자 자신의 생활뿐이다. 어떤 사람의 불행을 원하지 않는 이유는 단지 다른 사람의 괴로워하는 모습이 자

---

432 코헬렛 제1장 10-11절.
433 대표작으로 장편 〈전쟁과 평화〉, 〈안나 카테리나〉, 〈부활〉이 있고, 중편 〈이반 일리치의 죽음〉, 〈바보 이반〉이 있다.

신의 행복에 방해가 되기 때문이다.[434]

평생 떠돌이 노동자 생활을 한 미국의 사회 철학자 에릭 호퍼(1902-1983)는 저서 『인간의 조건』에서 인간과 자연의 근원적인 관계에 대해 이렇게 말한다.

자연은 완전하지만 인간은 절대로 그렇지 못하다. 완전한 개미, 완전한 꿀벌은 있지만 인간은 영원히 미완성이다. 인간은 미완성의 동물인 동시에 미완성의 인간인 것이다. 인간이 다른 생명체와 구별되는 점은 이런 치유할 수 없는 불완전함 때문이다.[435]

에릭 호퍼는 인간이 자연의 실수에서 비롯된 미완성의 생명체라고 주장한다. 그럼에도 인간이 자연의 가장 강력한 적이 될 수 있었던 것은 자신이 미완성의 생명체임을 스스로 자각하고 자기 완성의 과정을 밟아왔기 때문이라고 말한다.

호퍼에 따르면 인간은 불완전하기 때문에 자신의 부족함을 보충하기 위해 끊임없이 창조력을 발휘하고, 완전해질 때까지는 어느 정도 악마이고 야수이며 비열하다. 그는 그럼에도 영혼이 사랑, 자비, 완전함을 추구하도록 이끌고 있기 때문에 인간은 경이로

---

434 톨스토이, 함현규 역 『톨스토이 인생론 - 자아의 발견』(서울: 빛과 향기, 2012). 16-17쪽.
435 에릭 호퍼, 정지호 역 『인간의 조건』(서울: 황보태수, 2014). 13-16쪽.

운 존재라고 말한다.

　현대 철학은 삶의 고통을 인간의 모순적이고 이중적인 존재 방식에서 찾는다. 실존주의 철학의 창시자인 키르케고르(1813-1855)는 인간이 유한과 무한, 시간과 영원, 자유와 필연 사이에 존재한다고 주장하였다. 하이데거(1889-1976)는 인간의 불안이 현존재[436]와 세상 사이에 가로놓여진 무의 자각에서 온다고 말하였으며 사르트르(1905-1980)는 삶의 불안이 존재와 비존재의 불일치에서 온다고 주장하였다.

　이처럼 인간은 생물학적인 면에서 지극히 이기적이고 모순적이며 불완전한 동물이지만 다른 한편으로는 우주의 관찰자로서 완전함과 영원함을 지향하는 무한한 가능성을 갖고 있다.

제5절. 관찰자적인 인간의 삶

삶의 의미

　정보 현상의 주체인 파동적 자아는 어떤 삶을 추구하고 있을까? 전통적인 종교와 철학은 일찍이 근원적인 것과의 관계 속에서 삶

---

[436] 현존재는 하이데거 대표작인 『존재와 시간』의 핵심 개념인데 본질적인 존재가 아니라 '어떤 성질을 갖고 드러나 있는 현실적인 존재'를 의미한다. 작품에서 현존재는 현실적으로 존재하는 인간을 말한다.

의 의미를 찾았다. 구약의 욥은 "나에게 주어진 이 고통의 의미가 무엇인가? 내가 왜 이런 고통을 당해야 하는가?" 하고 끊임없이 질문하였고 결국 신과의 관계 안에서 고통의 의미를 찾을 수 있었다.

빅터 프랭클(1905-1997)[437]은 근대 이후의 심리학 이론들이 타자의 관찰 또는 환자들을 치료하는 과정에서 형성되었기 때문에 인간에게 보편적으로 내재해 있는 근원적인 욕구를 보지 못했다고 말하였다. 그는 인간의 근원적인 욕구를 의미 추구 성향으로 보았다. 인간은 끊임없이 의미를 추구하면서 자기를 초월해가는 존재이고, 사람들을 짓누르는 것은 심리적인 장애를 넘어 존재에서 오는 좌절감이다. 프랭클은 특히 이 시대를 살아가는 젊은 세대들은 삶의 의미를 찾지 못해 고통을 겪고 있다고 말한다.[438]

프랭클에 의하면 인간의 신체와 정신을 하나로 통합하는 것은 영이라고 부르는 추상적 존재이다. 영은 가변적인 몸이나 심리 상태와 달리 존재 그 자체이기 때문에 본질적으로 아프거나 상처받을 수 없는 불멸적인 것이다. 프랭클은 인간을 인간답게 만드는 것은 영이므로 인간은 영적으로 통합된 삶을 추구해야 한다고 말한다.[439]

---

[437] 오스트리아의 신경학자, 심리학자이며 유대교 신자. 아우슈비츠 수용소 생활의 경험을 담은 『죽음의 수용소에서』의 저자.
[438] 빅터 프랭클, 강윤영 역 『심리의 발견』(경기도: 청아출판사, 2017). 19-20쪽.
[439] 엘리자베스 루카스 · 하이디 쇤펠트, 강경아 역 『의미 중심 심리치료』(경기도: 눈출판그룹, 2022). 26-27쪽.

프랭클은 사람들이 의식적이든 무의식적이든 대체로 3가지 방법을 통해 영적인 삶을 추구하고 있다고 말한다.

첫째는 자신에게 주어진 일을 창조적으로 잘 수행하려는 노력을 통해 삶의 의미를 찾는다. 이것은 완전하게 유기적으로 창조된 세상과의 관계 속에서 삶의 의미를 찾으려는 마음의 지향성을 반영하고 있는 것처럼 보인다.

둘째, 사람들은 이전에 미처 느껴보거나 생각하지 못했던 특별한 경험을 통해 삶의 의미를 찾는다. 문학, 예술 작품의 감동이나 자연의 아름다움, 우주의 경이로움, 이타적인 사랑에서 오는 신비로운 느낌은 자신을 잠시 내려놓고 삶의 의미에 대해 생각하게 만든다.

마지막으로 프랭클은 인간이 삶의 고통을 숙명적인 것으로 받아들이는 보다 근본적인 태도를 통해 삶의 의미를 찾을 수 있다고 말한다. 인간에게 숙명적인 죽음과 고통은 위기인 동시에 자신의 존재가 마주하고 있는 또 다른 세상을 경험할 수 있는 좋은 기회라는 것이다.[440]

어떤 삶이 가장 바람직할까? 아리스토텔레스에게 의미 있는 삶은 중용의 실천에 있다. 그는 중용을 인간의 내적인 탁월성, 곧 성품의 완성이자 행복으로 보았다. 여기서 중용이란 모든 것 또는

---

440 빅터 프랭클, 정태현 역 『무의식의 신』(경기도: 한님성서연구소, 2013). 12-15쪽.

모든 상태의 중간을 의미한다.

아리스토텔레스에 따르면 중용은 모든 인간에게 보편적으로 주어졌지만 현실적인 중용은 보편적이지 않다.[441] 아리스토텔레스는 중용이란 단지 중간적인 것을 겨냥한다는 점에서 중용일 뿐 현실 세계에서 중용을 실천하는 일은 화살이 과녁을 맞추는 것처럼 매우 어려운 일이며 이때 가장 경계해야 할 것은 '즐거움'이라고 말한다.[442]

아리스토텔레스는 내적 탁월성인 중용을 설명하면서 인간이 선택하고 회피해야 할 것을 다음과 같이 3가지로 요약하였다.

우리가 선택하여 취하는 것에는 3가지가 있으니 고귀한 것, 유익한 것, 즐거운 것이 그것이다. 우리가 회피하는 것도 3가지가 있으니 앞의 것과 반대되는 것들, 즉 부끄러운 것, 해가 되는 것, 고통스러운 것이다. 이것들 모두와 관련해서 좋은 사람은 올바르게 행동할 것이지만 나쁜 사람은 잘못을 저지를 것이다. 특히 즐거움과 관련해서 그렇다. 즐거움은 동물들과도 공유될 수 있는 것이며, 고귀한 것이나 유익한 것을 포함하여 사람들이 선택하여 취하는 모든 것에 모두 따라붙기 때문이다.[443]

---

[441] 아리스토텔레스, 강상진 외 2인 역 『니코마코스 윤리학』(서울: 도서출판 길, 2015). 63-64쪽.
[442] 아리스토텔레스, 강상진 외 2인 역 『니코마코스 윤리학』(서울: 도서출판 길, 2015). 76쪽.
[443] 아리스토텔레스, 강상진 외 2인 역 『니코마코스 윤리학』(서울: 도서출판 길, 2015). 57-58쪽.

열린 마음

인지 심리학의 관점에서 보면 새로운 경험은 언제나 정신 안에 새로운 세상을 창조하는 원천으로 작용한다. 우주의 관찰자인 파동적 자아는 새로운 자극을 통해 마치 창조주처럼 자신의 세상을 만들어 나가는 무한한 능력을 갖고 있다. 이것이 가능한 이유는 우주와 인간이 추상적인 정보의 형식을 공유하고 있기 때문이다.

칼 융은 자기 내면의 의식화되지 못한 그림자가 상대방에게 투사될 때 사람들은 그 대상이 어떠하다는 인상을 갖게 된다고 말한다. 그림자는 무의식의 영역에 속하기 때문에 의식적인 자아는 그러한 감정적인 투사를 도무지 설명할 수 없지만 그럼에도 그림자는 자신과 비슷한 대상을 향하게 된다.

예를 들면 형제, 자매, 동료, 시누이, 올케와의 관계에서 '왜 그런지 싫고 거북하다, 긴장이 되고 화가 난다'와 같은 반응을 보일 때가 있는데 그러한 반응은 상대방의 잘못에서 온다기보다는 자신의 그림자에서 비롯되는 경우가 많다는 것이다. 융은 의식적인 자아가 자신의 개체성을 강하게 주장할수록 그림자는 더욱 짙어진다고 말한다.[444]

---

[444] 이부영 『분석 심리학 - C. G. 융의 인간 심성론』(서울: 일조각, 2014). 86-89쪽

융의 그림자 이론과 마찬가지로 관찰자인 파동적 자아는 자신을 척도 삼아 대상을 해석하고 있다. 우리는 언제나 대상에게서 자신의 속성을 본다.

자신의 내면적인 요소가 투사되기 때문에 우리는 대상에 대해 강렬한 감정과 관심을 갖고 집착하게 된다. 나의 내면이 반응하지 않는 대상에 대해서는 무관심하다. 관찰자의 관점에서 내면의 그림자는 다름 아닌 나 자신의 심리적 원형들인 죽음과 불안, 집착과 탐욕, 망상과 허영에서 오는 다양한 심리 현상을 의미한다.

내면의 그림자는 회피하고 억압해야 할 대상이 아니다. 내면의 그림자를 직시함으로써 열린 마음을 갖게 될 때 우리는 비로소 자기 중심성을 극복할 수 있다. 파동적 자아가 또 다른 본성인 끝없는 지향성을 통해 자신을 넘어설 때 우주와 내가 하나 되는 합일의 경지에 이를 수 있을 것이다.

제6절. 아우구스티누스의 통합적인 삶

아우구스티누스는 북아프리카의 알제리 지역에서 태어나 33세인 387년에 세례를 받았고 37세인 391년에 사제가 되었으며 395년에 북아프리카 히포의 주교가 되어 76세인 430년 세상을 떠날 때까지 봉직하였다.[445]

---

445 427년 반달족 침입 시 피난을 가지 않고 주민들을 돌보다가 히포가 점령당하기 직전에 열병에

아우구스티누스의 영적 여정과 신비 사상을 보여주는 가장 중요한 작품은 주교가 된 직후 397년에서 401년까지의 기록인 『고백록』이다. 『고백록』은 방황과 혼란으로 점철된 젊은 시절의 삶과 마침내 근원적인 것과의 관계를 통해 자아를 실현하는 과정을 진솔하게 표현하고 있다.[446] 아우구스티누스의 『고백록』은 파동적 자아의 존재성을 자신의 삶 안에서 신앙의 언어로 증거하고 있는 것처럼 보인다.

아우구스티누스(354-430)의 가정 환경은 매우 평범하였고 그의 인간성은 우리가 주변에서 흔히 볼 수 있는 사람들과 다르지 않았다. 선각자들 중에서도 그는 지극히 평범하고 보편적인 삶 안에서 절대자와 교감한 인물이었기 때문에 더욱 돋보인다. 그의 삶은 생물학적인 인간의 번뇌와 기호적인 인간의 지향성 사이에서 겪었던 방황을 진솔하게 보여준다.

아우구스티누스는 임종을 앞두고 구약의 시편 몇 구절을 벽에 붙여놓고 침대에 누운 채 그것을 되새기며 끊임없이 눈물을 흘렸다고 한다. 그것은 자신의 본향인 창조 이전의 세상에 대한 그리움이었고 인간의 원죄에 대한 참회인 동시에 하느님의 사랑에 대

걸려 76세의 나이로 생을 마감하였다.
446 아우구스티누스는 엄청난 다작가로 현대인들이 그의 글을 모두 읽을 수 없을 만큼 많은 작품들을 남겼는데 대부분 라틴어로 쓰여진 설교문과 편지들이다. 800여 편의 설교문과 400여 편의 편지가 전해지고 있다.

한 감사의 눈물이었다고 전해진다.⁴⁴⁷

생물학적인 인간의 방황

아우구스티누스는 북아프리카의 작은 마을 타가스테에서 태어났다. 아버지는 하급 관리인 시정 자문위원이었고 어머니 모니카는 독실한 그리스도교 신자였다. 아버지는 종교에 무관심한 편이었고 사망 직전에야 세례를 받았다.

부모는 자녀 교육에 열성적이었지만 경제적인 형편은 넉넉하지 못했다. 어린 시절의 아우구스티누스는 부모의 생각처럼 교육만이 더 넓은 세상으로 나아갈 수 있는 열쇠라고 생각하였으며 당시 출세의 방편인 수사학을 배우기 위해 인근의 대도시인 카르타고로 유학을 떠날 것을 결심하게 된다.

청년기까지의 아우구스티누스는 불량한 친구들과 어울리고 학업보다 욕정에 이끌려 방탕한 생활을 함으로써 어머니를 노심초사하게 만들었다. 아우구스티누스는 『고백록』에서 당시의 방황에 대해 다음과 같이 말한다.

올바른 생활이랍시고 철없는 것에게 제시된 것은 사회에서 출세하고 그러려면 인간의 명예와 헛된 부귀에 종노릇하는 웅변학이 뛰어난 만큼 이의 스승을 붙좇으라는 것이었습니다… 그리고

---

447 포시디우스, 이연학 · 최원오 역 『아우구스티누스의 생애』(경북: 분도출판사, 2008). 153쪽.

학습이 굼뜨게 되면 매를 때리는 것이었는데, 어른들은 이를 잘하는 일로 여겼고 우리 이전에 살던 허다한 사람들이 어려운 길을 걸어 나갔던 것처럼 우리도 아담의 후예가 물려받은 수고와 고통을 겪으며 그 길을 가야만 했습니다… 노는 것에 정신이 팔린 때문이었고, 그 때문에 무섭게 구는 어른들한테서 톡톡히 벌을 받는 것이었습니다… 내가 저들에게 순종하지 않은 까닭은 더 나은 무엇을 선택해서가 아니었습니다. 오락을 즐기기 때문이었습니다. 소년기에 나는 글을 좋아 아니했고 따라서 억지 공부를 시키는 것이 미웠습니다.[448] 이루 헤아릴 수 없는 거짓말로 부모와 선생과 가정교사를 속인 것이 결국 놀고 싶고 되잖은 구경이 하고 싶고 그따위를 본뜨고 싶어서가 아니었나이까? 더구나 나는 부모의 식량 고방과 식탁에서 훔쳐내기까지 하였습니다.[449]

아우구스티누스는 고향에서 기초 교육을 마쳤지만 가정 형편 때문에 곧바로 유학을 떠나지 못하고 고향에서 잠시 머물렀는데 당시의 방황했던 상황을 다음과 같이 전한다.

진흙 같은 육욕과 사춘기의 용솟음에서 안개가 자욱이 일어나 내 마음을 흐리고 어둡게 해주는 바람에 사랑의 맑음을 흐리터분

---

[448] 아우구스티누스, 최민순 역 『고백록』(서울: 바오로딸, 2014). 55쪽.
[449] 아우구스티누스, 최민순 역 『고백록』(서울: 바오로딸, 2014). 70쪽.

한 정욕과 분간하지 못하게 되었습니다… 내게 가까운 이들조차 망해가는 나를 결혼으로 붙들어 줄 생각은 없이 다만 마음 쓰는 일이라곤 누구보다 뛰어난 말솜씨와 설득력을 배우게 하는 것뿐이었습니다… 지금도 떠오릅니다만 어미는 행여 내가 음행을 범할세라, 누구의 아내를 간음할세라, 제발 그러지 말라고 혼자서 여간 가슴을 태우는 것이 아니었습니다.[450]

그는 371년 17세가 되어서야 카르타고로 떠나지만 유학 생활은 초기부터 꼬여갔다. 카르타고에서 유학 생활을 시작하자마자 한 여성과 동거하여 아들을 낳았고[451] 유학 생활 2년째 되던 해 아버지가 사망함으로써 학업을 중단하고 가정 경제를 책임져야 하는 형편이 되었다. 『고백록』은 이때 만난 동거녀와의 관계에 대해 다음과 같이 전한다.

드디어 나는 카르타고로 왔습니다. 사사스러운 사랑의 프라이팬이 내 주위에 기름을 튀기는 고장이었습니다. 무엇을 사랑해야 옳을지, 사랑하기를 사랑하면서 찾아 헤매고 안전함과 위험 없는 길을 미워했습니다… 아무튼 사랑을 주고 받음이 내겐 달콤했고 사랑하는 이의 육체를 누릴 수 있으면 더욱 그러했습니다. 결국

---

[450] 아우구스티누스, 최민순 역 『고백록』(서울: 바오로딸, 2014). 81쪽.
[451] 371년 시작한 동거생활은 385년 헤어질 때까지 14년 동안 지속되었다. 아들은 아우구스티누스가 389년 아프리카로 귀향하여 본격적인 사제 활동을 시작하던 시기에 17세의 나이로 사망하였다.

사랑에 사로잡혀 굴러떨어지고 말았습니다… 떳떳하게 결혼으로 안 여자가 아니오라 지각없이 들뜬 내 정욕이 찾아낸 사람인 것이 사실이었습니다만 그 사람 하나뿐, 그리고 그에겐 신의를 지켰습니다.[452]

자아의 지향성

아우구스티누스는 카르타고 유학 시절인 19세에 키케로의 작품인 『호르텐시우스』를 읽고 방탕한 청소년기를 벗어나기 시작하였다. 과거 로마 제국의 유명한 변론가이자 정치가인 키케로(BC 106-BC 43)는 진리란 곧 자연법 질서라고 주장한 스토아 철학자이기도 하였다. 『고백록』은 아우구스티누스가 『호르텐시우스』라는 책을 만나던 순간에 대해 다음과 같이 전한다.

배우는 과정의 차례를 따라 키케로라는 사람의 책에 이르게 되었는데 비록 그 내용이 다 그렇지는 아니할망정 문체만은 모든 사람이 찬탄하는 바입니다. 『호르텐시우스』라 일컫는 책은 철학에의 권유를 내용으로 하는 것이었습니다. 그런데 그 책이 내 성정을 아주 바꾸어 버렸고, 주여, 당신께 드리는 내 기도에 변화를 일으켰으며, 나아가 내 희망까지 딴 것으로 만들어버렸습니다.[453]

---

[452] 아우구스티누스, 최민순 역 『고백록』(서울: 바오로딸, 2014). 133쪽.
[453] 아우구스티누스, 최민순 역 『고백록』(서울: 바오로딸, 2014). 107쪽.

유학생이던 아우구스티누스는 수사학의 교과서로 사용하기 위해 키케로의 대화록인『호르텐시우스』를 샀지만 웅변술보다는 내용에 깊은 감명을 받았다. 그 책의 내용은 참된 행복이란 자연에 대한 근원적인 앎을 통해서 얻을 수 있으며 신의 의지는 자연에 의해 표현된다는 스토아 철학을 담고 있었다. 그는『고백록』에서 그 책에 비해 성서는 문체나 내용이 너무나 유치하여 손에 들었다가 금세 덮어버릴 만큼 스토아 철학에 빠졌다고 말한다.

그 후 아우구스티누스는 스토아 철학 외에도 마니교의 물질 일원론적인 교리에 심취하여 지성적으로 10년 동안 방황하게 된다. 당시 마니교는 자연 과학적인 지식들로 교리를 치장하고 있었다. 그는 마니교의 가르침이 첫눈에 단순하고 분명한 진리처럼 다가와 9년 동안이나 마니교에 머물렀으나 해결되지 않는 의심들로 인해 점차 열의가 식어갔다.

그러던 차에 아우구스티누스는 플라톤 철학과 만나게 된다. 그는 플라톤 철학과의 만남을 신의 섭리로 받아들였다. 아우구스티누스는 플라톤 철학을 통해 영혼, 영원한 진리와 같은 개념들을 이해하게 된다.『고백록』은 플라톤 철학과의 만남을 다음과 같이 전한다.

주님은 더할 나위 없이 교만에 찬 한 사람을 통해 희랍어에서 라틴어로 옮겨진 플라톤 서적을 마련해 주셨습니다. 읽어보니 용어는 다르지만 여러 가지 많은 이치로 설명하는 점은 성경과 똑같은 것이었습니다.[454] 헤아리옵건대 내가 성경을 연구하기 이전에 저 책들을 읽게 하신 것은 당신 뜻이었습니다. 그런 책들에서 받은 인상이 기억에 남은 채 당신 성경으로 길들고 당신의 약속으로 내 상처가 아물게 한 뒤 스스로 젠체함과 낮춤, 어디로 어떻게 가야 할지를 모르는 자들과 지복의 나라로 인도하는 길 사이의 차이를 식별하게 하셨습니다.[455]

아우구스티누스는 플라톤 철학을 통해 마침내 철학적인 빛의 관조, 곧 밀라노의 환시를 경험하게 된다. 『고백록』은 빛의 관조를 다음과 같이 묘사하고 있다.

아찔하도록 쇠약해진 내 안광에 세찬 빛을 쏘아주었기에 난 사랑과 두려움에 떨고 있었노라… '나를 네게 동화시키지 말라. 오히려 너를 내게 동화시킬 것이니라.' 하는 그대의 목소리를 들었던 듯하여 나는 얼마나 그대와 멀리 일그러진 모습으로 떨어져 있었는지를 발견했노라.[456]

이때의 환시는 새로운 세상이 자연의 빛 가운데 나타나는 것이

---

[454] 아우구스티누스, 최민순 역 『고백록』(서울: 바오로딸, 2014). 266쪽.
[455] 아우구스티누스, 최민순 역 『고백록』(서울: 바오로딸, 2014). 286쪽.
[456] 아우구스티누스, 최민순 역 『고백록』(서울: 바오로딸, 2014). 271쪽.

었다. 그러나 플라톤 철학은 신의 존재를 믿게 만들었지만 인간과 신의 분리로 인한 내적인 분열을 오히려 첨예하게 경험하는 계기가 되었다.[457] 아우구스티누스는 『고백록』에서 로마서 1장 21-22절을 인용하여 당시의 심정을 이렇게 전하고 있다.

하느님을 알기는 하되 하느님으로 알아 모시지도, 또한 그에게 감사하지도 아니하였으며 오히려 제 허망한 생각에 빠져 그 미련한 마음이 어두어졌으니 스스로 지혜롭다 일컬으면서 어리석은 자들이 되어버렸나이다.[458]

참된 자아실현

청소년기의 방황에서 벗어난 아우구스티누스는 가정 형편상 스스로 생활비를 벌어야 했다. 그는 학업을 중단하고 20세에 고향 타가스테에서 수사학 학교를 차렸다가 이듬해 다시 카르타고로 가서 9년 동안 수사학을 가르쳤다. 29세이던 383년 로마로 건너가 계속 수사학을 강의하였고, 384년 30세의 젊은 나이에 밀라노 황실학교의 수사학 교수로 초빙되었다.

당시 밀라노의 주교는 암브로시우스였다. 아우구스티누스는 암브로시우스의 설교를 들으면서 그리스도교의 진리를 조금씩 깨

---

[457] 프리도 릭켄, 이종진 역 『종교 철학』(서울: 하우, 2010). 546-547쪽.
[458] 아우구스티누스, 최민순 역 『고백록』(서울: 바오로딸, 2014). 269쪽.

우쳐 갔다. 그는 암브로시우스를 만난 후 자신의 삶에 대한 회한의 날을 보내다가 마침내 저 유명한 회심 사건을 경험하게 되는데 『고백록』은 이를 다음과 같이 묘사하고 있다.

나는 어느 무화과나무 밑에 주저앉아 버렸습니다. 어떻게 했는지는 알 수 없으나 그저 울음보를 터뜨려 놓기가 무섭게 눈에선 강물이 콸콸 쏟아지는 것이었습니다… "어찌하여 내 더러움이 지금 당장 끝나지 않나이까?" 이런 말을 하며 내 마음은 부서져 슬피 슬피 울고 있었습니다. 때마침 이웃집에서 들려오는 소리가 있었습니다. 소년인지 소녀인지 분간이 가지 않으나 연달아 노래로 되풀이되는 소리는 "집어라, 읽어라, 집어라, 읽어라." 하는 것이었습니다… 나는 울음을 뚝 그치고 일어섰습니다. 이는 곧 하늘이 시키시는 일, 성경을 펴들고 첫눈에 띄는 대목을 읽으라 하시는 것으로 단정해버린 것입니다… 그런 만큼 나는 부리나케 알리피우스가 앉아 있는 자리로 돌아갔습니다. 좀 전에 사도 바오로의 서간을 거기에 두고 온 까닭이었습니다. 집어 들자, 펴자, 읽자, 첫눈에 들어오는 구절은 이러했습니다. "폭식과 폭음과 음탕과 방종과 쟁론과 질투에 나아가지 말고 오직 주 예수 그리스도를 입을지어다. 또한 정욕을 위해 육체를 섬기지 말지어다(로마서 제13장 13-14절)." 더 읽을 마음도 그럴 필요도 없었습니다. 이 말씀을 읽고 난 찰나 내 마음엔 법열이 넘치고 무명의 온갖 어두움이 스러져 버렸

나이다.[459]

아우구스티누스는 회심을 통해 자신의 마음 안에 예전부터 존재하고 있었던 하느님을 만날 수 있었다. 그는 이때의 감격을 『고백록』에서 "늦게야 님을 사랑했나이다. 이렇듯 오랜, 이렇듯 새로운 아름다움이시여, 늦게야 님을 사랑했나이다"라고 표현하고 있다.

아우구스티누스는 회심 후 암브로시우스에게서 세례를 받고 아프리카로 귀향하던 중 오스티아 항구에서 어머니 모니카와 함께 환시를 경험하게 된다. 그들은 여관 정원이 내려다보이는 창문가에 기대어 성인들의 영원한 생명이 어떠할 것인지에 대해 서로 묻다가 영혼이 끝없이 상승하는 신비 체험을 한다. 오스티아 환시 체험은 육체적인 감각 기관들의 지각에서 오는 기쁨으로부터 출발하여 철학적인 관조의 빛을 넘어 더더욱 상승하여 절대자가 있는 정점을 맛보았음을 의미한다.

우리의 대화가 육체적, 감각적 쾌락은 제아무리 크고 물리적 광채에 빛날지라도 저승살이의 행복에 대면 비교는커녕 일컬을 가치조차 없다는 결론에 도달했을 때, 마음은 한결같이 타올라 '언제나 같으신 분'께 우리 자신을 들어 올리며 차츰 온갖 물상, 그리고

---

459 아우구스티누스, 최민순 역 『고백록』(서울: 바오로딸, 2014). 330-332쪽.

그리로부터 해와 달과 별들이 지상으로 빛을 보내는 저 하늘까지 두루 다니게 되었습니다… 그 예지를 들어 말하고 그에 몹시 애태우는 동안 온 마음을 몰아쳐 약간 그에 부딪치게 되었습니다. 그리고 우리는 한숨을 길게 내뿜고는 '정신의 첫 열매'를 거기에 남겨두고, 말이 시작하고 끝나는 우리 입의 지껄임으로 다시 돌아왔습니다.[460]

『고백록』은 정점에서 경험한 것을 로고스, 곧 예지와의 하나 됨으로 표현하고 있다. 생명과 말씀이 하나가 되어 마침내 모든 것이 되었다고 말한다. 오스티아에서의 환시는 생물학적인 인간의 감각을 거치고 삼라만상의 물리적 체험을 경험한 후에 비로소 맛본 신적인 단일성을 의미한다.

한편 어머니 모니카는 환시 체험 이후 자신의 죽음이 가까이 다가왔음을 직감하였고 결국 북아프리카로 가는 귀향선을 타지 못하고 죽음을 맞게 된다. 『고백록』은 당시의 상황을 다음과 같이 전한다.

(환시 체험 후) 그때 어미는 말했습니다. "아들아, 내게 있어선 세상 낙이라곤 이제 아무것도 없다. 현세의 희망이 다 채워졌는데 다시 더할 것이 무엇인지 모르겠다. 내가 이 세상에서 좀 더 살

---

[460] 아우구스티누스, 최민순 역 『고백록』(서울: 바오로딸, 2014). 366-367쪽.

고 싶어 했던 것은 한 가지 일 때문이었다. 내가 죽기 전에 네가 카톨릭 신자가 되는 것을 보겠다고… 그랬더니 하느님께선 과남하게 나한테 베풀어 주셨다. 네가 세속의 행복을 끊고 그의 종이 된 것을 보니 그럼 내 할 일이 또 무엇이겠느냐." 이 말에 내가 어떻게 대답했는지 기억이 잘 나지 않습니다. 아무튼 그런 지 닷새가 못 가서 그는 열병으로 눕고 만 것입니다… 그러고는 슬픔에 당황하는 우리를 보고 말했습니다. "어미를 여기다 묻어다오." 이어서 또 말하는 것이었습니다. "내 몸뚱이야 어디다 묻든 그 일로 해서 조금도 걱정하지 말거라. 한 가지만 너희한테 부탁한다. 너희가 어디 있든 주님의 제단에서 날 기억해다오." 그러니까 앓은 지 아흐레 되던 날, 그의 나이 쉰여섯, 내 나이 서른셋이던 해에 저 독신이며 경건한 영혼이 육체에서 놓여났던 것입니다.[461]

아우구스티누스가 환시를 통해 하느님의 은총을 체험하였지만 다시 돌아온 그의 일상은 생물학적인 인간에게 주어진 비참함을 피해 갈 수 없었다. 그는 신적인 일치를 경험한 후에도 기분과 정서가 수시로 충돌하고 뒤바뀌는 것을 지속적으로 경험하였다. 『고백록』 제10권은 아우구스티누스가 겪은 수많은 크고 작은 유혹들에 대해 솔직하게 전하고 있다. 결국 아우구스티누스는 신뢰하는 마음으로 하느님께 자신을 완전히 내맡김으로써 습관적으로 반복

---

461 아우구스티누스, 최민순 역 『고백록』(서울: 바오로딸, 2014). 368-371쪽.

되는 영적인 병을 치유할 수 있었다고 고백한다.

두려움으로 내 교만을 누르시고 당신 멍에로 내 목덜미를 휘어 주시와 지금은 지고 있어도 가벼운 멍에! 당신이 약속하신 그대로 대해주신 때문이니이다.[462],[463]

아우구스티누스는 『고백록』 제10권에서 하느님은 마치 부재의 상태에서 불쑥 나타나거나 우리와 떨어져 있는 분이 아니라고 말한다. 하느님은 언제나 우리 안에서 우리와 함께 있었는데 우리가 장님인 것처럼 볼 수 있는 눈을 갖지 못했을 뿐이다.

아우구스티누스는 그분을 알려면 선함과 사랑 안에서 그분과 같아져야 한다면서 "자신의 안으로 들어가 머무는 것이 위로 올라가는 것이다"라고 가르친다. 영혼의 심연 속으로 들어가는 것은 영혼보다 훨씬 깊고 무한하게 존재하는 하느님을 발견하는 것이다. 아우구스티누스는 인간이 하느님의 모상이기 때문에 그것이 가능하다고 말하였다.

---

[462] "고생하며 무거운 짐을 진 너희는 모두 나에게 오너라. 내가 너희에게 안식을 주겠다. 나는 마음이 온유하고 겸손하니 내 멍에를 메고 나에게 배워라. 그러면 너희가 안식을 얻을 것이다. 정녕 내 멍에는 편하고 내 짐은 가볍다." (마태복음 제11장 28-30절)
[463] 아우구스티누스, 최민순 역 『고백록』(서울: 바오로딸, 2014). 454쪽.

저자후기

    물리학의 보편 개념인 엔트로피는 인간의 삶과 관련된 질서를 중심에 두고 있고, 지식과 정보의 대상인 질서는 우주, 생명체, 파동적 자아의 합작품이다. 우주의 공간 질서와 생명체의 시간 질서는 정보 현상의 주체인 파동적 자아에 의해 인류의 보편적인 지성으로 자리 잡아왔다.

    인류는 쉬지 않고 과거의 지성 위에 새로운 지성을 쌓아 올림으로써 지성의 탑을 높여왔다. 지성의 탑이 높게 올라갈수록 새로운 진리가 찾아지는 것일까? 그렇지는 않을 것이다. 지성의 탑은 새로운 진리를 찾기보다는 모호한 진리를 명료하게 표현할 수 있도록 도와줌으로써 사람들을 인지의 감옥에서 벗어나게 해준다. 인지의 감옥에 갇히게 되면 자욱한 안개 속을 헤매듯이 타자의 속삭임, 무모한 독단, 초자연적인 미신에 빠져 살아갈 수밖에 없기 때문이다.

    인류가 지금까지 쌓아 올린 지성의 탑 꼭대기에 상대성 원리와 양자 역학이 있다. 과거에 모호하게 표현된 세계관과 인간관은 양자 역학과 파동적 자아의 관점으로 새롭게 해석되어야 한다.

    그동안 사람들은 자아와 정신 현상을 관념적으로 대함으로써 심리 현상의 본질을 보지 못하였다고 볼 수 있다. 그러나 자아와 정신 현상은 파동 에너지를 갖는 물리적인 실체이고, 인간의 다양한 심리 현상은 궁극적으로 물리적 실체의 성질을 표현하고 있다.

생각하는 '나'의 모태인 파동적 자아는 우주를 향해 열려 있음에도 사람들은 입자적인 세상에 갇혀 입자적인 자아로 살아가고 있다. 구약의 지혜서는 하느님이 인간을 창조한 깊은 뜻을 헤아리지 못하는 자들의 대화를 이렇게 전하고 있다.

우리의 삶은 짧고 슬프다. 우리는 우연히 태어난 몸, 뒷날 우리는 있지도 않았던 것처럼 될 것이다. 우리의 이름은 시간이 지나면 잊히고 우리가 한 일을 기억해 줄 자 아무도 없으리니 우리의 삶은 흔적도 없이 사라져가 버린다. 우리의 한평생은 지나가는 그림자이고 우리의 죽음에는 돌아올 길이 없다. 자, 그러니 앞에 있는 좋은 것들을 즐기고 젊었을 때처럼 이 세상의 것들을 실컷 쓰자. 약한 것은 스스로 쓸모없음을 드러내니 우리 힘이 의로움의 척도가 되게 하자(지혜서 제2장 1-20절).

우주의 관찰자 지위에서 오는 열린 마음은 사후 세계를 새로운 방식으로 이해할 수 있게 해준다. 스티브 잡스(1955-2011)는 선불교에 입문하여 평생 우주와 영적인 연결을 추구한 구도자로 자처하였지만 불행하게도 사후 세계의 본질을 이해하기에는 주어진

삶이 너무나 짧았다. 잡스는 죽음을 앞두고 영적인 사후 세계와 관련하여 이렇게 말하였다.[464]

신의 존재를 믿을 것인가는 50 대 50입니다. 나는 살아오면서 눈에 보이는 것 이상의 무엇이 우리 존재에 영향을 미치고 있다고 느껴왔습니다. 그동안 많은 경험을 쌓았고 약간의 지혜까지 생겼는데 모든 것이 그냥 없어진다고 생각하면 기분이 묘해집니다. 그래서 뭔가는 살아남을 것이라고 믿고 싶은 겁니다. 하지만 한편으로는 삶이란 그냥 전원 스위치 같은 것일지도 모릅니다. '딸깍!' 누르면 그냥 꺼져버리는 거지요.

생명 에너지가 꺼지면 뇌 신경망의 파동은 더 이상 만들어지지 않는다. 그렇다면 그동안 만들어졌던 파동들은 어떻게 될까? 대부분의 종교는 공통적으로 사후 세계에 대해 개방적이고, 인류의 선각자들은 죽음의 순간을 소멸과 단절로 보지 않고 새로운 시작점으로 바라보았다.

그리스도교의 죽음은 몸과 마음이 다시 태어남을 의미하고, 불교의 죽음은 업보 속에서 새로운 삶이 시작됨을 말한다.

유교는 죽음을 혼과 백의 기가 흩어졌다가 다시 모이는 것으로 설명하고, 플라톤은 죽음 이후의 삶이 현상계와 이데아계 사이에

---

[464] 월터 아이작슨, 안진환 역『스티브 잡스』(서울: 민음사, 2021). 894-895쪽.

서 윤회한다고 말하였다.

   우리가 주변에서 흔히 볼 수 있는 생명체의 죽음은 입자적인 삶에서 벗어나 파동적인 삶이 시작되는 순간임을 의미하는 것일 수 있다. 사람들은 물질이 갖는 심오한 의미를 평가 절하하는 경향이 있다. 인간은 언젠가는 소멸하게 될 물질이므로 인간의 삶도 특별한 의미가 없다고 생각하는 사람들이 있는데 그것은 마치 책의 내용에 집중하지 않고 흰 종이와 검정 잉크의 글자만을 보는 것과 같다.[465]

   인간은 자신 앞에 완전한 세상이 펼쳐져 있음에도 입자적인 반쪽의 세상만을 바라보고 그것조차 이분법적으로 해석하면서 그 세상이 전부인 양 살아가고 있다.[466] 생명체의 죽음이란 멍에와 같이 무거운 입자적인 것들을 벗어버리고 솜털처럼 가벼운 파동적인 몸과 마음으로 새롭게 태어남을 의미하는지도 모른다. 그때가 되면 오감이 사라지고 비로소 완전한 세상이 드러날 것이다. 그러나 그 세상은 준비가 안 된 사람들에게는 너무나 낯선 세상이 될 것이다.

---

465 스벤 브링크만, 강경이 역 『철학이 필요한 순간』(경기도: 다산북스, 2019). 239-240쪽.
466 김상욱 『김상욱의 양자 공부』(서울: 사이언스북스, 2017). 79-81쪽.

그동안 많은 관심을 보여주신

서강대학교 이 신부님, 평택시 강 목사님, 서초동 김 박사님,

공주시 김 박사님, 고양시 김 관장님께 진심으로 감사드립니다.

아울러 해외의 좋은 책들을 국내에 소개해 주신

수많은 번역가님들과 출판사에게 마음 깊이 감사드립니다.

마음의 동반자인 박서윤(마리안나)과 김민채(젬마)에게도 감사드립니다.

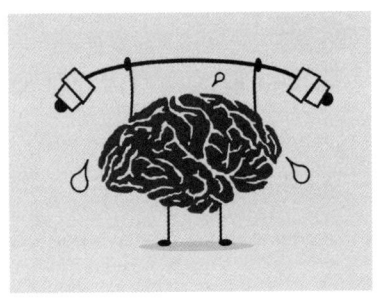

참고문헌

빅히스토리 관련

칼 세이건, 홍승수 역 『코스모스』(서울: 사이언스북스, 2006)

짐 배것, 박병철 역 『기원의 탐구』(서울: 반니, 2017)

데이비드 크리스천·밥 베인, 조지형 역 『빅히스토리』(서울: 북하우스 퍼블리셔스, 2013)

신시아 브라운, 이근혁 역 『빅히스토리』(서울: 바다출판사, 2017)

데이비드 버코비치, 박병철 역 『모든 것의 기원』(서울: 책세상, 2017)

브라이언 그린, 박병철 역 『우주의 구조』(서울: 승산, 2005)

박문호 『빅히스토리 공부』(경기도: 김영사, 2022)

마틴 리스, 한창우 역 『태초 그 이전』(경기도: 해나무, 2004)

스티븐 와인버그, 신상진 역 『최초의 3분』(서울: 양문, 2005)

콜 K. C, 김희봉 역 『우주의 구멍』(서울: 해냄, 2002)

유발 하라리, 조현욱 역 『사피엔스』(경기도: 김영사, 2017)

종교

McGinn Bernard 『THE FOUNDATION OF MYSTICISM』(USA: The Crossroad Publishing Company, 1991)

McGinn Bernard 『THE GROWTH OF MYSTICISM』(USA: The Crossroad Publishing Company, 1994)

McGinn Bernard 『THE FLOWERING OF MYSTICISM』(USA: The Crossroad Publishing Company, 1998)

McGinn Bernard 『THE HARVEST OF MYSTICISM』(USA: The Crossroad Publishing Company, 2005)

McGinn Bernard 『THE VARIETIES OF VERNACULAR MYSTI CISM』(USA: The Crossroad Publishing Company, 2012)

리차드 컴스탁, 윤원철 역 『종교의 이해』(서울: 도서출판 지식과 교양, 2017)

게르트 타이쎈·아네테 메르츠, 손성현 역 『역사적 예수』(서울: 다산글방, 2015)

존 도미닉 크로산, 김준우 역 『역사적 예수』(경기도: 한국기독교연구소, 2014)

에리히 쳉어, 이종한 역 『구약성경 개론』(경북: 분도출판사, 2012)

장 루이 스카, 박요한 역 『모세오경 입문』(서울: 성바오로, 2009)

앤드루 라우스, 하성수 역 『교부들의 성경 주해, 창세기 1-11장』(경북: 분도출판사, 2008)

깅지숙 『아람어 성경과 랍비들의 성경 주해』(경기노: 한남성서연구소, 2022)

앤드루 라우스, 배성옥 역 『서양 신비사상의 기원』(경북: 분도출판사, 2011)

찰스 폰스, 조하선 역 『카발라』(서울: 물병자리, 2005)

정성본 『선불교 개설』(서울: 민족사, 2020)

와타나베 쇼코, 법정 역 『붓타 석가모니』(서울: 동쪽나라, 2002)

이연숙 역 『새 장아함경 Ⅰ』(서울: 인간사랑, 1992)

동봉 역 『밀린다팡하』(서울: 홍법원, 1992)

법정 역『화엄경』(서울: 동쪽나라, 2003)

한자경『유식 무경』(서울: 상지사, 2002)

오스만 쿨만 외, 전주석 외 역『영혼 불멸과 죽은 자의 부활』(대한기독교서회, 1965)

파드마 삼바바, 유시화 역『티벳 死者의 書』(서울: 정신세계사, 1995)

김도현『신학, 과학을 만나다』(서울: 서강대학교출판부, 2020)

버트런드 러셀, 김이선 역『종교와 과학』(경기도: 동녘, 2011)

이언 바버, 이철우 역『과학이 종교를 만날 때』(경기도: 김영사, 2005)

철학

새뮤얼 이녹 스텀프 · 제임스 피저, 이광래 역『소크라테스에서 포스트 모더니즘까지』(경기도: 열린책들, 2012)

앤서니 케니, 김성호 역『고대 철학』(경기도: 서광사, 2008)

철학아카데미편『현대 철학의 모험』(서울: 도서출판 길, 2007)

소피아 로비기, 이재룡 역『인식론의 역사』(서울: 카톨릭대학교출판부, 2004)

플라톤, 김유석 역『티마이오스』(경기도: 아카넷, 2019)

박종현 · 김영균 역『플라톤의 디마이오스』(서광사, 2000)

프리도 릭켄, 이종진 역『종교 철학』(서울: 하우, 2010)

훌리안 마리아스, 강유원 · 박수민 역『존재에 관한 인간 사유의 역사』(경기도: 도서출판 유유, 2016)

마르틴 하이데거, 박찬국 · 설민 역『근본 개념들』(서울: 도서출판 길, 2012)

레오 엘더스, 박승찬 역『토마스 아퀴나스의 형이상학』(경기도: 카톨릭출판사, 2012)

A. N. 화이트 헤드, 오영환 역『과정과 실재』(서울: 민음사, 2003)

A. N. 화이트헤드, 오영환 역『과학과 근대 세계』(파주: 서광사, 2008)

박성수『들뢰즈』(서울: 이룸, 2004)

조 휴즈, 황혜령 역『들뢰즈의 차이와 반복 입문』(경기도: 서광사, 2014)

에가와 다카오, 이규원 역『존재와 차이』(서울: 그린비, 2019)

질 들뢰즈, 김상환 역『차이와 반복』(서울: 민음사, 2004)

J. 실버만『각인의 이론 - 현상학과 구조주의 이후』(서울: 소명출판, 2011)

테렌스 호옥스, 오원교 역『구조주의와 기호학』(서울: 신아사, 1982)

조창연『기호학과 뇌인지 과학의 커뮤니케이션』(서울: 커뮤니케이션북스, 2014)

조너선 컬러, 이종인 역『소쉬르』(서울: 시공사, 1998)

김성도『기호, 리듬, 우주』(경기도: 인간 사랑, 2007)

빈센트 콜라피에트로, 고경난 역『퍼스의 자아』(서울: 한국외국어대 지식출판콘텐츠원, 2020)

이윤희『찰스 샌더스 퍼스』(서울: 커뮤니케이션북스, 2017)

한사경『동서양의 인간 이해』(서울: 서광사, 2001)

이봉호『주역의 탄생』(서울: 파라아카데미, 2021)

주희, 곽신환 외 2인 역『태극해의』(서울: 소명출판, 2009)

조중걸『플라톤에서 비트겐슈타인까지』(서울: 지혜정원, 2012)

강신주『철학 vs 철학』(서울: 그린비출판사, 2010)

에드먼드 리치, 이종인 역『레비스트로스』(서울: 시공사, 1998)

한스 에두아르트 헴스텐베르크, 허재윤 역『철학적 인간학』(서울: 카톨릭출판사, 2007)

아리스토텔레스, 강상진 외 3인 역『니코마코스 윤리학』(서울: 도서출판

길, 2015)

에른스트 캇시러, 최명관 역 『인간이란 무엇인가』(서울: 도서출판 창, 2014)

에른스트 캇시러, 신응철 역 『언어와 신화』(서울: 지식을 만드는 지식, 2015)

물리학, 수학

리처드 파인만 · 로버트 레이턴 · 매슈 샌즈, 박병철 역 『파인만의 물리학 강의 Ⅰ』(서울: 승산, 2007)

하이젠베르그, 구승희 역 『물리학과 철학』(충북: 온누리, 2011)

하이젠베르그, 전형락 역 『입자, 인간, 자연에 대한 단상』(서울: 민음사, 1995)

퍼시 윌리엄스 브리지먼, 정병훈 역 『현대 물리학의 논리』(경기도: 아카넷, 2022)

마이클 다인, 이한음 역 『우주로 가는 물리학』(서울: 은행나무, 2022)

레너드 서스킨드 · 아트 프리드먼, 이종필 역 『물리의 정석』(서울: 사이언스북, 2018)

프리초프 카프라, 이성범 · 김용정 역 『현대 물리학과 동양사상』(서울: 범양사, 1998)

마르쿠스 가브리엘, 김희상 역 『왜 세계는 존재하지 않는가?』(경기도: 열린책들, 2017)

카를로 로벨리, 김정훈 역 『보이는 세상은 실재가 아니다』(경기도: 쌤앤파커스, 2018)

바츨라프 스밀, 강주헌 역 『세상은 실제로 어떻게 돌아가는가?』(경기도: 김영사, 2023)

제레미 리프킨, 최현 역 『엔트로피』(서울: 범우사, 1999)

일리야 프리고진·이사벨 스텐저스, 신국조 역 『혼돈으로부터의 질서』(경기도: 자유아카데미, 2011)

브라이언 그린, 박병철 역 『엔드 오브 타임』(서울: 미래엔, 2021)

김성근 외 9인 『빛(Light)』(서울: 휴머니스트 출판그룹, 2016)

커트 스테이저, 김학영 역 『원자, 인간을 완성하다』(서울: 반니, 2014)

크리스토프 갈파르, 김승욱 역 『우주, 시간, 그 너머』(서울: 알에이치코리아, 2017)

프랭크 윌첵, 김희봉 역 『이토록 풍부하고 단순한 세계』(경기도: 김영사, 2022)

리사 랜들, 김연중·이민재 역 『숨겨진 우주』(서울: 사이언스북스, 2008)

마이클 워커, 조진혁 역 『양자 역학이란 무엇인가』(서울: 처음북스, 2018)

장회익 『양자 역학을 어떻게 이해할까?』(경기도: 한울엠플러스, 2022)

장회익 외 9인 『양자, 정보, 생명』(경기도: 한울엠플러스, 2016)

박권 『일어날 일은 일어난다』(서울: 동아시아, 2021)

김상욱 『김상욱의 양자 공부』(서울: 사이언스북스, 2017)

이해웅 『양자 정보학 강의』(서울: 사이언스북스, 2017)

로저 펜로즈, 박병철 역 『실체에 이르는 길』(서울: 승산, 2010)

조앤 베이커, 배지은 역 『일상적이지만 절대적인 양자 역학지식 50』(서울: 반니, 2016)

리언 M. 레더먼, 크리스토퍼 T. 힐 공저, 곽영직 역 『힉스 입자』(서울: 지브레인, 2018)

아놀드 민델, 양명숙·이규환 역 『양자 심리학』(서울: 학지사, 2011)

사카이 쿠니요시, 강현정 역 『알수록 쓸모 있는 아인슈타인의 상대성 이론』(서울: 지브레인, 2020)

STEWART SHAPIRD, 이기돈 역『수학에 관해 생각하기』(서울: 교우, 2022)

제임스 프랭클린, 박우석 역『아리스텔레스주의 실재론과 수학 철학』(서울: 경문사, 2022)

마리오 리비오, 김정은 역『신은 수학자인가?』(서울: 열린과학, 2009)

코지마 히로유키, 김부윤・정영우 역『수학은 세상을 이렇게 본다』(서울: 경문사, 2017)

Kenneth H. Rosen, 공은배 외 6인 역『이산 수학』(서울: 맥그로힐 에듀케이션코리아, 2019)

앤서니지, 염도준 역『놀라운 대칭성』(서울: 범양사, 1994)

데이비드 웨이드, 김영태 역『대칭성, 질서의 원리』(서울: 시스테마, 2010)

생명 공학

에르빈 슈뢰딩거, 전대호 역『생명이란 무엇인가』(서울: 궁리출판, 2007)

프랜시스 크릭, 김명남 역『생명 그 자체』(경기도: 김영사, 2015)

찰스 S. 코겔, 노승영 역『생명의 물리학』(경기도: 열린책들, 2021)

린 마굴리스・도리언 세이건, 김영 역『생명이란 무엇인가』(서울: 도서출판 리수, 2016)

장회익『생명을 어떻게 이해할까?』(경기도: 한울, 2014)

김웅진『생물학 이야기』(서울: 행성비, 2015)

매트 리들리, 하영미 외 2인 역『게놈』(경기도: 김영사, 2006)

로버트 M. 헤이즌, 고문주 역『제네시스: 생명의 기원을 찾아서』(경기도: 한승, 2008)

찰스 S. 코겔, 노승영 역『생명의 물리학』(경기도: 열린책들, 2021)

노정혜 외 10인『물질에서 생명으로』(서울: 반니, 2018)

앤드류 H. 놀, 김명주 역『생명 최초의 30억 년』(서울: 뿌리와 이파리, 2007)

케니스 메이슨『생명과학의 이해』(경기도: 바이오사이언스, 2017)

엔리코 코엔, 이유 역『세포에서 문명까지』(경기도: 청아출판사, 2015)

김웅진『생물학 이야기』(서울: 행성비, 2015)

에른스트 마이어, 신현철 역『진화론 논쟁』(서울: 사이언스북스, 1998)

에드워드 윌슨, 최재천 역『통섭』(서울: 사이언스북스, 2005)

리처드 도킨스, 홍영남 외 1인 역『이기적 유전자』(서울: 을유문화사, 2016)

린 마굴리스 · 도리언 세이건, 홍욱희 역『마이크로 코스모스』(경기도: 김영사, 2022)

데이비드 헐, 하도봉 · 구혜영 역『생명과학 철학』(서울: 민음사, 1994)

Barry Chess, 장태용 외 4인『미생물학 길라잡이』(서울: 라이프사이언스, 2021)

최철희『비전공자를 위한 세포 생물학』(서울: 창의와 소통, 2013)

가와카미 마사야, 박경숙 역『유전자에 관한 50가지 기초지식』(서울: 전파과학사, 2023)

요아힘 바우어, 정윤경 역『공감하는 유전자』(서울: 매일경제신문사, 2022)

뇌 신경 과학, 심리학

매튜 코브, 이한나 역『뇌 과학의 모든 역사』(경기도: 푸른 숲, 2021)

제프 호킨스, 이충호 역『천개의 뇌』(서울: 이데아, 2022)

안토니오 다마지오, 임지원 역『스피노자의 뇌』(서울: 사이언스북스, 2007)

제럴드 에델만, 황희숙 역『신경 과학과 마음의 세계』(경기도: 범양사, 2010)

호아킨 M. 푸스테르, 김미선 역 『신경 과학으로 보는 마음의 지도』(서울: 휴먼사이언스, 2014)

미겔 니코렐리스, 김성훈 역 『뇌와 세계』(경기도: 김영사, 2021)

조지프 르두, 강봉균 역 『시냅스와 자아』(경기도: 동녘사이언스, 2022)

송송라오한, 홍민경 역 『심리학 산책』(서울: 시그마북스, 2010)

Ludy T. Benjamin, 김문수・박소현 역 『간추린 현대 심리학사』(서울: 시그마프레스, 2016)

Gorkan Ahmetoglu・Tomas Chamorro-premuzic, 정이경 외 1인 역 『성격 심리학 101』(서울: 시그마프레스, 2016)

Charles S. Carver・Michael F. Soheier, 김교헌 역 『성격 심리학』(서울: 학지사, 2015)

이정모 『인지 과학』(서울: 학지사, 2011)

김경희 『게슈탈트 심리학』(서울: 학지사, 2002)

김정규 『게슈탈트 심리치료』(서울: 학지사, 2015)

크리스토프 코흐, 김미선 역 『의식의 탐구』(서울: 시그마프레스, 2006)

줄리언 제인스, 김득룡・박주영 역 『의식의 기원』(경기도: 연암서가, 2017)

사카이 구니요시, 이현숙・고도흥 역 『언어의 뇌 과학』(서울: 한국문화사, 2012)

호아킨 M. 푸스테르, 김미선 역 『신경 과학으로 보는 마음의 지도』(서울: 휴먼 사이언스, 2014)

박문호 『뇌 - 생각의 출현』(서울: 휴머니스트 출판그룹, 2009)

에릭 캔델・래리 스콰이어, 전대호 역 『기억의 비밀』(서울: 북하우스 퍼블리셔스, 2016)

존 R. 설, 정승현 역 『마인드』(서울: 까치글방, 2007)

P. M. 처치랜드, 석봉래 역 『물질과 의식』(서울: 서광사, 1992)

송인섭 『자아 개념』(서울: 학지사, 2013)

김태련 외 15인 『발달 심리학』(서울: 학지사, 2004)

마르쿠스 가브리엘, 전대호 역 『나는 뇌가 아니다』(경기도: 열린책들, 2018)

빅터 프랭클, 정태현 역 『무의식의 신』(경기도: 한님성서연구소, 2013)

제롬 케이건, 김병화 역 『성격의 발견』(서울: 시공사, 2011)

레온 페스팅거, 김창대 역 『인지 부조화 이론』(경기도: 나남, 2016).

아론 벡, 민병배 역 『인지 치료와 정서 장애』(서울: 학지사, 2017)

움베르또 마뚜라나 · 프란치스코 바렐라, 최호영 역 『앎의 나무』(서울: 갈무리, 2007)

캘빈 S. 홀, 김문성 역 『프로이드의 심리학 입문』(서울: 스타북스, 2014)

김덕영 『프로이드, 영혼의 해방을 위하여』(서울: 인물과 사상사, 2009)

지그문트 프로이드, 박찬부 역 『쾌락 원칙을 넘어서』(서울: 열린책들, 1998)

강응섭 『프로이드: 무의식을 통해 마음을 분석하다』(경기도: 한길사, 2010)

칼 구스타프 융, 김성환 역 『무의식이란 무엇인가』(경기도: 연암서가, 2016)

칼 구스타프 융, 정명진 역 『무의식의 심리학』(서울: 구글북스, 2022)

칼 구스타프 융, 정명진 역 『심리 유형』(서울: 구글북스, 2005)

캘빈 S. 홀, 버논 J. 노드비, 김형섭 역 『융 심리학 입문』(서울: 문예출판사, 2004)

이부영 『자기와 자기실현』(경기도: 한길사, 2021)

대니얼 네틀, 김상우 역 『성격의 탄생』(서울: 와이즈북, 2009)

아놀드 민델, 양명숙·이규환 역『양자 심리학』(서울: 학지사, 2011)

Bruce W. Scotton 외 2인, 김명권 외 7인 역『자아 초월 심리학과 정신의학』(서울: 학지사, 2008)

앤드루 뉴버그 외 2인, 이충호 역『신은 왜 우리 곁을 떠나지 않는가』(서울: 한울림, 2001)

말콤 지브스, 홍종락 역『마음 뇌 영혼 신』(서울: 한국기독학생회출판부, 2015)

빌라야누르 라마찬드란, 이충 역『뇌는 어떻게 세상을 보는가』(서울: 바다출판사, 2013)

강봉균 외 8인『뇌(Brain)』(서울: 휴머니스트, 2016)

매튜 코브, 이한나 역『뇌 과학의 모든 역사』(경기도: 푸른 숲, 2021)

매슈 워커, 이한음 역『우리는 왜 잠을 자야 할까』(경기도: 열린책들, 2020)

빅터 프랭클, 강윤영 역『심리의 발견』(경기도: 청아출판사, 2017)

엘리자베스 루카스·하이디 쉰펠트, 강경아 역『의미 중심 심리치료』(경기도: 눈출판그룹, 2022)

인문학

클라우스 슈밥 외 26인, 김진희 외 2인 역『4차 산업혁명의 충격』(서울: 흐름출판, 2016)

제임스 글릭, 박래선·김태훈 역『인포메이션』(서울: 동아시아, 2017)

버나드 헤이시, 석기용 역『신 이론』(서울: 책세상, 2010)

브라이언 M. 페이건, 최몽룡 역『인류의 선사시대』(서울: 을유문화사, 1987)

안건훈『이분법적 사고 방식』(경기도: 서광사, 2012)

장회익·최종덕『이분법을 넘어서』(경기도: 한길사, 2007)

블레즈 파스칼, 이환 역『팡세』(서울: 민음사, 2019)

타고르, 유영 역『인간의 종교』(서울: 삼성출판사, 1981)

에릭 호퍼, 정지호 역『인간의 조건』(서울: 황보태수, 2014)

R. D. 프레히트, 윤순식·원당희 역『내가 아는 나는 누구인가』(서울: 교학도서, 2022)

칸트, 박필배 역『칸트의 인간』(서울: 현북스, 2017)

레슬리 스티븐슨·데이비드 L. 헤이버먼, 박중서 역『인간의 본성에 관한 10가지 이론』(서울: 갈라파고스, 2006)

톨스토이, 함현규 역『톨스토이 인생론 - 자아의 발견』(서울: 빛과 향기, 2012)

스벤 브링크만, 강경이 역『철학이 필요한 순간』(경기도: 다산초당, 2019)

지그문트 바우만, 이일수 역『액체 현대』(서울: 필로소닉, 2022)

지그문트 바우만, 홍지수 역『방황하는 개인들의 사회』(서울: 봄아필, 2013)

페르디낭 드 소쉬르, 김현권 역『일반 언어학 강의』(서울: 지식을 만드는 지식, 2012)

닐 존슨, 한국복잡계협회 역『복잡한 세계, 숨겨진 패턴』(서울: 바다출판사, 2015)

비벌리 엔젤, 최정숙 역『이중 인격』(서울: 미래의 창, 2008)

이차크 벤토프, 유시화·이상무 역『우주심과 정신 물리학』(서울: 정신세계사, 1987)

페니 피어스, 김우중 역『감응력』(서울: 정신세계사, 2010)

한스 크리스천 폰 베이어, 전대호 역『과학의 새로운 언어, 정보』(서울: 승산, 2009)

프랭크 웹스터, 조동기 역 『현대 정보사회 이론』(경기도: 나남출판사, 2016)

앨런 재서노프, 권경준 역 『생물학적 마음』(경기도: 김영사, 2021)

필립 반 덴 보슈, 김동윤 역 『행복에 관한 10가지 성찰』(서울: 자작나무, 1999)

시셀라 복, 노상미 역 『행복학 개론』(서울: 이매진, 2012)

알랭, 박별 역 『알랭 행복론』(경기도: 뜻이 있는 사람들, 2018)

카알 힐티, 박현석 역 『카알 힐티의 행복론』(경기도: 예림미디어, 2007)

나카자와 신이찌, 김옥희 역 『대칭성 인류학』(서울: 동아시아, 2005)

디팩 초프라, 이현주 역 『우주 리듬을 타라』(서울: 상지사, 2013)

로버트 루트번스타인 · 미쉘 루트번스타인, 박종성 역 『생각의 탄생』(서울: 에코의 서재, 2016)

이영의 『베이즈주의』(서울: 한국문화사, 2020)

R. D. 프레히트, 윤순식 · 원당희 역 『내가 아는 나는 누구인가』(서울: 교학도서, 2022)

M. 존슨, 노양진 역 『마음속의 몸』(서울: 철학과 현실사, 2000)

G. 레이코프 · M. 존슨, 임지룡 외 3인 역 『몸의 철학』(서울: 박이정, 2002)

마크 존슨, 김동환 · 최영호 역 『몸의 의미』(서울: 동문선, 2012)

로버트 루트번스타인 · 미쉘 루트번스타인, 박종성 역 『생각의 탄생』(서울: 에코의 서재, 2016)

노양진 『기호적 인간』(서울: 서광사, 2021)

팀 콜슨, 이진구 역 『존재의 역사』(전북: 하움출판사, 2024)

매슈 워커, 이한음 역 『우리는 왜 잠을 자야 할까』(경기도: 열린책들, 2020)

로버트 로빈스, 강범모 역『언어학의 역사』(서울: 한국문화사, 2007)

로널드 랭, 신장근 역『분열된 자기』(서울: 문예출판사, 2018)

마츠모토 타쿠야, 임창석 역『모든 인간은 망상한다』(경기도: 서커스출판상회, 2023)

레베카 드영, 김요한 역『허영』(서울: 두란노서원, 2015)

조지 레이코프, 유나영 역『코끼리는 생각하지 마』(서울: 미래엔, 2024)

유벌 레임, 조미현 역『에드먼트 버크와 토머스 페인의 위대한 논쟁 - 보수와 진보의 탄생』(서울: 에코리브르, 2016)

크리스 무니, 이지연 역『똑똑한 바보들 - 틀린데 옳다고 믿는 보수주의자의 심리학』(서울: 동녘사이언스, 2012)

안네마리 피터, 이재황 역『선과 악』(서울: 이끌리오, 2002)

안토니오 다마지오, 김린 역『데카르트의 오류』(경기도: 눈출판그룹, 2017)

A. 아우구스티누스, 최민순 역『고백록』(서울: 바오로딸, 2014)

포시디우스, 이연학·최원오 역『아우구스티누스의 생애』(경북: 분도출판사, 2008)

월터 아이작슨, 안진환 역『스티브 잡스』(서울: 민음사, 2021)